読者限定

ことりっぷ co-Trip 会話帖

フランス語

電子書籍が無料ダウンロードできます♪

電子書籍のいいところ

購入した「ことりっぷ」がいつでもスマホやタブレットで持ち運べますよ♪

まずはことりっぷアプリをダウンロード

詳しくは裏面で

電子書籍をダウンロードするには…

Step 1　「AppStore」または「GooglePlay」から〈ことりっぷ〉で検索してアプリをダウンロード

このアイコンが目印です

Step 2　アプリを起動し、まず会員登録してからログイン

Step 3　トップ画面にある電子書籍ボタンをタップ

Step 4　ストア画面の「QRコードスキャン」をタップ

Step 5　右のQRコードを読み取ります

Step 6　ことりっぷが本棚に追加されます

●ことりっぷアプリはスマートフォンを対象にしております。**推奨機種は、iPhone 版は AppStore にて、Android 版は GooglePlay にて必ず事前にご確認ください**。なお、推奨環境で必ずしも動作を保証するものではありません。●電子書籍のダウンロードには、会員登録（無料）が必要です。●GPS 機能が非搭載の機種では一部機能がご利用になれません。●QR コードは株式会社デンソーウェーブの登録商標です。●ことりっぷアプリの利用（ダウンロード等）には、別途各通信会社の通信料がかかります。●オフラインで電子書籍を利用する場合には、事前にダウンロードしてご利用ください。●電子書籍のダウンロード容量は、約 200MB 程度となります。書籍により異なるためダウンロード前にご確認ください。●電子書籍のダウンロード時は Wi-Fi 環境を推奨します。●電子書籍のダウンロード期限は出版日より約 3 年間です。●電子書籍の使用可能期間は、QR コード読み込み後 1 年間となります。期限が過ぎてしまった場合は、再度 QR コードの読み取りが必要となります。●権利の関係上、本誌で紹介している物件でも電子書籍に表示されない場合があります。●本誌地図上に掲載される物件位置と、ことりっぷアプリで表示される物件位置は必ずしも一致しません。あくまで目安としてご使用下さい。●本誌及びことりっぷアプリに掲載の物件情報（商品内容や料金ほか各種情報）は変更される場合がありますので、ご利用の際には改めて事前にご確認下さい。●本誌及びことりっぷアプリに掲載の内容により生じたトラブルや損害に関しては、弊社では補償いたしかねます。あらかじめご了承の上、ご利用下さい。●歩きスマホは危険です。ご注意ください。●ことりっぷアプリは、予告なくサービス内容を変更することや終了することがあります。●画面はすべてイメージです。●本誌に掲載の内容および QR コードの無断転載を禁じます。

ことりっぷ co-Trip 会話帖

フランス語

French

勇気を出してフランス語で話しかけてみましょう。
すこしでも気持ちが伝われば旅はもっと楽しくなります。
いつもよりあたたかい旅を経験してみませんか？

会話帖 フランス語を持って…

さあ、話してみましょう

旅に必要な基本会話から、とっておきの現地情報を聞いたり、ツウな旅を楽しむためのフレーズや単語を集めました。さあ、会話を楽しんでみませんか？

せっかく旅に出たのなら現地の人とコミュニケーションをとってみましょう。簡単なあいさつでもその土地の言葉で元気よく話しかければ、現地の人もあなたに笑顔で応えてくれるはず…。

グルメ、ショッピング、スパに観光など、会話を楽しむシーンはいっぱいです。少しの会話でもいつもと違った体験ができるかも!?会話で旅はもっと楽しくなります。

check list

おすすめは何ですか？
Que me recommandez-vous?
クム ルコマンデ ヴ

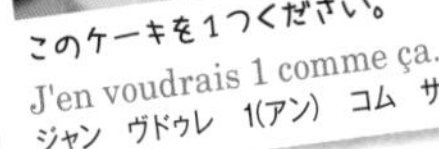

このケーキを1つください。
J'en voudrais 1 comme ça.
ジャン ヴドゥレ 1(アン) コム サ

ルーヴルはどこですか？
Où est le Louvre?
ウ エル ルーヴル

オーガニックですか？
Est-ce que c'est bio?
エ ス ク セ ビオ

HOW TO
ことりっぷ会話帖

フランス語

ことりっぷ会話帖は、見ためがかわいいだけではなく、
内容も盛りだくさん。事前にちょこっとお勉強するのも◎。
現地でも使いやすい会話帖をうまく使いこなすコツを教えます。

"カフェで何といえば注文できるの?""化粧水って何ていうの?"などいざという時に困ったことはありませんか?ことりっぷ会話帖は、現地で使いやすいシチュエーション別の構成。その場面に関連したフレーズや単語も充実しています。こんなフレーズほしかったという声にお答えした会話帖です。

使えるポイントはココ

- シチュエーション別の構成で使いやすい
- 様々なシーンでの基本フレーズが充実
- 単語集は和仏が多く現地でも役立ちます

アクセサリーや手芸用品を探しましょう

フランスならではのセンスが光る、アクセサリーや手芸用品。
自分用に、おみやげに、いくつも欲しくなってしまいます。

お気に入りを見つけましょう

この指輪を見せていただけますか?
Pourriez-vous me montrer cette bague?
プリエ ヴ ム モントレ セット バーグ
Could I see this ring?

この石は何ですか?
Qu'est-ce que c'est comme pierre?
ケ ス ク セ コム ピエール
What is this stone?

フランス製ですか?
Est-ce que c'est fabriqué en France?
エ ス ク セ ファブリケ アン フランス
Is this made in France?

どのくらいの長さですか?
Ça fait combien de longueur à peu près?
サ フェ コンビヤン ドゥ ロングール ア プ プレ
How long is it?

2mほどお願いします。
J'en voudrais environ 2 mètres, s'il vous plaît.
ジャン ヴドゥレ アンヴィロン ドゥ メートゥル スィル ヴ プレ
I'll have two meters of it.

C'est pour offrir.
プレゼント用にお願いします。
セ プール オフリール
Please make it a gift.

別々に包んでください。
Pourriez-vous me les envelopper séparément?
プリエ ヴ ム レ ザンヴェロペ セパレマン
Could you wrap these individually?

リボンをつけてください。
Pourriez-vous mettre un ruban?
プリエ ヴ メートゥル アン リュバン
Could you put some ribbons?

割れないように包んでください。
Est-ce que vous pouvez me faire un paquet pour que ça ne casse pas?
エ ス ク ヴ プヴェ ム フェール アン パケ プール ク サ ヌ カス パ
Could you wrap it not to break?

これは何カラットですか?
Quel carat est ceci?
ケル カラ エ ススィ
What carat is this?

80

1 シチュエーション別にアイコンがついています

「グルメ・ショッピング・ビューティ・見どころ・エンタメ・ホテル」は、それぞれジャンル別にアイコンがタイトルの横についていますので、探したいフレーズをすぐに見つけることができます。

2 単語が入れ替えできて使いやすいです

数字や地名など、入れかえるだけで使えます。

カンタルを3切れください。
Donnez-moi 3 tranches de Cantal.
ドネ モワ トロワ トランシュ ドゥ カンタル
Could I have 3 slices of Cantal?

3 重要フレーズが探しやすいです

特に重要なフレーズは一目でわかるようになっています。

ルーブル美術館へ行きたいのですが。
Je voudrais aller au Louvre.
ジュ ヴドレ アレ オ ルーブル
I'd like to go to the Louvre Museum.

4 相手の言葉もすぐ分かります

現地の人がよく使うフレーズも掲載しています。
事前にチェックしておけば、慌てずにすみますね。

アペリティフはいかがですか?
Voulez- vous un apéritif?
ヴレ ヴ アンナペリティフ
Would you like an aperitif?

5 フランス語以外にも英語表記があります

英語の表記も掲載しています。
フランス語が通じなかったら英語で試してみましょう。

ミネラルウォーターをください。
De l'eau minéral, s'il vous plaît.
ドゥ ローミネラル スィル ヴ プレ
I'll have a mineral water,please.

6 対話形式でやりとりも把握できます

実際の対話例を掲載しているので、
どのようにやり取りしたらよいかが
分かります。

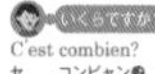

いくらですか?
C'est combien?
セ コンビヤン

ジュ セッド ア ディズューロ アヴェック トロワ

こんにちは。
Bonjour.
ボンジュール

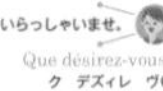

いらっしゃいませ。
Que désirez-vous?
ク デズィレ ヴ

LOOK

イラスト&写真単語集

自分で指をさしても、相手にもさしてもらえるイラストや写真が豊富。各シーンで必要な単語を入れ替えて使えます。

※Ⓙ＝日本語を表しています。

現地の人と楽しく会話を楽しもう♪

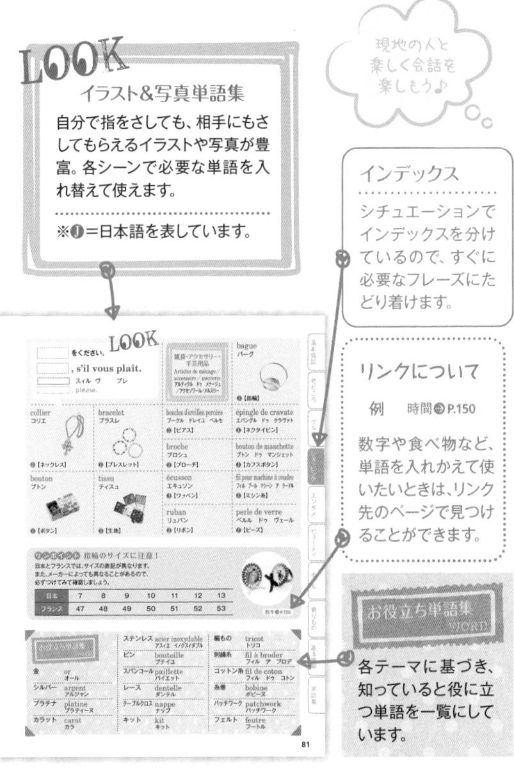

インデックス

シチュエーションでインデックスを分けているので、すぐに必要なフレーズにたどり着けます。

リンクについて

例　時間➡P.150

数字や食べ物など、単語を入れかえて使いたいときは、リンク先のページで見つけることができます。

お役立ち単語集 WORD

各テーマに基づき、知っていると役に立つ単語を一覧にしています。

ことりっぷ会話帖で、積極的に現地の人とコミュニケーションを♪

コツ1 巻頭のあいさつや定番フレーズを事前に覚えよう

簡単なあいさつや基本のフレーズを覚えておけばいざというとき便利です。

➡P.10

コツ2 写真・イラスト単語を相手に見せて伝えよう

うまく伝わらなかったら写真やイラストを見せて自分の意思を伝えてみましょう。

（例）➡P.32・44・77など

コツ3 日本の文化紹介をして積極的にコミュニケーションを

海外では日本文化に興味のある人も多いです。自分の国について紹介できれば、会話もはずみます。

➡P.146

発音・フリガナについて

それぞれのフレーズ、単語にはカタカナ表記を付けています。そのまま読めば、現地のことばに近い音になるように工夫してありますので、積極的に声に出してみてください。♪がある疑問文のフレーズは、尻上がりに読めばOKです。

●フランス語の発音って？

「**au, eau** ＝ オ」、「**ai, ei** ＝ エ」、「**ou** ＝ ウ」、「**oi** ＝ ウァ」、「**gn** ＝ ニャ行子音の発音」、「**ph** ＝ フ」など一定の規則を覚えれば、あとはローマ字読みでOK。その他の主なフランス語の発音の規則は、語末 e の発音は[ə]または無音になり、［エ］とは発音しません。また、h は発音しません。そして、フランス語は、Paris（パリ）のように、単語の最後にくる子音字は発音しないことが多いです。ただし、**sac**［サック］、**neuf**［ヌフ］、**sel**［セル］のように、**c, f, l, q, r** は、語末でも発音されることがあるので注意が必要です。

フランス語の文法は➡P.154へ

ことりっぷ co-Trip 会話帖

フランス語

Contents

シチュエーション別の会話は、

- 見どころ
- グルメ
- ショッピング
- エンタメ
- ビューティ
- ホテル

の6つのジャンルで紹介しています。

ビューティ

ホテル

乗りもの

French

コラム

基本情報

単語集

フランスってこんなところです

北は首都のパリから南はコートダジュールまで見どころ満載のフランス。目的地をたずねるときや現地の人との会話で活用しましょう。

フランスのきほん

 言葉と文字は？

 フランス語です

アルザス地方のアルザス語、バスク地方のバスク語などの地方語もあります。

 通貨は？

 ユーロです

欧州共通通貨のユーロ（€）が使われています。補助通貨はセント（¢）で、フランスではサンチームと呼ばれます。€1=100¢。

 旅行シーズンは？

 6月～10月頃がベスト

6月～10月は一日の日照時間が長く、良い季節です。8月はバカンスシーズンのため、休業しているところも多いので注意。冬の街もクリスマスの飾りつけが美しく人気です。

フランスのマナーを知っておきましょう。

○ジェスチャーに気をつけましょう
人前で鼻をすする行為は不快感を与え、口に手をあてて笑うなどはNGとされています。

○喫煙するときは注意
カフェやレストラン、ホテル、美術館をはじめ、公共施設の屋内や交通機関は禁煙です。屋外でも禁煙のエリアがあるので、たばこを吸うときは確認しましょう。

○美術館・博物館のマナー
美術館や博物館などでは大きな荷物は預けるようにします。撮影禁止の場合もあるので注意しましょう。教会では肌を露出した服装は避けるようにしましょう。

フランスのおもな地名はこちら

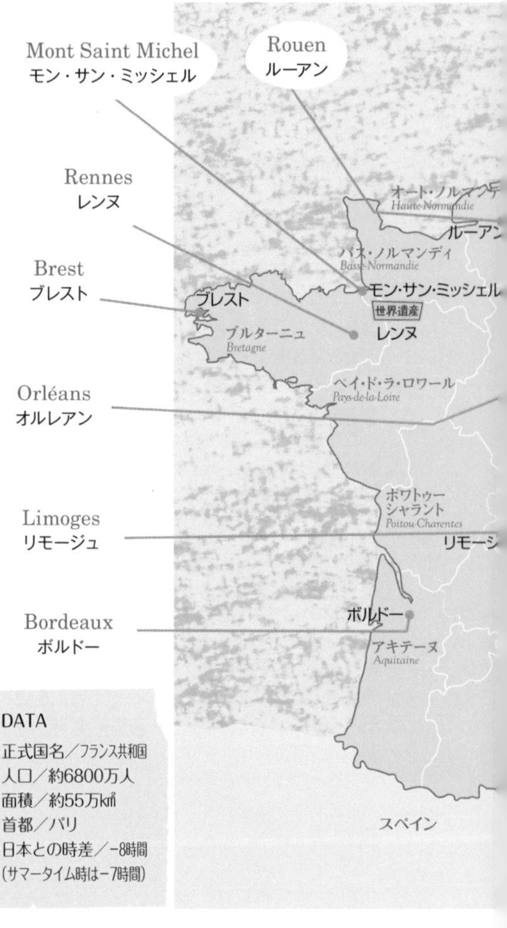

Mont Saint Michel
モン・サン・ミッシェル

Rouen
ルーアン

Rennes
レンヌ

Brest
ブレスト

Orléans
オルレアン

Limoges
リモージュ

Bordeaux
ボルドー

オート・ノルマンディ
Haute-Normandie
ルーアン
バス・ノルマンディ
Basse-Normandie
モン・サン・ミッシェル
世界遺産
ブレスト
ブルターニュ
Bretagne
レンヌ
ペイ・ド・ラ・ロワール
Pays-de-la-Loire
ポワトゥー シャラント
Poitou-Charentes
リモージュ
ボルドー
アキテーヌ
Aquitaine
スペイン

DATA
正式国名／フランス共和国
人口／約6800万人
面積／約55万㎢
首都／パリ
日本との時差／－8時間
（サマータイム時は－7時間）

セーヌ川	ヴェルサイユ宮殿	ナント
La Seine	Château de Versailles	Nantes
ラ　セーヌ	シャトー　ドゥ　ヴェルサイユ	ナント

フランスの習慣を知っておきましょう

日曜日営業禁止の法律により、日曜日は営業店が少なめです。また8月はバカンス休暇で営業していない店舗も多いので気をつけましょう。

Chantilly
シャンティイ

Paris
パリ
フランスの首都。街の中心をセーヌ川がゆったりと流れ、河岸には新旧の美しい建物が連なる。

Chartres
シャルトル

Strasbourg
ストラスブール

Besançon
ブザンソン

Beaune
ボーヌ

Lyon
リヨン

Nice
ニース

Cannes
カンヌ

Toulouse
トゥールーズ

Aix-en-Provence
エクス・アン・プロヴァンス

ノール・パ・ド・カレ Nord-Pas-de-Calais
ピカルディ Picardie
ベルギー
ルクセンブルク
ドイツ
シャンティイ
シャンパーニュ アルデンヌ Champagne-Ardenne
パリ
ヴェルサイユ 世界遺産
ストラスブール
イル・ド・フランス Île-de-France
ロレーヌ Lorraine
アルザス Alsace
シャルトル
オルレアン
ブルゴーニュ Bourgogne
ブザンソン
サントル・ヴァル・ド・ロワール Centre-Val-de-Loire
ボーヌ
フランシュ・コンテ Franche-Comté
スイス
リムーザン Limousin
世界遺産
リヨン
ローヌ・アルプ Rhône-Alpes
イタリア
オーヴェルニュ Auvergne
プロヴァンス・アルプ・コート・ダジュール Provence-Alpes-Côte d'Azur
ミディ・ピレネー Midi-Pyrénées
アヴィニョン 世界遺産
ニース
モナコ
トゥールーズ
カンヌ
エクス・アン・プロヴァンス
ラングドック・ルシヨン Languedoc-Roussillon
コルス（コルシカ島） Corse
地中海
アンドラ

ワンポイント
地名を使って会話してみよう

[　　　] に行きたいのですが。
Je voudrais aller à [　　　].
ジュ　ヴドゥレ　ザレ　ア [　　　]

目的地をたずねるときは、地名をはっきり伝えましょう。

出身地はどこですか？
D'où venez-vous?
ドゥ　ヴネ　ヴー

出身は [　　　] です。
Je viens de [　　　].
ジュ　ヴィアン ドゥ [　　　]

積極的に現地の人とコミュニケーションをとってみよう。

まずはあいさつから始めましょう

フランスでのコミュニケーションの始まりはあいさつです。
まずは基本のあいさつを覚えて、積極的に使うことから始めましょう。

おはよう。／こんにちは。／こんばんは。
Bonjour. ／ Bonjour. ／ Bonsoir.
ボンジュール／　ボンジュール／　ボンソワール
Good morning. / Good afternoon. / Good evening.

さようなら（丁寧）。／さようなら（カジュアル）。
Au revoir. ／ Salut.
オ　ルヴォワール　／サリュ
Good-bye. / Bye.

はい。／いいえ。
Oui. ／ Non.
ウィ　／ノン
Yes. / No.

よい1日を。
Bonne journée.
ボンヌ　ジュルネ
Have a nice day.

ありがとう。
Merci.
メルスィ
Thank you.

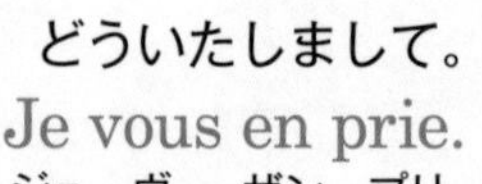

どういたしまして。
Je vous en prie.
ジュ　ヴ　ザン　プリ
You are welcome.

またね！／また明日。
À bientôt. ／ À demain.
ア　ビヤントー／　ア　ドゥマン
Bye! / See you tomorrow.

こんなジェスチャーに注意!!
日本では「オーケー」や「お金」を表すときに、指でゼロを作りますが、フランスでは「価値がない」という意味になります。

> **あいさつに関するポイント**
> フランスでは、ショップやレストランの店員はもちろん、同じエレベーターに乗り合わせた人などにもあいさつをするのが一般的なんです。

はじめまして。私は<u>鈴木聡子</u>です。
Bonjour. Je m'appelle Satoko Suzuki .
ボンジュール　ジュ　マペル　サトコ　スズキ
Nice to meet you. I'm Satoko Suzuki.

お目にかかれてうれしいです。
Je suis content de vous voir.
ジュ　スィ　コンタン　ドゥ　ヴ　ヴォワール
I'm glad to see you.

日本から来たのですか？
Êtes-vous du Japon?
エット　ヴ　デュ　ジャポン
Are you from Japan?

はい、<u>東京</u>から来ました。
Oui. Je viens de Tokyo .

ウィ　ジュ　ヴィアン　ドゥ　トウキョ

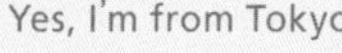

Yes, I'm from Tokyo.

すみません(何かをたずねる)。
Excusez-moi.
エクスキュゼ　モワ
Excuse me.

なんでしょうか？
Oui, qu'y a-t-il?
ウィ　キ　ヤ　ティル
Yes, what's the matter?

知っていると便利なフレーズたちを集めました

旅先でよく使う簡単なフレーズを集めました。
これだけで、コミュニケーションの幅がぐっと広がりますよ。

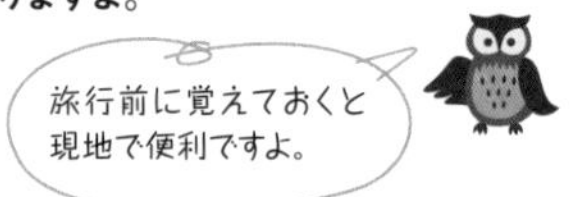

どのくらい時間がかかりますか？
Combien de temps faut-il?
コンビヤン　ドゥ　タン　フォティル
How long does it take?

いくらですか？
C'est combien?
セ　コンビヤン
How much is it?

はい、お願いします。／いいえ、結構です。
Oui, s'il vous plaît. / Non, merci.
ウィ　スィル　ヴ　プレ　／　ノン　メルスィ
Yes, please. / No, thank you.

これは何ですか？
Qu'est-ce que c'est?
ケ　ス　ク　セ
What is this?

わかりません。
Je ne comprends pas.
ジュ　ヌ　コンプラン　パ
I don't understand.

知りません。
Je ne sais pas.
ジュ　ヌ　セ　パ
I don't know.

もう1回言ってもらえますか？
Pouvez-vous répeter?
プヴェ　ヴ　レペテ
Can you say that again?

ゆっくり話してもらえますか？

Pourriez-vous parler plus lentement?

プリエ　ヴ　パルレ　プリュ　ラントマン

Could you speak slower?

紙に書いてもらえますか？

Pourriez-vous l'écrire sur un papier?

プリエ　ヴ　レクリール　スュール　アン　パピエ

Could you write on a paper?

日本語[英語]のできる人はいますか？

Est-ce qu'il y a quelqu'un qui parle japonais[anglais]?

エ　ス　キリヤ　ケルカン　キ　パール　ジャポネ[アングレ]

Is there anyone who speaks Japanese[English]?

とってもよいです。／まあまあです。

Très bien. / Comme ci, comme ça.

トレ　ビヤン／　コム　スィ　コム　サ

It's very good. / So so.

いいですよ。／OK。／だめです。

Oui. / D'accord. / Non.

ウィ　／ダコール　／ノン

Sure. / OK. / No.

すみません。

Pardon. / Excusez-moi.

パルドン　／エクスキュゼ　モワ

Pardon. / Excuse me.

Pardon.は聞き返すときにも使えます。

ごめんなさい。

Je suis désolé(e).

ジュ　スィ　デゾレ

I'm sorry.

私です。／あなたです。

C'est moi. / C'est vous.

セ　モワ　／セ　ヴ

It's me. / It's you.

これください。

Je prends ça.

ジュ　プラン　サ

I'll take this.

いつ？／誰？／どこ？／なぜ？

Quand?/Qui?/Où?/Pourquoi?

カン　／キ　／ウ　／プルコワ

When? / Who? / Where? / Why?

知っていると便利なフレーズたちを集めました

[　　　] をください。

[　　　] , s'il vous plaît.

スィル　ヴ　プレ

[　　　] ,please.

Point

, s'il vous plaît. は、何かがほしい時に相手に頼む表現。[　　] に「物」や「サービス」を入れて使いましょう。受け取った時、何かをしてもらった時には Merci.（メルスィ／ありがとう）のひとことを忘れずに。

コーヒー Un café アン　カフェ coffee	紅茶 Un thé アン　テ tea	コーラ Un coca アン　コカ coke
ミネラルウォーター De l'eau minérale ドゥ ロー　ミネラール mineral water	ビール Une bière ユヌ　ビエール beer	赤ワイン Du vin rouge デュ　ヴァン　ルージュ red wine
牛肉 Du bœuf デュ　ブフ beef	魚 Du poisson デュ　ポワソン fish	キッシュ Une quiche ユヌ　キッシュ quiche
マカロン Un macaron アン　マカロン macaron	メニュー La carte ラ　カルト menu	地図 Un plan アン　プラン map
お店で大活躍するフレーズです。	パンフレット Une brochure ユヌ　ブロシュール brochure	レシート Le reçu ル　ルス reciept

［　　］してもいいですか？

Puis-je ［　　］？

ピュイ　ジュ ［　　］

Can I ［　　］?

Point Puis-je ～？は、「～してもいいですか」と相手に許可を求める表現。［　　］に自分がしたいことを入れてたずねます。相手はたいてい Oui.（はい）か Non.（いいえ）で答えてくれます。

写真を撮る
prendre une photo
プランドゥル　ユヌ　フォト
take a picture

トイレに行く
aller aux toilettes
アレ　オ　トワレット
go to a toilet

注文する
commander
コマンデ
order

ここに座る
m'asseoir ici
マスワール　イスィ
sit here

窓を開ける
ouvrir la fenêtre
ウヴリール　ラ　フネートゥル
open the window

予約する
faire une réservation
フェール　ユヌ　レゼルヴァスィオン
make a reservation

チェックインする
faire le check-in
フェール　ル　チェックイン
check in

そこに行く
aller là-bas
アレ　ラバ
go there

ここにいる
rester ici
レステ　イスィ
stay here

電話を使う
utiliser le téléphone
ユティリゼ　ル　テレフォン
use a phone

あとで電話する
vous appeler plus tard
ヴ　ザプレ　プリュ タール
call later

クーポンを使う
utiliser un coupon
ユティリゼ　アン　クーポン
use a coupon

徒歩でそこへ行く
y aller à pied
イ　アレ　ア　ピエ
walk there

観光地では「写真を撮ってもいいですか？」とたずねてみましょう。

ここで支払う
payer ici
ペイエ　イスィ
pay here

知っていると便利なフレーズたちを集めました

[　　　] はどこですか？

Où est [　　　] ?

ウ　エ [　　　]

Where is [　　　] ?

Point Où est ～ ? は、「場所」などをたずねる表現。どこかへ行きたい時や、探し物がある時などに使います。[　　] に「場所」「物」「人」などを入れてたずねれば OK。「トイレ」「エスカレーター」「階段」は複数名詞なので Où sont (ウ　ソン) ～ ? となります。

このレストラン
ce restaurant
ス　レストラン
this restaurant

トイレ
les toilettes
レ　トワレット
a restroom

駅
la gare
ラ　ガール
a station

きっぷ売り場
la billetterie
ラ　ビエトゥリー
a ticket booth

私の席
mon siège
モン　スィエージュ
my seat

地下鉄の駅
la station de métro
ラ　スタスィオン ドゥ　メトロ
a subway station

案内所
le centre d'informations
ル　サントゥル　ダンフォルマスィオン
an information center

エスカレーター
les escaliers roulants
レ　ゼスカリエ　ルーラン
an escalator

エレベーター
l'ascenseur
ラサンスール
an elevator

階段
les escaliers
レ　ゼスカリエ
stairs

カフェ
le café
ル　カフェ
a cafe

銀行
la banque
ラ　バンク
a bank

街歩きから建物の中にいる時まで、幅広いシーンで使えます。

郵便局
la poste
ラ　ポストゥ
a post office

警察署
le commissariat
ル　コミッサリア
a police station

[　　　]はありますか？

Avez-vous [　　　] ?

アヴェ　ヴ [　　　]

Do you have [　　　] ?

Point Avez-vous ～？は「～はありますか」とたずねる表現。[　　　]に「品物」や「料理」などを入れて、店で自分の欲しいものを売っているかたずねたり、レストランで注文するときなどに使います。

薬

des médicaments
デ　メディカマン
medicines

牛乳

du lait
デュ　レ
milk

雑誌

un magazine
アン　マガズィヌ
magazine

チョコレート

du chocolat
デュ　ショコラ
chocolates

変圧器

un transformateur
アン トランスフォルマトゥール
transformer

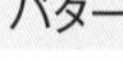

バター

du beurre
デュ　ブール
butter

ジャム

de la confiture
ドゥ　ラ　コンフィテュール
jam

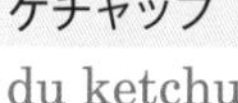

ケチャップ

du ketchup
デュ　ケチャップ
ketchup

塩

du sel
デュ セル
salt

コショウ

du poivre
デュ　ポワーヴル
pepper

紙ナプキン

des serviettes en papier
デ　セルヴィエット　アン　パピエ
paper napkins

電池

des piles
デ　ピル
batteries

コピー機

une photocopieuse
ユヌ　フォトコピューズ
a copy machine

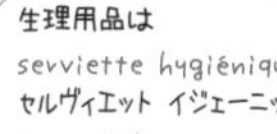

生理用品は
serviette hygiénique
セルヴィエット イジェーニック
といいます。

はさみ

des ciseaux
デ　スイゾー
scissors

知っていると便利なフレーズたちを集めました

［　　　］を探しています。

Je cherche ［　　　］.

ジュ　シェルシュ ［　　　］

I'm looking for ［　　　］.

Point Je cherche ～ . は、「～を探しています」と相手に伝える表現。「なくした物」、「買いたい物」、「欲しい物」だけでなく、「行きたい場所」などを伝えるときにも使います。

私のさいふ
mon portefeuille
モン　ポルトゥフイユ
my wallet

私のパスポート

mon passeport
モン　パスポール
my passport

私のカメラ
mon appareil photo
モン　アパレイユ　フォト
my camera

トイレ

les toilettes
レ　トワレット
restrooms

出口
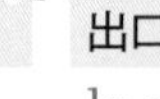

la sortie
ラ　ソルティ
an exit

入口

l'entrée
ラントレ
an entrance

Tシャツ

des T-shirts
デ　ティ シュルト
T-shirts

靴

des chaussures
デ　ショスュール
shoes

かばん

des sacs
デ　サック
bags

化粧品
des produits de beauté
デ　プロデュイ　ドゥ　ボーテ
cosmetics

スーパーマーケット
un supermarché
アン　シューペルマルシェ
a supermarket

両替所
un bureau de change
アン　ビューロー　ドゥ　シャンジュ
a money exchange

「人」を探すときにも使えます。

本屋
une librairie
ユヌ　リブレリ
a bookstore

アスピリン

de l'aspirine
ドゥ　ラスピリーヌ
aspirins

[　　　] してくれませんか?

Pourriez-vous [　　　] ?

プリエ　ヴ [　　　]

Could you [　　　] ?

Pourriez-vous ～ ? は、「よろしければ～してくれませんか」とていねいに相手に伝える表現。[　　　] には「相手にしてほしいこと」を入れて使います。

お願いを聞く
me rendre un service
ム　ランドル　アン　セルヴィス
do me a favor

助ける・手伝う
m'aider
メデー
help me

もう一度言う
répéter
レペテ
say that again

ゆっくり言う
parler plus lentement
パーレ　プリュ　ラントマン
speak slowly

今言ったことを書く
écrire ce que vous m'avez dit
エクリール ス ク ヴ マヴェ ディ
write down what you said

タクシーを呼ぶ
m'appeler un taxi
マプレ　アン タクスィ
call me a taxi

道を教える
me montrer le chemin
ム　モントレ　ル　シュマン
show me the way

毛布をくれる
me donner une couverture
ム　ドネ　ユヌ　クーヴェルテュール
give me a blanket

医者を呼ぶ
m'appeler un médecin
マプレ　アン メドゥサン
call for a doctor

少し待つ
attendre une minute
アタンドル　ユヌ　ミニュットゥ
wait a minute

探す
chercher
シェルシェ
look for it

案内する
me guider
ム　ギデ
show me around

荷物を運ぶ
porter la valise
ポルテ　ラ　ヴァリーズ
carry the luggage

～, s'il vous plaît. よりも遠慮の気持ちが込められた言い方です。

連絡先を教える
me donner vos coordonnées
ム　ドネ　ヴォ　コオルドネ
tell me your address

現地の人に気持ちを伝えてみましょう

フランス語を覚えるのはちょっと大変ですが、感情がすぐに伝わるひとことや若者言葉などを事前に覚えておけば、地元の人ともすぐに仲良くなれますよ。

気軽にあいさつするときは…

Hello! エロー
こんにちは！

英語のハローをフランス語式に読むとこうなります。フランスの若者の間で広く使われています。

楽しいという気持ちを表したいときは…

C'est fun! セ　フン
いい感じ！　楽しい！

funは英語の「ファン」。でも、あくまでもフランス語読みで「セフン」！

「大変！」と伝えたいときは…

C'est la cata! セ　ラ　カタ

「カタ」は大災害という意味の「カタストロフ」を略したもの。日本語の略語のようなものですね。

仲良くなった友達に…

On se phone. オン　ス　フォン
また連絡しあおう。

動詞のtéléphonerが変化したと思われる若者言葉です。

素敵なヒトを見かけたら…

C'est cool! セ　クール
かっこいい！

おしゃれでかっこいい気持ちを表すのにぴったりのフレーズです。

番外編ですが…

Arrêtez de blablater! アレテ　ドゥ　ブラブラテ
おしゃべりはやめて！

「おしゃべり」の意味のblablaを動詞にした、若者言葉です。

フランスの人たちは、自分たちの言葉にとても誇りを持っている、と言われています。フランス語以外で話しかけても答えてくれないことも!?

コミュニケーションのコツを覚えておきましょう

よいコミュニケーションに必要なのは、何も言葉の知識だけではありません。その国の文化や考え方、行動の背景を知ることも大切です。

「いつもニコニコ」が期待できないのがフランスのお国柄。これは無愛想というよりも、「理由がなければ笑わない」という考えが根底にあると言えます。

気配りをしない人は、お客といえども、嫌がられます。ショッピングのマナーとして必ず「ボンジュール」とあいさつを。

フランス語という母国語も含め、自国に誇りをもっているのがフランス人。相手の文化を尊重する姿勢が大切です。

相手の警戒心を解くことがひとつのポイント。ちょっとしたひと言をかければコミュニケーションが円滑になることも。

こんなシーンで実際に使ってみましょう

旅先ではさまざまなシーンに出くわすでしょう。
おいしい料理を堪能したり、ショッピングでお目当てのアイテムをゲットしたり。
または、道に迷ったり、持ち物をなくしてしまうこともあるかもしれません。
よい思い出を倍増させ、いざというときにあなたを助けてくれるのが
現地の人々との会話なんです。
現地の人々と積極的にコミュニケーションを取って、あなたの旅を
より魅力的なものにしましょう。

ビューティ
beauté
ボーテ

ショッピング
shopping
ショッピング

エンタメ
divertissement
ディヴェルティスマン

どうぞ召し上がれ
Bon appétit!
ボナペティ

おいしい
C'est bon.
セボン

グルメ
Gourmet
グルメ

見どころ
tourisme
トゥーリスム

まずは街並みをおさんぽしてみましょう

芸術、文化、ファッションにグルメ…とにかく魅力いっぱいのフランス。まずは街を歩いて、その魅力を肌で感じてみましょう。

ちょっと
おたずねします。

Excusez-moi.
エクスキュゼ　モワ
Excuse me.

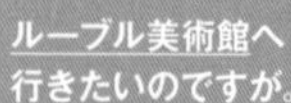

Je voudrais aller au Louvre .
ジュ　ヴドレ　アレ　オ　ルーヴル
I'd like to go to the Louvre Museum.

観光地 P.32

右に曲がると
左手にありますよ。

Tournez à droite et c'est sur votre gauche.
トゥルネ　ア ドロワット　エ　セ　スュール　ヴォートル　ゴーシュ
Turn right and it's on your left.

Suivez-moi.
スュイヴェ　モワ
Follow me.

この住所に
行きたいのですが。

Comment puis-je aller à cette adresse?
コマン　ピュイ ジュ アレ　ア セッタドレス
How can I get to this address?

この地図で
どこですか？

Où est-ce sur le plan?
ウ　エ　ス　スュール　ル　プラン
Where is it on this map?

ここはどこですか？

Où suis-je maintenant?
ウ　スイ　ジュ　マントナン
Where am I?

道に迷って
しまいました。

Je suis perdu.
ジュ　スイ　ペルデュ
I'm lost.

ここは何通りですか？

Quel est le nom de cette rue?
ケ　レ　ル ノン　ドゥ セット　リュ
What is this street's name?

いちばん近い駅は
どこですか？

Où est la gare la plus proche?
ウ　エ　ラ　ガール　ラ　プル　プローシュ
Where is the nearest station?

ありがとうございました。
Merci beaucoup.
メルスィ　ボクー

道をたずねる時に使える単語

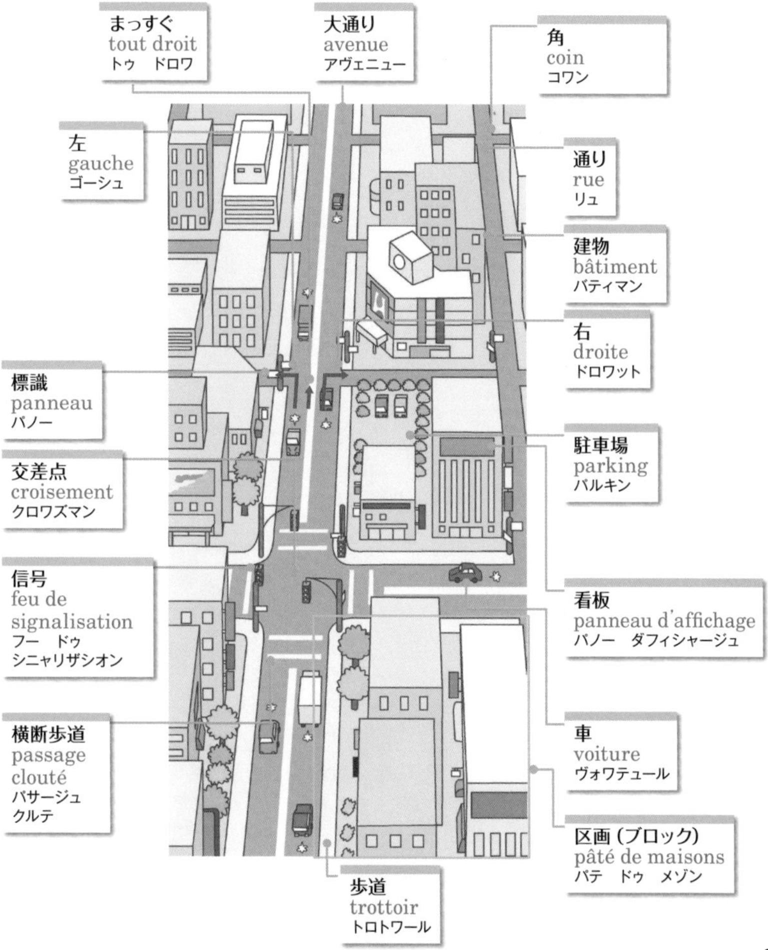

日本語	フランス語	読み
まっすぐ	tout droit	トゥ　ドロワ
大通り	avenue	アヴェニュー
角	coin	コワン
左	gauche	ゴーシュ
通り	rue	リュ
建物	bâtiment	バティマン
右	droite	ドロワット
標識	panneau	パノー
駐車場	parking	パルキン
交差点	croisement	クロワズマン
信号	feu de signalisation	フー　ドゥ　シニャリザシオン
看板	panneau d'affichage	パノー　ダフィシャージュ
横断歩道	passage clouté	パサージュ　クルテ
車	voiture	ヴォワテュール
区画（ブロック）	pâté de maisons	パテ　ドゥ　メゾン
歩道	trottoir	トロトワール

まずは街並みをおさんぽしてみましょう

観光地で

オペラ・ガルニエは今日開いていますか？

Est-ce que l'Opéra Garnier est ouvert aujourd'hui?
エ ス ク ロペラ ガルニエ エ ウヴェール オジュルデュイ
Is the Opera Garnier open today?

開いてます。／休みです。

Oui, c'est ouvert. ／ Non, c'est fermé.
ウィ セ ウヴェール ／ ノン セ フェルメ
Yes, it is. ／ No, it isn't.

入場料はいくらですか？

Combien coûte l'entrée?
コンビヤン クート ラントレ
How much is the admission?

1人9ユーロです。

9 euros par personne.
ヌフ ユーロ パール ペルソンヌ
9 euros per a person.

数字 P.150

大人2人お願いします。

Deux adultes, s'il vous plaît.
ドゥーザデュルト スィル ヴ プレ
Two adults, please.

数字 P.150

日本語のパンフレットはありますか？

Avez-vous une brochure en japonais?
アヴェ ヴ ユヌ ブロスュール アン ジャポネ
Do you have a Japanese brochure?

館内ツアーは何時からですか？

À quelle heure commence la visite guidée?
ア ケルール コマンス ラ ヴィズィット ギデ
What time does the guided tour start?

あの建物はなんという名前ですか？

Quel est le nom de ce bâtiment?
ケ レ ル ノン ドゥ ス バティマン
What is the name of that building?

建物の中に入れますか？

Puis-je entrer dans le bâtiment?
ピュイ ジュ アントレ ダン ル バティマン
Can I go inside of the building?

出口［入口／非常口］はどこですか？

Où est la sortie [l'entrée ／ la sortie de secours]?
ウ エ ラ ソルティ ラントレ ／ ラ ソルティ ドゥ スクール
Where is the exit[entrance ／ emergency exit]?

エレベーターはありますか？

Est-ce qu'il y a un ascenseur?
エ ス キリヤ ア ナ サンスール
Is there an elevator?

写真を撮っていただけませんか？

Pourriez-vous me prendre en photo?
プリエ　ヴ　ム　プランドゥル　アン フォト
Could you take a photo?

（シャッターボタンを指して）ここを押してください。

Appuyez ici, s'il vous plaît.
アピュイエ　イスィ スィル　ヴ　プレ
Press this, please.

フラッシュをたいてもいいですか？

Puis-je utiliser le flash?
ピュイ　ジュ ユティリゼ ル フラッシュ
Can I use flash?

あれは何ですか？

Qu'est-ce-que c'est?
ケ　スク　セ
What is that?

おみやげ店はありますか？

Où est la boutique de souvenirs?
ウ　エ　ラ ブティック　ドゥ スヴニール
Are there any gift shops?

何時ごろからライトアップされますか？

Vers quelle heure sera-t-il illuminé?
ヴェール　ケルール　スラ　ティル　イリュミネ
What time does the illumination go on?

この劇場はいつ頃作られたのですか？

Quand ce théâtre a été construit?
カン　ス　テアトル　ア エテ　コンストリュイ
When was this theater built?

19世紀半ばです。

Au milieu du 19 e siècle.
オ　ミリユー　ドュ　ディズヌヴィエーム　スィエクル
Mid 19 th century.

数字➡P.150

日本語	フランス語
観光案内所	office de tourisme オフィス　ドゥ　トゥーリスム
城	château シャトー
大聖堂	cathédrale カテドラル
美術館	musée ミュゼ
広場	place プラス
公園	jardin public ジャルダン　ピュブリック
川	rivière リヴィエール
島	île イール
運河	canal カナル
橋	pont ポン
世界遺産	patrimoine mondial パトリモワンヌ　モンディアル
遺跡	ruines リュイーヌ
王宮	palais パレ
庭園	jardin ジャルダン
撮影禁止	photos interdites フォト　アンテルディット
立ち入り禁止	entrée interdite アントレ　アンテルディ

まずは街並みをおさんぽしてみましょう

観光案内所を利用しましょう

観光案内所はどこですか？
Où est l'office de tourisme?
ウ　エ　ロフィス　ドゥ トゥーリスム
Where is the tourist information?

無料の地図はありますか？
Avez-vous une carte gratuite?
アヴェ　ヴ　ユヌ　カルト　グラテュイット
Do you have a free map of this area?

観光パンフレットをください。
Puis-je avoir une brochure touristique?
ピュイ ジュ アヴォワール　ユヌ　ブロシュール　トゥーリスティック
Can I have a sightseeing brochure?

日本語版はありますか？
En avez-vous une en japonais?
アンナヴェ　ヴ　ユヌ　アン ジャポネ
Do you have one in Japanese?

この街の見どころを教えてください。
Quels endroits me recommandez-vous?
ケル　ザンドロワ　ム　ルコマンデ　ヴ
Could you recommend some interesting places?

日帰りで行けるところを教えてください。
Pouvez-vous me recommander des excursions d'une journée?
プヴェ　ヴ　ム　ルコマンデ　デゼクスキュルスィヨン　デュヌ　ジュルネ
Could you recommend some places for a day trip?

景色がきれいなところはどこですか？
Où sont les beau points de vue?
ウ　ソン　レ　ボー　ポワン　ドゥ ヴュー
Where is a place with a nice view?

そこは今日開いていますか？
Est-ce-que c'est ouvert aujourd'hui?
エ　ス　ク　セ　ウヴェール オジュルデュイ
Is it open today?

休みの日はいつですか？
Quels sont les jours de fermeture?
ケル　ソン　レ　ジュール ドゥ フェルムテュール
When do they close?

火曜日です。／無休です。
Le mardi. ／ C'est ouvert tous les jours.
ル　マルディ　／ セ　ウヴェール トゥ　レ　ジュール
Tuesday. ／ They are open every day.
曜日➡P.151

歩いてそこまで行けますか？
Puis-je y aller à pied?
ピュイジュ イ アレ　ア ピエ
Can I walk there?

ここから遠いですか？	Est-ce-que c'est loin d'ici? エ　ス　ク　セ　ロワン ディスィ Is it far from here?
近いです。／バスで10分です。	Ce n'est pas loin. ／ Ça prend 10 minutes en bus. ス　ネ　パ　ロワン ／ サ　プラン　ディ ミニュット　アンビュス No, it's not. ／ It's ten minutes by bus. 数字➡P.150
ここから歩いて何分かかりますか？	Ça prend combien de minutes à pied? サ　プラン　コンビヤン　ドゥ ミニュット　ア ピエ How long does it take to walk from here?
行き方を教えてください。	Pouvez-vous me dire comment y aller? プヴェ　ヴ　ム　ディール　コマン　イ アレ Could you tell me how to get there?
地下鉄で行けますか？	Puis-je y aller en métro? ピュイジュ　イ アレ　アン メトロ Can I go there by metro?
この地図で教えてください。	Pouvez-vous me montrer le chemin sur ce plan? プヴェ　ヴ　ム　モントレ　ル　シュマン　スュール　ス　プラン Could you tell me by this map?
何か目印はありますか？	Est-ce-qu'il y a des points de repère? エ　ス　キリ　ヤ　デ　ポワン　ドゥ ルペール Are there any landmarks?
この近くに案内所［交番］はありますか？	Y a-t-il un bureau d'information [un poste de police] par ici? イ　ア ティル アン ビューロー ダンフォルマスィヨン ［アン ポスト　ドゥ ポリス］　パリスィ Is there an information center[a police station] near here?

お役立ち単語集
WORD

教会	église エグリーズ	墓地	cimetière スィメティエール	噴水	fontaine／jet d'eau フォンテーヌ／ジェドー
礼拝堂	chapelle シャペル	塔	tour トゥール	海岸	bord de la mer ボール　ドゥ　ラ　メール
ステンドグラス	vitraux ヴィトロー	天文台	observatoire オプセルヴァトワール	蚤の市	marché aux puces マルシェ　オ　ピュス
展望台	belvédère ベルヴェデール	水族館	aquarium アクワリヨム	チケット	billet ビィエ
船	bateau バトー	クルーズ	circuit en bateau スィルキュイ　アン　バトー	売店	kiosque キオスク
		夜景	vue nocturne ヴュ　ノクチュルヌ	パンフレット	brochure ブロシュール
		ケーブルカー	funiculaire フュニキュレール	地図	plan プラン

教科書で見たアノ絵画を観に行きましょう

ルーヴルやオルセーはもとより、個人美術館や博物館も豊富にそろうフランス。時代を超えて輝く美術作品に会いに行きましょう。

さっそく中に入ってみましょう

チケット売り場はどこですか？

Où est-ce qu'on peut acheter des billets?
ウ　エスコンプ　アシュテ　デ　ビエ
Where is the ticket counter?

PMPを持っています。

J'ai un Paris Museum Pass.
ジェ　アン　パリ　ミュゼアム　パッス
I have a PMP.

PMP（パリ・ミュージアム・パス）は、パリ近郊の美術館・観光地めぐりがお得になるフリーパスです。

館内マップはありますか？

Est-ce qu'il y a un plan du bâtiment?
エ　ス　キリ　ヤ　アン プラン ドゥ バティマン
Do you have a floor map?

開館［閉館］時間は何時ですか？

À quelle heure ça ouvre[ferme] ici?
ア ケ　ルール　サ　ウーヴル［フェルム］　イスィ
What time does it open [close]?

ミュージアムショップはありますか？

Est-ce qu'il y a une boutique du musée?
エス　キリ　ヤ　ユヌ　ブティック　デュ ミュゼ
Is there a museum shop?

ロッカーはありますか？

Est-ce qu'il y a des consignes automatiques?
エス　キリ　ヤ　デ　コンスィーニュ　オトマティック
Is there a locker?

ヨハネス・フェルメール	Johannes Vermeer ヨアネス　ヴェルメール
ジョルジュ・ドゥ・ラトゥール	Georges de La Tour ジョルジュ　ドゥ　ラ　トゥール
テオドール・ジェリコー	Theodore Gericault テオドール　ジェリコー
ギヨーム・クストー	Guillaume Coustou ギヨーム　クストー
ウジェーヌ・ドラクロワ	Eugène Delacroix ウジェーヌ　ドゥラクロワ
レオナルド・ダ・ヴィンチ	Léonard de Vinci レオナール　ドゥ　ヴァンスィ
エドガー・ドガ	Edgar Degas エドガー　ドゥガ
ヴィンセント・ヴァン・ゴッホ	Vincent Van Gogh ヴァンサン　ヴァン　ゴグ
オーギュスト・ロダン	Auguste Rodin オーギュスト　ロダン
エドゥアール・マネ	Edouard Manet エドゥアール　マネ
ポール・ゴーギャン	Paul Gauguin ポール　ゴーガン
ジャン・フランソワ・ミレー	Jean François Millet ジャン　フランソワ　ミレ

階数の表示に注意しましょう

日本で言う「1階」はle rez-de-chaussée（ル　レ　ドゥ　ショセ）、「2階」はle premier étage（ル　プルミエ　エタージュ）、「3階」はle deuxième étage（ル　ドゥズィエム　エタージュ）と表記されます。間違えやすいので気をつけましょう。

じっくりと見てまわりたいですね

今何か特別な展示をしていますか？
Avez-vous des expositions spéciales en ce moment?
アヴェ　ヴ　デゼクスポジスィヨン　スペシアル　アン　ス　モマン
Do you have any special exhibitions now?

モナ・リザはどこですか？
Où est "la Joconde" ?
ウ　エ　ラ　ジョコンド
Where is Mona Lisa?

オーディオガイドをお願いします。
Je voudrais un audio-guide.
ジュ　ヴドレ　アン　オーディオギッド
May I have an audio guide, please?

順路はこちらでいいですか？
Est-ce le bon chemin?
エ　ス　ル　ボン　シュマン
Is this the correct way?

写真を撮ってもいいですか？
Puis-je prendre des photos?
ピュイジュ　プランドル　デ　フォト
May I take a photo?

いちばん近いトイレはどこですか？
Où sont les toilettes les plus proches?
ウ　ソン　レ　トワレット　レ　プリュ　プロシュ
Where is the nearest restroom?

絵画単語集 WORD

『レースを編む女』	La Dentellière ラ　ダントゥリエール
『大工聖ヨセフ』	Saint Joseph Charpentier サン　ヨゼフ　シャルパンティエ
『メデュース号の筏』	Le Radeau de la Méduse ル　ラドー　ドゥ　ラ　メデューズ
『ナポレオンの戴冠式』	Sacre de lèmpereur Napoléon サクル　ドゥ　ランペルール　ナポレオン
『サモトラケのニケ』	Victoire de Samothrace ヴィクトワール　ドゥ　サモトラス
『自画像』	Portlait de L'artiste ポルトレ　ドゥ　ラルティスト
『マルリーの馬』	Chevaux de Marly シュヴォー　ドゥ　マルリー
『落ち穂拾い』	Les Glaneuses レ　グラヌーズ
『トランプをする人たち』	Les joueurs de cartes レ　ジュウール　ドゥ　カルト
『オランピア』	Olympia オランピア
『陽光のなかの裸婦（エチュード：トルソ、光の効果）』	Étude, Torse, effet de soleil エチュード　トルス　エフェ　ドゥ　ソレイユ

基本会話 見どころ グルメ ショッピング エンタメ ビューティ ホテル 乗りもの 基本情報 単語集

現地発着ツアーに参加して小トリップへ

どこから見てまわろうか迷ったら、ツアーに参加してみるのもおすすめです。
コース、日程、条件などを確認しながら、興味のあるものを見つけましょう。

ツアーの内容を確認しましょう

モン・サン・ミッシェルに行くバスはありますか?
Est-ce qu'il y a des bus pour aller au Mont Saint Michel?
エ スキリ ヤ デ ビュス プール アレ オ モンサンミシェール
Is there a bus that goes to Mont Saint Michel?

1日［半日］のコースはありますか?
Est-ce que vous avez des programmes pour une journée entière [une demi-journée]?
エス ク ヴ ザヴェ デ プログラーム プール ユヌ ジュルネ アンティエール［ユヌ ドゥミ ジュルネ］
Is there an one-day[a half-day] course?

何時集合ですか?
À quelle heure on doit se retrouver?
ア ケルー ロンドワ ス ルトゥルヴェ
What time do we have to be there?

出発はどこですか?
D'où partons-nous?
ドゥ パルトン ヌ
Where will we leave from?

送迎はついていますか?
Est-ce qu'une navette est prévue?
エ ス クヌ ナヴェット エ プレヴュ
Does it include a pickup service?

食事つきの料金ですか?
Est-ce que le repas est compris?
エ ス ク ル ルパ エ コンプリ
Does it include the meal?

お役立ち単語集 WORD

予約	réservation	レゼルヴァスィヨン
パンフレット	brochure	ブロシュール
午前	matin	マタン
午後	après-midi	アプレ ミディ
日帰りの	d'une journée	デュヌ ジュルネ
料金	prix	プリ
入場料	entrée	アントレ
支払い	paiement	ペマン
おすすめ	recommandation	ルコマンダスィヨン
取消料	commision d'annulation	コミスィヨン ダニュラスィヨン
食事	repas	ルパ
バス	autobus	オートビュス
夜景	vue nocturne	ヴュ ノクチュルヌ
大人	adulte	アデュルト
子ども	enfant	アンファン

そのツアーはどこをまわりますか？

Quels sont les endroits prévus dans la visite?
ケル　ソン　レ　ザンドゥロワ プレヴ　ダン　ラ ヴィズィット
Where does the tour visit?

これに申し込みます。

Je prends ceci.
ジュ　プラン　ススィ
I'll take this.

リッツホテルから乗れますか？

Est-ce qu'on peut me prendre l'Hôtel Ritz?
エ　ス コン　プ　ム　プランドル　ロテル リッツ
Can we join from the Ritz hotel?

リッツホテルで降ろしてもらえますか？

Est-ce qu'on peut me ramener jusqu'à l'Hôtel Ritz?
エ　ス コン　プ　ム　ラムネ　ジュスカ　ロテル　リッツ
Can you drop us at the Ritz hotel?

日本語ガイドはつきますか？

Est-ce que vous avez un guide en japonais?
エ　ス　ク　ヴ　ザヴェ　アン ギッド　アン　ジャポネ
Does it have a Japanese guide?

トイレはどこですか？

Où sont les toilettes?
ウ　ソン　レ　トワレット
Where is the restroom?

何時出発ですか？

À quelle heure on part?
ア ケルール　オン パール
What time does it leave?

何時にここに戻ってくればいいですか？

À quelle heure dois-je être de retour ici?
ア ケルール　ドワ　ジュ エートル　ドゥ　ルトゥール　イスィ
What time should I be back here?

あとどのくらいで着きますか？

Combien de temps faut-il jusqu'à l'arrivée?
コンビヤン　ドゥ タン　フォ ティル ジュスカ　ラリヴェ
How long does it take to get there?

ツアーに遅れてしまったのですが…。

Excusez-moi, je suis [nous sommes] en retard pour la visite.
エクスキュゼ モワ ジュ スイ [ヌ　ソム]　アン　ルタール　プール　ラ　ヴィズィット
I'm sorry. I'm[We are] late for the tour.

ツアーをキャンセルしたいのですが。

Je voudrais annuler la visite.
ジュ　ヴドレ　アニュレ　ラ　ヴィズィット
I'd like to cancel the tour.

とても楽しかったです、ありがとう。

J'ai passé un bon moment, merci.
ジェ　パッセ　アン ボン　モマン　メルスィ
I had a wonderful time, thank you.

LOOK

[ ] へ行きたいのですが。

Je voudrais aller à [ ] .

ジュ　ヴドゥレ　アレ ア [ ]

I'd like to go to [ ] .

観光地

Sites touristiques
スィット　トゥーリスティック

Bois de Vincennes
ボワ　ドゥ　ヴァンセンヌ

Ⓙ【ヴァンセンヌの森】

Musée de L'orangerie
ミュゼ　ドゥ　ロラン　ジェリー

Ⓙ【オランジュリー美術館】

Musée d'Orsay
ミュゼ　ドルセー

Ⓙ【オルセー美術館】

Quartier Latin
カルティエ　ラタン

Ⓙ【カルチェ・ラタン】

Grand Palais
グラン　パレ

Ⓙ【グラン・パレ】

Église St-Germain des Prés
エグリーズ　サン　ジェルマン　デ　プレ

Ⓙ【サン・ジェルマン・デ・プレ教会】

Boulevard St. Michel
ブールヴァール　サン　ミシェル

Ⓙ【サン・ミッシェル通り】

Sainte Chapelle
サント　シャペル

Ⓙ【サント・シャペル】

Île de la Cité
イル　ドゥ　ラ　スィテ

Ⓙ【シテ島】

La Seine
ラ　セーヌ

Ⓙ【セーヌ川】

Jardin des Tuileries
ジャルダン　デ　テュイ　ルリー

Ⓙ【チュイルリー公園】

Place de la Bastille
プラス　ドゥ　ラ　バス　ティーユ

Ⓙ【バスチーユ広場】

Hôtel de Ville
オテル　ドゥ　ヴィル

Ⓙ【パリ市庁舎】

Bois de Boulogne
ボワ　ドゥ　ブーローニュ

Ⓙ【ブーローニュの森】

Centre Georges Pompidou
サントル　ジョルジュ　ポンピドゥ

Ⓙ【ポンピドゥー・センター】

Marais
マレ

Ⓙ【マレ】

Montparnasse
モンパルナス

Ⓙ【モンパルナス】

Cimetière de Montparnasse
スィムティエール　ドゥ　モンパルナス

Ⓙ【モンパルナス墓地】

Montmartre
モンマルトル

Ⓙ【モンマルトル】

Jardin du Luxembourg
ジャルダン　デュ　リュクサンブール

Ⓙ【リュクサンブール公園】

Petit Trianon
プティ　トリアノン

Ⓙ【プチ・トリアノン】

※Ⓙ＝日本語

Grand Trianon
グラン　トリアノン

J【グラン・トリアノン】

Château de Fontainebleau
シャトー　ドゥ　フォンテンヌブロー

J【フォンテーヌブロー城】

Maison de Van Gogh
メゾン　ドゥ　ヴァン　ゴグ

J【ゴッホの家】

Église Jeanne d'Arc
エグリーズ　ジャンヌ　ダルク

J【ジャンヌ・ダルク教会】

Châteaux de la Loire
シャトー　ドゥ　ラ　ロワール

J【ロワールの古城】

Maison de Jeanne d'Arc
メゾン　ジャンヌ　ダルク

J【ジャンヌ・ダルクの家】

Le Lieu Unique
ル　リュ　ユニーク

J【ル・リュ・ユニーク】

Cathédrale St-Gatien
カテドラル　サン　ガシアン

J【サン・ガシアン大聖堂】

Cathédrale St-André
カテドラル　サンタンドレ

J【サンタンドレ大聖堂】

St-Émilion
サンテミリオン

J【サンテミリオン】

Château d'If
シャトー　ディフ

J【イフ城】

Palais Longchamp
パレ　ロンシャン

J【ロンシャン宮】

Amphithéâtre
アンフィテアトル

J【円形闘技場】

Château des Baux
シャトー　デ　ボー

J【レ・ボー城】

Palais des Papes
パレ　デ　パップ

J【教皇庁宮殿】

Pont St-Bénézet
ポン　サン　ベネゼ

J【サン・ベネゼ橋】

Pont du Gard
ポン　デュ　ガール

J【ポン・デュ・ガール】

Atelier Cézanne
アトゥリエ　セザンヌ

J【セザンヌのアトリエ】

Maison Atelier de Jean-François Millet
メゾン　アトゥリエ　ドゥ　ジャン　フランソワ　ミレ

J【ミレー記念館】

Maison et Jardin de Claude Monet
メゾン　エ　ジャルダン　ドゥ　クロード　モネ

J【クロード・モネの家と庭園】

Giverny Musée des Impressionnismes
ジヴェルニ　ミュゼ　デザンプレッスィヨニスム

J【ジヴェルニー印象派美術館】

Musée National Message Biblique Marc Chagall
ミュゼ　ナスィヨナル　メサージュ　ビブリック　マルク　シャガール

J【シャガール美術館】

Vinorama de Bordeaux, Musée du vin
ヴィノラマ　ドゥ　ボルドー　ミュゼ　デュ　ヴァン

J【ヴィノラマ・ワイン博物館】

Musée d'Art Moderne et d'Art Contemporain
ミュゼ　ダール　モデルヌ　エ　ダール　コンタンポラン

J【近代・現代美術館】

LOOK

［　　　］を探しています。

Je cherche ［　　　］.

ジュ シェルシュ ［　　　］

I'm looking for ［　　　］.

Arc de Triomphe
アルク ドゥ トリヨンフ

J【凱旋門】

Av. des Champ-Élysées
アヴェニュー デ シャンゼリゼ

J【シャンゼリゼ大通り】

Tour Eiffel
トゥー レッフェル

J【エッフェル塔】

Canal St.Martin
カナル サン マルタン

J【サン・マルタン運河】

Opéra Garnier
オペラ ガルニエ

J【オペラ・ガルニエ】

Cathédrale Notre-Dame
カテドラル ノートル ダム

J【ノートル・ダム大聖堂】

Place de la Concorde
プラス ドゥ ラ コンコルド

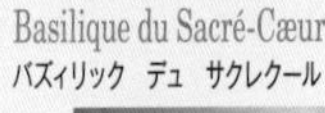

J【コンコルド広場】

Basilique du Sacré-Cœur
バズィリック デュ サクレクール

J【サクレ・クール寺院】

Château de Versailles
シャトー ドゥ ヴェルサイユ

J【ヴェルサイユ宮殿】

Musée du Louvre
ミュゼ デュ ルーヴル

J【ルーヴル美術館】

Mont-St-Michel
モン サン ミシェル

J【モン・サン・ミッシェル】

Château de Chantilly
シャトー ドゥ シャンティイ

J【シャンティイ城】

Musée Matisse
ミュゼ マティス

J【マティス美術館】

Promenade des Anglais
プロムナード デザングレ

J【プロムナード・デザングレ】

Les Arénes de Cimiez
レザレンヌ ドゥ スィミエ

J【円形闘技場跡】

Place Masséna
プラス マセナ

J【マセナ広場】

Parc du Château
パルク デュ シャトー

J【城跡公園】

Place Stanislas
プラス スタニスラス

J【スタニスラス広場】

Les Parfumeries Fragonard
レ パルフュムリー フラゴナール

J【フラゴナール香水工場】

Le Palais des Festivals et des Congrès
レ パレ デ フェスティヴァル エ デ コングレ

J【パレ・デ・フェスティバル・エ・デ・コングレ】

Cathédrale d'Amiens
カテドラル ダミアン

J【アミアン大聖堂】

Palais des Ducs de Bourgogne
パレ デ デュック ドゥ ブルゴーニュ

J【ブルゴーニュ大公宮殿】

街歩き
Promenade
プロムナド

hôtel
オテル

Ⓙ【ホテル】

gare
ガール

Ⓙ【駅】

banque
バンク

Ⓙ【銀行】

distributeur de l'argent
ディストリビュトール　ドゥ　ラルジャン

Ⓙ【ATM】

billet
ビィエ

Ⓙ【紙幣】

monnaie
モネ

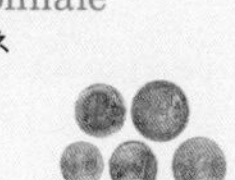

Ⓙ【硬貨】

change
シャンジュ

Ⓙ【両替所】

toilettes
トワレット

Ⓙ【トイレ】

téléphone public
テレフォン　ピュブリック

Ⓙ【公衆電話】

supérette
スュペレット

Ⓙ【スーパー】

magasin de vin
マガザン　ドゥ ヴァン

Ⓙ【酒店】

centre commerciale
サントル　コメルスィアル

Ⓙ【ショッピングモール】

cinéma
スィネマ

Ⓙ【映画館】

restaurant
レストラン

Ⓙ【レストラン】

café
カフェ

Ⓙ【カフェ】

bistro
ビストロ

Ⓙ【ビストロ】

traiteur
トレトゥール

Ⓙ【惣菜店】

droguerie
ドログリ

Ⓙ【雑貨店】

pharmacie
ファルマスィ

Ⓙ【薬局】

antiquaire
アンティケール

Ⓙ【古道具店】

librarie
リブレリー

Ⓙ【本屋】

magasin de disques
マガザン　ドゥ　ディスク

Ⓙ【レコードショップ】

boutique de fleuriste
ブティック　ドゥ　フルーリストゥ

Ⓙ【花屋】

magasin de marque
マガザン　ドゥ　マルク

Ⓙ【ブランド店】

bibliothèque
ビブリオテック

Ⓙ【図書館】

フランスの魅力的な世界遺産を訪れましょう

フランスには、一生に一度は見てみたい美しい建造物や景観が世界遺産に登録されています。憧れの国で歴史的建造物や大自然に触れて、心ふるえる感動体験を。

A モン・サン・ミシェルとその湾

Mont-St-Michel et sa baie

サン・マロ湾に浮かぶ、美しい巡礼島に建つ修道院です。散策を楽しむには歩きやすい靴がおすすめ。天気によって見える姿が変わるのが幻想的。

D フォンテーヌブロー城と庭園

Palais et parc de Fontainebleau

森の中にたたずむ美しい城で、各時代の建築や芸術が集まっています。なかでもダ・ヴィンチの装飾は必見です。

B ヴェルサイユ宮殿と庭園

Palais et parc de Versailles

ルイ14世が権力の象徴として造らせたヨーロッパ最大級の庭園は必見です。宮殿内は混雑するのでスケジュールには余裕を。

パリ

C パリのセーヌ河岸

Paris, rives de la Seine

シュリー橋からイエナ橋の約5kmの区間に、各時代の歴史的建造物が集まっています。遊覧船に乗ると、川から眺める美しいパリの街に魅了されます。

E ストラスブールのグラン・ディル

Strasbourg-Grande île

ドイツの雰囲気が漂う古い街並み。イル川遊覧船に乗れば、グラン・ディルと呼ばれる旧市街一帯を見てまわることができます。

見どころがいっぱいです。

パリ近郊にもたくさんあります

フランスの世界遺産の中で気軽に訪れることができるパリ市内やパリからの日帰り圏内の世界遺産も10件以上あります。思い出に世界遺産めぐりをしてみましょう。

F シャルトル大聖堂

Cathédrale de Chartres

古都シャルトルのシンボルで、シャルトル・ブルーと呼ばれるステンドグラスが美しい。旧市街の散策も楽しめます。

I サンティアゴ・デ・コンポステーラの巡礼路

Chemins de St-Jacques-de Compostelle en France

巡礼の出発点のひとつ、ル・ピュイにある火山の溶岩で造られた「黒いマリア像」が有名。岩山にそびえるサン・ミシェル・デギレ礼拝堂も見ごたえがあります。

G サンテミリオン地域

Juridiction de St-Émilion

延々と続くブドウ畑の風景が世界遺産に。トラムを利用すれば、点在するワインシャトーも見学できます。

J アミアン大聖堂

Cathédrale d'Amiens

国内最大のゴシック様式の大聖堂です。6月中旬～9月末及びクリスマス前後の夜にライトアップされる姿が幻想的。

H プロヴァンの中世市場都市

Provins, ville de foire médiévale

12～13世紀頃栄えた当時の街並みがそのまま残ります。街のランドマーク、セザール塔からは美しい街並みが望めます。

K シュリー・シュル・ロワールとシャロンヌ間のロワール渓谷

Val de Loire entre Sully-sur-Loire et Chalonnes

ロワール川に沿って点在する古城めぐりが楽しめます。壮大な城からプチシャトーまでその数は約100もあります。

ちょっと贅沢して高級レストランへ

豊かな食文化を持つフランス。せっかくなのでおしゃれをして、
洗練された味と雰囲気を楽しみに出かけましょう。

予約の際の他の会話はP.102〜103も参考にして

まずは予約をしましょう

今晩のディナーを予約したいのですが。

Je voudrais faire une réservation pour ce soir.
ジュ　ヴドレ　フェール ユヌ　レゼルヴァスィオン プール　ス ソワール
I'd like to make a reservation for tonight.

その時間はいっぱいです。

Nous n'avons pas de tables disponibles pour cette heure.
ヌ　ナヴォン　パ ドゥ ターブル　ディスポニーブル プール　セットゥール
We have no table available at that time.

お席を用意しておきます。

Nous préparons une table pour vous.
ヌ　プレパロン　ユヌ　ターブル プール　ヴ
We'll have the table ready for you.

7時に2名でお願いしたいのですが。

Je voudrais faire une réservation pour deux personnes à 7 heures.
ジュ　ヴドレ　フェール　ユヌ　レゼルヴァスィヨン プール ドゥー　ペルソンヌ　ア　セットゥール
I'd like to reserve a table for two at seven o'clock　数字➡P.150　時刻➡P.152

禁煙席をお願いします。

Au coin non-fumeur, s'il vous plaît.
オ　コワン　ノン　フュムール　スィル　ヴ　プレ
Non-smoking section, please.

ワンポイント ドレスコードについて

レストランによってはドレスコードがあるお店もあるので、予約時に確認しましょう。
ドレスコードのないお店なら基本的に自由ですが、お店の雰囲気に合った服装を選ぶのが好ましいです。
ざっくりとした目安を確認しておきましょう。

Smart Casual
スマートカジュアル
カジュアルレストランなど

小ぎれいな雰囲気の普段着でOK。ジーンズは避けた方がベターと言われています。

Elegant
エレガント
高級レストランなど

男性…
ジャケット
＋ネクタイ

女性…
ジャケット
＋ワンピースにアクセサリーなどでドレスアップ

何時の席を
予約できますか？

Pour quelle heure pouvons-nous réserver une table?
プール ケルール プヴォン ヌ レゼルヴェ ユヌ ターブル
For what time can we reserve a table?

ドレスコードは
ありますか？

Comment faut-il s'habiller?
コマン フォー ティル サビエ
Do you have a dress code?

入店後はスマートにふるまいましょう

Scène 1

レセプションで名前を告げ
案内に従い席へ

こんばんは。
予約した田中です。

Bonsoir. J'ai réservé au nom de Tanaka.
ボンソワール ジェ レゼルヴェ
オ ノン ドゥ タナカ

Scène 2

オーダーは自分の
テーブル担当者に

すみません、
注文をお願いします。

S'il vous plaît, on voudrait commander.
スィル ヴ プレ オン
ヴドレ コマンデ

Scène 3

食事中に音をたてないように
気をつけて

すみません。

Excusez-moi.
エクスキュゼ モワ

Scène 4

落としたものは
自分で拾わない

スプーンを
交換していただけますか？

S'il vous plaît, puis-je avoir une autre cuillère?
スィル ヴ プレ ピュイ ジュ
アヴォワール ユヌ オートル キュイエール

Scène 5

食事中に席を立つときは……

化粧室はどこですか？

Où sont les toilettes?
ウ ソン レ トワレット

Scène 6

食事中のタバコはNGです

喫煙できるところは
ありますか？

Est-ce qu'il y a un coin fumeur?
エ ス キ リ ヤ アン
コワン フュムール

フランスのおいしいごはんを楽しみましょう

**カジュアルなフレンチ、郷土料理を味わえるビストロ、多彩な各国料理…
バラエティ豊かなフランスの「おいしい」を、会話とともに心ゆくまで楽しみましょう。**

お店に入って…

いらっしゃいませ。
Bonjour!
ボンジュール

席はありますか？
Est-il possible d'avoir une table?
エティル ポッスィーブル ダヴォワール ユヌ ターブル
Do you have a seat?

すみません。満席です。
Désolé, mais c'est complet.
デゾレ メ セ コンプレ
I'm sorry. All the tables are occupied tonight.

どのくらい待ちますか？／30分です。
Combien de temps faut-il attendre? ／ Une demi-heure.
コンビヤン ドゥ タン フォーティル アタンドル ／ユヌ ドゥミ ウール
How long do I have to wait? ／ Thirty minutes.

待ちます。／またにします。
Nous allons attendre. ／ Nous reviendrons.
ヌ ザロン アタンドル ／ ヌ ルヴィアンドロン
OK, we'll wait. ／ We'll come back again.

メニューとワインリストを見せてください。
Puis-je voir la carte et la carte des vins?
ピュイ ジュ ヴォワール ラ カルト エ ラ カルト デ ヴァン
Can I see the menu and the wine list?

注文をお願いします。
Puis-je commander maintenant?
ピュイ ジュ コマンデ マントナン
Can I order now?

何がおすすめですか？
Que me recommandez-vous?
ク ム ルコマンデ ヴ
What do you recommend?

名物料理はありますか？
Avez-vous des specialités locales?
アヴェ ヴ デ スペスィヤリテ ロカル
Do you have any local food?

キッシュ・ロレーヌと羊のローストをください。
Je voudrais une quiche Lorraine et du mouton rôti .
ジュ ヴドレ ユヌ キシュ ロレーヌ エ デュ ムトン ロティ
I'd like the quiche Lorraine and roasted muton.
料理 P.44

この料理をわけて食べます。
Nous partageons ce plat.
ヌ パルタジョン ス プラ
We'll share this dish.

注文をキャンセルできますか？	Puis-je annuler ma commande? ピュイ ジュ アニュレ マ コマンド Can I cancel my order?
すみませんが注文を変更してください。	Pouvez-vous changer ma commande? プヴェ ヴ シャンジェ マ コマンド Can you change my order, please?

食事中に…

これはどう食べるのですか？	Pouvez-vous me dire comment manger ceci? プヴェ ヴ ム ディル コマン マンジェススィ Could you tell me how to eat this?
すみません、ナイフがありません。	Excusez-moi, je n'ai pas eu de couteau . エクスキュゼ モワ ジュ ネ パ ユ ドゥ クトー Excuse me, I didn't get a knife.
スプーン［フォーク］を落としました。	J'ai fait tomber ma cuillère [fourchette]. ジェ フェ トンベ マ キュイエール［フルシェット］ I dropped my spoon[fork].
炭酸ガスの入っていないミネラルウォーターをください。	De l'eau minérale non gazeuse , s'il vous plaît. ドゥ ロー ミネラル ノン ガズーズ スィル ヴ プレ Mineral water without gas, please.
この料理には十分火が通っていないようです。	Ce plat n'est pas assez cuit. ス プラ ネ パ アッセ キュイ This dish is rather raw.
グラスが汚れています。取り替えてください。	Mon verre est sale. J'en voudrais un autre. モン ヴェール エ サル ジャン ヴドレ アンノートル My glass is dirty. I'd like another one.
テーブルの上を片付けてください。	Pouvez-vous débarrasser la table? プヴェ ヴ デバラセ ラ ターブル Can you clear the table?
ワインをこぼしてしまいました。	J'ai renversé mon vin. ジェ ランヴェルセ モン ヴァン I spilled my wine.
ここを拭いてもらえますか？	Pouvez-vous essuyer ici, s'il vous plaît? プヴェ ヴ エスュイエ イスィ スィル ヴ プレ Could you wipe here, please?

デザートも楽しみですね

デザートのメニューをください。

Je voudrais voir la carte des desserts.
ジュ ヴドレ ヴォワール ラ カルト デ デセール
I'd like to see a dessert menu.

どのデザートがおすすめですか？

Quel dessert me recommandez-vous?
ケル デセール ム ルコマンデ ヴ
Which dessert do you recommend?

洋ナシのタルトをください。

Une tarte à la poire , s'il vous plaît.
ユヌ タルト ア ラ ポワール スィル ヴ プレ
The pear tarte, please.

まだ食べ終わっていません。

Je n'ai pas encore terminé.
ジュ ネ パ アンコール テルミネ
I've not finished yet.

コーヒーをもう一杯ください。

Donnez-moi encore une tasse de café.
ドネ モワ アンコール ユヌ タス ドゥ カフェ
Could I have another cup of coffee, please.

お勘定したいときは、親指と人さし指の先をつけて宙にサインをするしぐさをすればウェイターは分かります。

お会計で…

会計をおねがいします。

L'addition, s'il vous plaît.
ラディスィヨン スィル ヴ プレ
Check, please.

とても楽しい時間を過ごせました、ありがとう。

J'ai passe un bon moment. Merci.
ジェ パッセ アン ボン モマン メルスィ
I had a great time. Thank you.

全部でいくらになりますか？

Combien est-ce que ça fait en tout?
コンビヤン エ ス ク サ フェ アン トゥ
How much is the total?

私が払います。

Je paierai.
ジュ ペイユレ
I'll pay.

フルコースの流れはこんな感じです

1 食前酒	2 前菜	3 魚	4 肉	5 チーズ	6 デザート	7 食後酒
apéritif	entrée	poisson	viande	fromage	dessert	digestif
アペリティフ	アントレ	ポワソン	ヴィヤンド	フロマージュ	デセール	ティジェスティフ
キールやシャンパンが一般的。	サラダやスープなど軽めのものが多い。	肉より消化がいいので、通常肉料理の前に出される。	煮込み料理やグリル料理が多い。	食後のチーズはワインと一緒に少しずつ食べよう。	パフェやタルトなど、どれも量は多めです。	ブランデーなどアルコール度数が高いものが多い。

計算違いがあるようです。

Je pense qu'il y a une erreur dans l'addition.
ジュ パンス キ リ ヤ ユヌ エルール ダン ラディスィヨン
I think the check is incorrect.

これは何の値段ですか？

A quoi correspond ce prix?
ア クワ コレスポン ス プリ
What's this charge for?

サラダは注文していません。

Je n'ai pas commandé de salade .
ジュ ネ パ コマンデ ドゥ サラッド
I didn't order salad.

計算し直してください。

Pouvez-vous re-vérifier?
プヴェ ヴ レヴェリフィエ
Could you check it again?

（ホテルで）部屋の勘定につけておいてください。

Pouvez-vous l'inclure dans ma facture de chambre?
プヴェ ヴ ランクリュール ダン マファクテュール ドゥ シャンブル
Will you charge it to my room, please?

支払いはクレジットカードでもいいですか？

Acceptez-vous la carte de crédit?
アクセプテ ヴ ラ カルト ドゥ クレディ
Do you accept credit cards?

とってもおいしかったです。
C'était délicieux.
セテ デリスィユー
は、「ごちそうさま」という意味でも使えます。

ひとことフレーズ

これはいい味ですね。
C'est très bon.
セ トレ ボン

すべて満足です。
Tout va très bien.
トゥ ヴァ トレ ビヤン

おなかいっぱいです。
Je n'ai plus faim.
ジュ ネ プリュ ファン

料理を持ち帰ってもいいですか？
Puis-je emporter ceci à la maison?
ピュイ ジュ アンポルテ ススィ ア ラ メゾン

とてもおいしくいただきました。
C'était délicieux.
セテ デリスィユー

これを下げてください。
Pouvez-vous débarrasser ceci?
プヴェ ヴ デバラセ ススィ

領収書をください。
Puis-je avoir un reçu?
ピュイ ジュ アヴォワール アン ルシュ

LOOK

[　　　] はありますか?

Avez-vous [　　　] ?

アヴェ　ヴ [　　　]

Do you have [　　　] ?

肉料理

Viandes

ヴィヤンド

sauté de côtes d'agneau
ソテ　ドゥ　コート　ダニョ 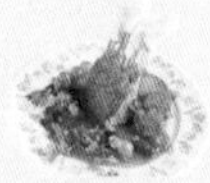
J【骨付きラムのソテー】

daube de bœuf
ドーブ　ドゥ　ブフ 
J【ビーフシチュー】

beackeoff
ベッコフ 
J【ベッコフ】

rôti de pigeon
ロティ ドゥ ピジョン 
J【ハトのロースト】

rôti de canard
ロティ ドゥ　カナール 
J【鴨のロースト】

gigot rôti
ジゴ　ロティ 
J【仔羊のロースト】

bœuf bourguignon
ブフ　ブルギニョン 
J【牛肉の赤ワイン煮】

sauté de foie gras
ソテ　ドゥ フォワ　グラ 
J【フォアグラのソテー】

terrine de lapin en gelée
テリーヌ ドゥ ラパン アン ジュレ 
J【ウサギのテリーヌ】

pot-au-feu de porc
ポトフ　ドゥ　ポール 
J【仔豚のポトフ】

pâté en croûte
パテ　アン クルート 
J【パテのパイ包み】

confit de canard
コンフィ ドゥ カナール 
J【鴨肉のコンフィ】

steak tartare
ステック タルタル 
J【タルタルステーキ】

blanquette de veau
ブランケット　ドゥヴォー 
J【仔牛のクリーム煮】

coq au vin
コック　オ　ヴァン 
J【鶏肉の赤ワイン煮】

lapin désossé
ラパン　デゾセ 
J【ウサギの野菜詰め】

terrine d'andouillette
テリーヌ　ダンドゥイエット 
J【ソーセージのテリーヌ】

魚介料理

魚　甲殻類

Poissons / Crustacés

ボワソン/クリュスタッセ

homard fumé
オマール　フュメ 
J【ロブスターのスモーク】

sardines marinées
サルディーヌ　マリネ 
J【イワシのマリネ】

saumon grillé
ソモン　グリエ 
J【サーモンのグリル】

homard bouilli
オマール　ブーイ

Ⓙ【オマールエビのボイル】

moules
ムール

貝のことは
Coquillages
コキヤージュ
といいます。

Ⓙ【ムール貝】

filet de bar
フィレ　ドゥ　バール

Ⓙ【スズキのフィレ】

escargots
エスカルゴ

Ⓙ【エスカルゴ】

hareng mariné
アラン　マリネ

Ⓙ【ニシンのマリネ】

huîtres
ユイットゥル

Ⓙ【生ガキ】

sole de Bretagne
ソル　ドゥ　ブルターニュ

Ⓙ【舌ビラメの燻製風】

sardines grillées
サルディーヌ　グリエ

Ⓙ【イワシのグリル】

filets de rougets
フィレ　ドゥ　ルージェ

Ⓙ【ヒメジのフィレ】

brandade
ブランダード

Ⓙ【ブランダード】

St. Jacques marinées
サン　ジャック　マリネ

Ⓙ【ホタテのマリネ】

fruits de mer
フリュイ　ドゥ　メール

Ⓙ【海の幸の盛り合わせ】

野菜・卵料理

Légumes・œufs
レギュム・ウー

tartiflette
タルティフレット

Ⓙ【じゃがいもとチーズのグラタン】

gratin dauphinois
グラタン　ドフィノワ

Ⓙ【ポテトグラタン】

soupe au pistou
スープ　オ　ピストウ

Ⓙ【バジルのスープ】

ratatouille
ラタトゥイユ

tian de légumes
ティアン　ドゥ　レギュム

Ⓙ【野菜のトマト煮込み】

Ⓙ【野菜のグラタン】

carottes râpées
カロット　ラペ

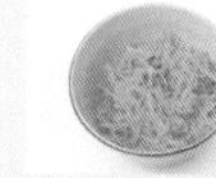

Ⓙ【ニンジンのサラダ】

salade de pomme de terre
サラッド　ドゥ　ポム　ドゥ　テール

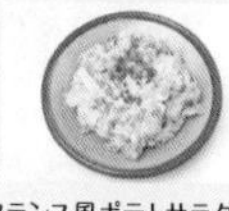

Ⓙ【フランス風ポテトサラダ】

quiche
キッシュ

Ⓙ【キッシュ】

omelette
オムレット

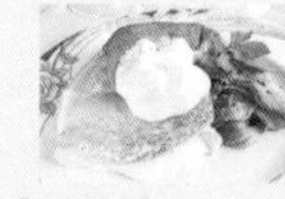

Ⓙ【オムレツ】

bouillabaisse
ブイヤベース

Ⓙ【ブイヤベース】

velouté d'artichaut
ヴェルテ　ダルティショ

Ⓙ【アーティチョークのポタージュ】

LOOK
をください。
, s'il vous plaît.
スィル ヴ プレ
, please.
nougat aux fruits
ヌガ オ フリュイ
【フルーツのヌガー】
tarte à l'oignon
タルト ア ロニオン
【タルト・オニオン】
郷土料理
Cuisine Régionale
キュイズィーヌ レジオナル
boudin blanc
ブーダン ブラン
【ソーセージ】
boudin noir
ブーダン ノワール
【豚の血を加えたソーセージ】
œuf poché
ウフ ポッシェ
【ポーチドエッグのクリームソース添え】
gratin de viande
グラタン ドゥ ヴィアンド
【肉のグラタン】
choucroute
シュークルート
【ザワークラウト】
quenelle de brochet
クネル ドゥ ブロシェ
【川カマスのすり身】
Bourride
ブーリッド
【魚介と野菜のスープ】
œufs en meurette
ウー アン ムレット
【落とし卵の赤ワイン煮】
beignets
ベニエ
【揚げ菓子】
tarte flambée
タルトゥ フランベ
【タルト・フランベ】
salade niçoise
サラッド ニソワーズ
【ニース風サラダ】
socca
ソッカ
【ソッカ】
デザート
Dessert
デセール
tarte à la poire
タルト アラ ポワール
【洋ナシのタルト】
Mont Blanc
モン ブラン
【モンブラン】
opéra
オペラ
【オペラ】
gâteau au chocolat
ガトー オ ショコラ
【チョコレートケーキ】
tarte aux pommes
タルト オ ポム
【リンゴのタルト】
crème brûlée
クレーム ブリュレ
【クレーム・ブリュレ】

sorbet ソルベ 【シャーベット】	crumble aux pommes クルンブル オ　ポム 【リンゴのクランブルケーキ】	nougat glacé ヌガ　グラッセ 【ヌガーのアイスクリーム】	gratin de fruits グラタン　ドゥ　フリュイ 【フルーツのグラタン】
tarte au citron タルト　オ　シトロン 【レモンタルト】	crêpe au beurre et sucre クレープ オ ブール エ スュクル 【バターとシュガーのクレープ】	crème caramel クレム　カラメル 【プリン】	soufflé スフレ 【スフレ】
		mousse ムス 【ムース】	parfait パルフェ 【パフェ】

素材
Ingrédient
アングレディアン

	bœuf ブフ 【牛肉】	poulet プレ 【鶏肉】	mouton ムトン 【羊肉】
	veau ヴォー 【仔牛肉】	porc ポール 【豚肉】	agneau アニョー 【仔羊肉】
lapin ラパン 【ウサギ肉】	cuisse キュイス 【もも肉】	saumon ソモン 【サーモン】	huître ユィットル 【カキ】
œuf ウフ 【卵】	entrecôte アントルコット 【あばら肉】	crabe クラブ 【カニ】	crevette クルヴェット 【小エビ】
asperge アスペルジュ 【アスパラガス】	brocoli ブロコリ 【ブロッコリー】	céleri セルリ 【セロリ】	chou シュー 【キャベツ】
avocat アヴォカ 【アボカド】	artichaut アルティショー 【アーティチョーク】	pomme de terre ポム　ドゥ　テール 【ジャガイモ】	riz リ 【米】
courgette クルジェット 【ズッキーニ】	aubergine オベルジヌ 【ナス】	champinon シャンピオン 【マッシュルーム】	jambon ジャンボン 【ハム】
salami サラミ 【サラミ】	lait レ 【牛乳】	beurre ブール 【バター】	crème fraîche クレーム　フレーシュ 【生クリーム】

LOOK

［　　］をください。

［　　］, s'il vous plaît.

スィル　ヴ　　プレ

［　　］, please.

チーズ
Fromage
フロマージュ

Cœur de Neufchâtel
クール　ドゥ　ヌシャテル
Ⓙ【①クール・ドゥ・ヌシャテル】

Pont L'Evéque
ポン　レヴェック
Ⓙ【②ポン・レヴェック】

Cantal カンタル Ⓙ【③カンタル】	Valençay ヴァランセー Ⓙ【④ヴァランセー】	Camembert カマンベール Ⓙ【⑤カマンベール】	Roquefort ロックフォール Ⓙ【⑥ロックフォール】
Sainte Maure サント　モール Ⓙ【⑦サント・モール】	Epoisses エポワス Ⓙ【⑧エポワス】	Reblochon ルブロション Ⓙ【⑨ルブロション】	Crottin de Chavignol クロタン　ドゥ　シャヴィニョール Ⓙ【⑩クロタン・ドゥ・シャヴィニョール】

今日のおすすめは何ですか？

Que recommandez-vous aujourd'hui?
ク　　ルコマンデ　　　　　ヴ　　オジュルデュイ
What do you recommend today?

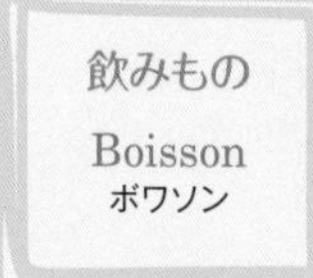

飲みもの
Boisson
ボワソン

vin rouge
ヴァン
ルージュ
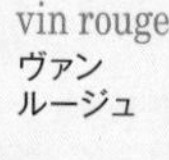

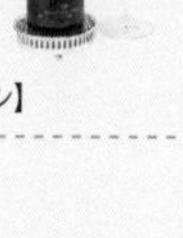
J【赤ワイン】

vin blanc
ヴァン　ブラン

J【白ワイン】

vin rosé
ヴァン　ロゼ

J【ロゼワイン】

bière
ビエール

J【ビール】

café
カフェ

J【コーヒー】

xérès
グゼレス
J【シェリー】

champagne
シャンパーニュ
J【シャンパン】

vin de la maison
ヴァン　ドゥ　ラ　メゾン
J【ハウスワイン】

vin mousseux
ヴァン　ムスー
J【スパークリングワイン】

調理法
Recette
ルセット

rôti
ロティ
J【ローストした】

grillé au feu de bois
グリエ　オ　フー　ドゥ　ボワ
J【炭火焼きした】

braisé
ブレゼ
J【煮込んだ】

grillé
グリエ
J【オーブンで焼いた】

cuit à l'eau
キュイ　ア　ロー
J【ゆでた】

frit
フリ
J【揚げた】

sauce béchamel
ソース　ベシャメル
J【ホワイトソース】

congelé
コンジュレ
J【凍らせた】

cru
クリュ
J【生の】

coupé en fines tranches
クペ　アン　フィーヌ　トランシュ
J【薄切りにした】

haché
アシェ
J【ひき肉にした】

tarte en papillotte
タルト　アン　パピヨット
J【紙包み焼きにした】

frais
フレ
J【新鮮な】

épicé
エピセ
J【香辛料のよく効いた】

assaisonné
アセゾネ
J【味をつけた】

au vinaigre
オ　ヴィネーグル
J【酢に漬けた】

fumé
フュメ
J【燻製にした】

à la vapeur
ア　ラ　ヴァプール
J【蒸した】

調味料
Assaisonnement
アセゾヌマン

huile
ユイル
J【油】

huile d'olive
ユイル　ドリーブ
J【オリーブオイル】

poivre
ポワーブル
J【コショウ】

moutarde
ムタルド
J【マスタード】

paprika
パプリカ
J【パプリカ】

ail
アイユ
J【ニンニク】

sel
セル
J【塩】

sucre
スュクル
J【砂糖】

herbes
エルブ
J【ハーブ】

vinaigre
ヴィネーグル
J【ビネガー】

ビストロでスマートにオーダーしましょう

質の高い料理を気軽に味わえるビストロは、地元の人たちで賑わう憩いの場でもあります。おすすめの食材を聞いてみたり、周りの会話に耳を傾けたり、お店の雰囲気も楽しみましょう。

パリジェンヌ気分でオーダー

アペリティフはいかがですか？
Voulez-vous un apéritif?
ヴレ　ヴ　アンナペリティフ
Would you like an aperitif?

シャンパンをグラスでお願いします。
Donnez-moi un verre de champagne.
ドネ　モワ　アン ヴェール ドゥ シャンパーニュ
I'll have a glass of champagne, please.

いりません。
Non, merci.
ノン　メルスィ
No, thank you.

ミネラルウォーターをください。
De l'eau minéral , s'il vous plaît.
ドゥ　ロー　ミネラル　スィル　ヴ　プレ
I'll have a mineral water, please.

日本語［英語］のメニューはありますか？
Avez-vous une carte en japonais[anglais]?
アヴェ　ヴ　ユヌ　カルト　アン　ジャポネ［アングレ］
Do you have a Japanese[an English] menu?

これはどんな料理ですか？
Qu'est-ce-que c'est?
ケ　ス　ク　セ
What is this dish like?

魚料理のおすすめは何ですか？
Qu'est-ce-que vous recommandez comme poisson ?
ケ　ス　ク　ヴ　ルコマンデ　コム　ポワソン
Which fish dish do you recommend?

パンをもう少しお願いします。
Encore un peu de pain, s'il vous plaît.
アンコール　アン　プ　ドゥ　パン　スィル　ヴ　プレ
I'd like to have more bread, please.

これを2人前ください。
Puis-je en avoir deux ?
ピュイ ジュ アン アヴォワール　ドゥー
Can I have this for two?

数字 P.150

会計をおねがいします。
L'addition, s'il vous plaît.
ラディスィヨン　スィル　ヴ　プレ
Check, please.

本日のおすすめが黒板に書いてあることがあります。
本日のオススメのことは
plat du jour
プラ　デュ　ジュール
といいます。
メニューをよく見てみましょう。

多彩なビストロの世界

庶民的なお店、本格フレンチが味わえる高級店、新進気鋭の若手シェフが開いたお店など、さまざまなタイプのビストロがあります。

メニューを解説しましょう

メニュー　carte
カルト

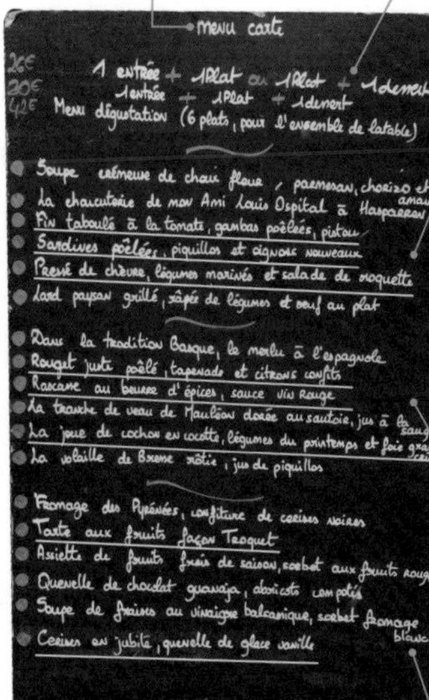

前菜＋メイン＋デザート
1 entrée ＋ 1 plat ＋ 1 dessert
アン アントレ　アン　プラ　アン　デセール

前菜一例

トマトのタブレ　エビ焼き　バジルソース
Fin taboulé à la tomate, gambas poêlées, pistou
ファン タブレ ア ラ　トマト　ガンバ　ポワレ　ピストゥ

いわしのポワレ　赤唐辛子と新玉ねぎ
Sardines poêlées, piquillos et oignons nouveaux
サルディーヌ　ポワレ　ピキーヨ　エ　オニオン　ヌーヴォー

羊のチーズ　野菜のマリネ　ルッコラのサラダ
Pressé de chèvre, légumes marinés et salade de roquette
プレッセ ドゥ シェーヴル　レギュム　マリネ　エ　サラード　ドゥ　ロケット

メイン一例

ヒメジのポワレ　タプナード　レモン漬け添え
Rouget juste poêlées, tapenade et citrons confits
ルジェ　ジュスト　ポワレ　タプナード　エ　スィトロン　コンフィ

カサゴのスパイスバター焼き　赤ワインソース
Rascasse au beurre d'épices, sauce vin rouge
ラスカス　オ　ブール　デピス　ソース ヴァン ルージュ

豚のほほ肉ココット焼き　生フォワグラ添え
La joue de cochon en cocotte, et foie gras crû
ラ　ジュー　ドゥ　コション　アン　ココット　エ　フォワ　グラ　クリュ

デザート一例

カフェ風フルーツタルト
Tarte aux fruits façon Troquet
タルト　オ　フリュイ　ファソン　トロケ

チェリーのシロップ煮　バニラアイス添え
Cerises en jubilé, quenelle de glace vanille
セリーズ　アン　ジュビレ　クネル　ドゥ グラス　ヴァニーユ

「carte」と「menu」

日本で言う「メニュー」は「carte」といいます。フランス語の「menu」は、「コース料理」や「定食」のことを指すので注意！

街かどのカフェでひとやすみ

フランス人の生活に欠かせない存在であるカフェは、街でよく見かけます。ぜひ気軽に入って、お気に入りのお店を見つけましょう。

ギャルソンとの会話を楽しみましょう

こんにちは。
Bonjour.
ボンジュール

こんにちは。何名様ですか？
Bonjour. C'est pour combien de personnes ?
ボンジュール セ プール コンビヤン ドゥ ペルソンヌ

1人です。
Une personne.
ユヌ ペルソンヌ

店内席かテラス席、どちらが良いですか？
Vous préférez être à l'intérieur ou en terrasse ?
ヴ プレフェレ エートゥル ア ランテリュール ウ アン テラス

テラス［カウンター］席でお願いします。
En terrasse [au comptoir], s'il vous plaît.
アン テラス［オコントワール］ スィル ヴ プレ

はい、こちらへどうぞ。
Installez-vous je vous en prie.
アンスタレ ヴ ジュ ヴ ゼンプリ

席について…

メニューをお願いします。
La carte, s'il vous plaît.
ラ カルト スィル ヴ プレ

飲み物用ですか、食事用ですか？
C'est pour prendre un verre ? Pour manger ?
セ プール プランドゥル アン ヴェール プール マンジェ

両方お願いします。
Les deux.
レ ドゥ

注文は…

お決まりですか？
Vous avez choisi ?
ヴ ザヴェ ショワジ

カフェオレとクロワッサンをください。
Un café au lait et un croissant, s'il vous plaît.
アン カフェ オ レ エ アン クロワサン スィル ヴ プレ

途中で…

問題ないですか？
Pas de problèmes ?
パ ドゥ プロブレーム

大丈夫です。おいしいです。
Tout va bien, c'est très bon.
トゥ ヴァ ビヤン セ トゥレ ボン

ケチャップをください。
S'il vous plaît, je pourrais avoir du ketchup?
スィル ヴ プレ ジュ プレ アヴォワール デュ ケチャップ

デザートメニューをください。
La carte des desserts, s'il vous plaît.
ラ カルト デ デセール スィル ヴ プレ

カフェでの会話術を知っておきましょう

1 席によって料金が違います

基本的にカウンター、店内席、テラス席の順に料金がアップ。

カウンター	comptoir コントワール	
店内席	siège à l'intérieur スィエージュ ア ランテリウール	
テラス席	siège en terrasse スィエージュ アン テラス	

2 お肉をオーダーする時は？

ランチやディナーに、しっかりした食事ができるカフェも。お肉の焼き加減の希望はこちら。

レア	saignant セニャン
ミディアム	à point ア ポワン
ウェルダン	bien cuit ビヤン キュイ

メニューについて聞いてみましょう

セットメニューはありますか？

Est-ce qu'il y a des formules?
エス キリ ヤ デ フォルミュール
Do you have a set meal?

これは何ですか？

Qu'est-ce que c'est?
ケ ス ク セ
What is this?

おすすめはどれですか？

Qu'est-ce que vous me conseillez?
ケ ス ク ヴ ム コンセイエ
Which do you recommend?

私も同じものをください。

Moi aussi.
モワ オスィ
Same for me.

日替わり料理［デザート］は何ですか？

Quel est le plat [dessert] du jour?
ケ レ ル プラ ［デセール］ デュ ジュール
What is today's dish [dessert] ?

取り分けたいのですが…

Est-ce qu'il serait possible de partager ce plat?
エス キル スレ ポスィーブル ドゥ パルタジェ ス プラ
Is it possible to share this dish?

コーヒーのおかわりをください。

Une autre tasse de café, s'il vous plaît.
ユヌ オートル タス ドゥ カフェ スィル ヴ プレ
Could I have another cup of coffee, please?

ワンポイント 料理名を解読しましょう

一見、長くて複雑なフランス語の料理名。
読み方のコツを押さえれば、ある程度内容を推測することができます。

最初に「主な素材」、次に「ソース」、そして最後に「付け合わせ」というのが基本的な順番です。

［主な素材（部位名）］
ウサギ肉
lapin
ラパン

［ソース］
マスタードソース
sauce moutarde
ソース ムタルド

［付け合わせ］
じゃがいも添え
pomme de terre
ポム ドゥ テール

LOOK

［　　　］をください。

［　　　］, s'il vous plaît.

スィル ヴ　　プレ

［　　　］, please.

カフェメニュー

Carte de café

カルト　ドゥ　カフェ

			quiche lorraine キッシュ　ロレーヌ Ⓙ【キッシュ・ロレーヌ】
sandwich サンドウィッチ Ⓙ【サンドイッチ】	salade niçoise サラッド　ニソワーズ Ⓙ【ニース風サラダ】	omelette オムレット Ⓙ【オムレツ】	steak-frites ステック　フリット Ⓙ【ステーキ フライドポテト添え】
croque-monsieur クロックムシユ Ⓙ【クロック・ムッシュー】	sorbet ソルベ Ⓙ【シャーベット】	croissant クロワサン Ⓙ【クロワッサン】	café カフェ Ⓙ【コーヒー】
café crème カフェ　クレム Ⓙ【カフェクレーム】	café viennois カフェ　ヴィエノワ Ⓙ【ウィンナーコーヒー】	orange pressée オランジュ プレセ Ⓙ【生オレンジジュース】	menthe à l'eau マン　タ ロー Ⓙ【ミント水】
pain perdu パン　ペルデュ Ⓙ【フレンチトースト】	glace グラス Ⓙ【アイス】	café express カフェ　エクスプレス Ⓙ【エスプレッソ(コーヒー)】	infusion アンフュズィオン Ⓙ【ハーブティー】
chocolat ショコラ Ⓙ【チョコレート】	café au lait カフェ　オ　レ Ⓙ【カフェオレ】	thé テ Ⓙ【紅茶】	thé au citron テ　オ　スィトロン Ⓙ【レモンティー】
vin rouge ヴァン　ルージュ Ⓙ【赤ワイン】	champagne シャンパーニュ Ⓙ【シャンパン】	bière ビエール Ⓙ【ビール】	perrier ペリエ Ⓙ【ペリエ】
vin blanc ヴァン　ブラン Ⓙ【白ワイン】	grog グロッグ Ⓙ【グロッグ】	jus de fruits ジュ　ドゥ　フリュイ Ⓙ【フルーツジュース】	coke コーク Ⓙ【コーラ】

飲みもの➡P.49

チーズやオリーブオイルの量り売りにチャレンジ

チーズの種類はこちら

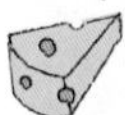

白カビ
fromage à croûte fleurie
フロマージュ ア クルートゥ フルリ
表面は白カビで覆われ、マイルドでクリーミーな味わい。

フレッシュ
frais
フレ
熟成させないタイプで、作り立てがおいしい。

セミハード
pressée non cuite
プレッセ ノン キュイット
ゆっくりと熟成するタイプ。比較的硬いチーズ。

ウォッシュ
fromage à croûte lavée
フォルマージュ ア クルートゥ ラヴェ
濃厚な味わいで、ワインによく合う。

その他チーズは P.48

オリーブオイルの種類はこちら

エクストラバージン
huile d'olive vierge extra
ユイル ドリーヴ ヴィエルジュ エクストラ
風味がすばらしい。酸度が0.8%以下と低く最高級のもの。

ファインバージン
huile d'olive vierge
ユイル トリーヴ ヴィエルジュ
酸度が2%以下で、風味・香りが大変良いもの。

オーディナリーバージン
huile d'olive vierge courante
ユイル ドリーヴ ヴィエルジュ クーラント
酸度が3.3%以下。エクストラよりは劣るが良好な風味がある。

ピュアオリーブオイル
huile d'olive pure
ユイル ドリーヴ ピュール
バージンオイルと精製したオイルをブレンドしたもの。

チーズのAOPマークってなに？
AOPマークとは、EUで認可されたもの。Appellation d'Origine Protegée（原産地名称保護）の略で、EUの中で最も厳しい基準を設定しています。

お役立ち単語集 WORD

牛乳	lait	レ
原料	ingrédient	アングレディアン
産地	pays producteur	ペイ プロデュクトゥール
酸味	acidité	アスィディテ
コクのある	corsé	コルセ
なめらかな	souple	スープル
マイルドな	doux	ドゥー
クリーミーな	crèmeux	クレムー
塩味の効いた	salé	サレ
香り	parfum	パルファン

チーズやオリーブオイルを買ってみましょう

カマンベールを150グラムください。
Donnez-moi 150 grammes de Camembert.
ドネ モワ サン サンカーント グラム ドゥ カマンベール
Could I have 150 grams of Camembert?
数字 P.150

カンタルを3切れください。
Donnez-moi 3 tranches de Cantal.
ドネ モワ トロワ トランシュ ドゥ カンタル
Could I have 3 slices of Cantal?
数字 P.150

原料は何ですか？
Quels sont les ingrédients?
ケル ソン レザングレディアン
What is this made from?

テイクアウトでフランスの食文化を堪能

お散歩の途中に、手軽に小腹を満たしてくれるテイクアウトメニュー。旅先ならではの一品を選んで、青空の下で味わうのも格別です。

テイクアウトの会話ポイントです。
おいしいパンのサンドイッチから多国籍なメニューまで、バラエティ豊かなフランスのファストフード。人気店には行列ができていたり、ランチ時に店内が混雑したりすることも。
自分の番になってからゆっくり選んでいる時間がないこともあるので、あらかじめショーケースなどを見て、注文するものを決めておきましょう。

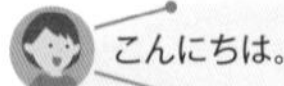

こんにちは。
Bonjour.
ボンジュール

いらっしゃいませ。
Que désirez-vous?
ク デズィレ ヴ

ファファフェル1つとコーラの大を1つください。
Un falafel et un grand coca, s'il vous plaît.
アン ファラフェル エ アン グラン コカ スィル ヴ プレ

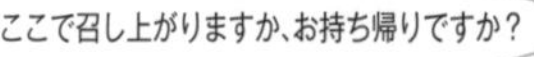

ここで召し上がりますか、お持ち帰りですか？
Sur place ou à emporter?
スュル プラス ウ ア アンポルテ

持ち帰ります。／ここで食べます。
À emporter, s'il vous plaît. / Sur place, s'il vous plaît.
ア アンポルテ スィル ヴ プレ/スュル プラス スィル ヴ プレ

ケチャップは入れますか？
Voulez-vous du ketchup?
ヴレ ヴ デュ ケチャップ

お願いします。／けっこうです。
Oui, s'il vous plaît. / Non, merci.
ウィ スィル ヴ プレ／ノン メルスィ

5ユーロになります。
Ça sera 5 euros.
サ スラ サンク ユーロ

（代金を出して）はい、どうぞ。
Voilà.
ヴォワラ

ありがとうございました。
Merci.
メルスィ

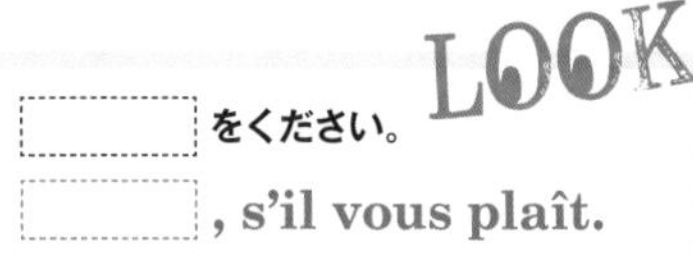

[　　　] をください。

[　　　] , s'il vous plaît.
[　　　] スィル　ヴ　プレ
[　　　] , please.

ファストフード
Restauration rapide
レストラスィヨン ラピッド

hamburger
アンバーガー

Ⓙ【ハンバーガー】

panini
パニーニ

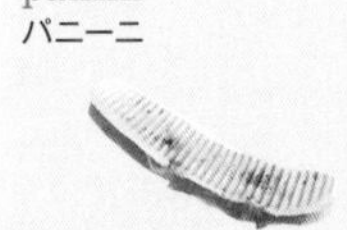

Ⓙ【パニーニ】

sandwich
サンドウィッチ

Ⓙ【サンドイッチ】

quiche
キッシュ

Ⓙ【キッシュ】

chawarma
シャワルマ

Ⓙ【レバノン風サンドイッチ】

sandwich baguette
サンドウィッチ　バゲット

Ⓙ【バゲットサンド】

kafta
カフタ

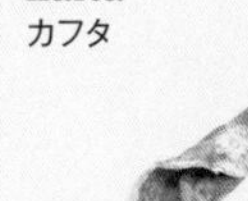

Ⓙ【カフタ】

beignet
ベニエ

Ⓙ【揚げ菓子】

pizza
ピザ

Ⓙ【ピザ】

pommes frites
ポム フリット

Ⓙ【フライドポテト】

soupe
スープ

Ⓙ【スープ】

croque-madame
クロック　マダム
Ⓙ【クロックマダム】

jus d'orange
ジュ　ドランジュ
Ⓙ【オレンジジュース】

kebab
ケバブ
Ⓙ【ケバブ】

café
カフェ
Ⓙ【コーヒー】

飲みもの➡P.49

ワンポイント 具材を選んでみましょう

[　　　] を入れてください。

Mettez-moi [　　　].
メテ　　モワ [　　　]

具材はもちろん、パンの種類もさまざまです。いろいろな組み合わせを楽しみましょう。

チキン poulet プレ
レタス laitue レテュ
ベーコン lard fumé ラール　フュメ
トマト tomate トマットゥ

ほかの具材はこう言います

生ハム	ツナ	野菜	チーズ	たまご	バター
jambon cru	thon	légumes	fromage	œuf	beurre
ジャンボン　クリュ	トン	レギュム	フロマージュ	ウフ	ブール

デリでお惣菜を買ってみましょう

ケースに並ぶ色鮮やかなお惣菜は、選ぶのも楽しいですよね。お手軽に質の高いお惣菜が味わえるので色々試してみましょう。

では注文しましょう

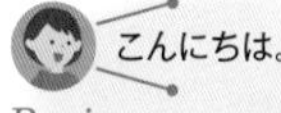

こんにちは。

Bonjour.
ボンジュール

いらっしゃいませ。

Bonjour. Que désirez-vous?
ボンジュール　ク　デズィレ　ヴ

タブレを200gと、ベーコンのキッシュをひと切れください。

Je voudrais 200 grammes de taboulé et une tranche de quiche au lard.
ジュ　ヴドレ　ドゥー　サン　グラム　ドゥ　タブレ　エ　ユヌ　トランシュ　ドゥ　キッシュ　オ　ラール

他にご注文は？

Et avec ça?
エ　アヴェック　サ

それと、このパテを100gください。／以上です。

Et 100 grammes de ce pâté. ／ C'est tout.
エ　サン　グラム　ドゥ ス パテ　／　セ　トゥ

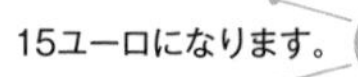

15ユーロになります。

Ça fait 15 euros.
サ　フェ　キャーンズ　ユーロ

50ユーロしかありません。おつりをお願いします。

Je n'ai qu'un billet de 50 euros.
Pouvez-vous me rendre la monnaie?
ジェ　ネ　カン　ビエ　ドゥ　サンカーンテューロ
プヴェ　ヴ　ム　ランドル　ラ　モネ

はい、35ユーロおつりです。

Oui, voilà 35 euros.
ウィ　ヴォワラ　トラント　サンク　ユーロ

ありがとう。

Merci.
メルスィ

お店によってはチーズやワインを揃えていることもあり、本格的なランチやディナーのための材料が、ひと通りテイクアウトできてしまうんです。ホテルや公園など、好きな場所でいただきましょう。ただし、特に夏場は持ち歩き時間を考慮してくださいね。

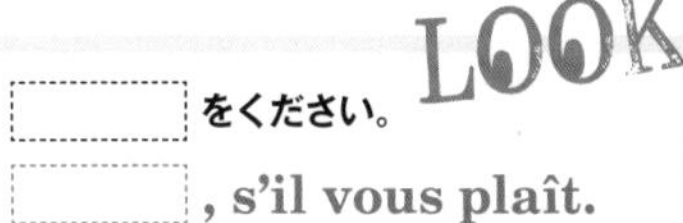

[　　　] をください。

[　　　], s'il vous plaît.

スィル　ヴ　プレ

[　　　], please.

お惣菜

Plat
プラ

carottes râpées
カロット　ラペ

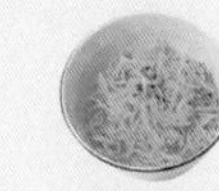

Ⓙ【ニンジンのサラダ】

taboulé
タブレ

Ⓙ【アラブ風パスタ】

ragoût de lentilles et œuf
ラグー　ドゥ　ランティーユ　エ　ウフ

Ⓙ【卵とレンズ豆の煮込み】

macédoine
マセドワヌ

Ⓙ【フランス風ポテトサラダ】

falafel
ファラフェル

Ⓙ【ファラフェル】

pâté en croûte
パテ　アン　クルート

Ⓙ【パテのパイ包み】

tarte au fromage blanc
タルト　オ　フロマージュ　ブラン

Ⓙ【ナチュラルチーズのタルト】

saumon en gelée
ソモン　アン　ジュレ

Ⓙ【サーモンのゼリー】

museau de bœuf
ミュゾー　ドゥ　ブフ

Ⓙ【牛の鼻の軟骨】

légumes grillés
レギューム　グリエ

Ⓙ【焼野菜】

sandwich au jambon cru et au fromage
サンドウィチ　オ　ジャンボン　クリュ　エト　フロマージュ

Ⓙ【生ハムとチーズのサンドイッチ】

poulet et bardane cuit
プレ　エ　バルダン　キュイ

Ⓙ【チキンとゴボウの煮つけ】

tarte aux poireaux
タルト　オ　ポワロー

Ⓙ【ポワローネギのタルト】

lapin en gelée
ラパン　アン　ジュレ

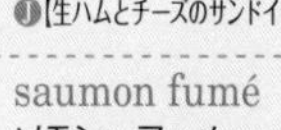

Ⓙ【ウサギ肉のゼリー寄せ】

saumon fumé
ソモン　フュメ

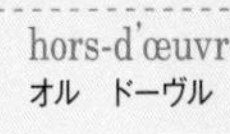

Ⓙ【スモークサーモン】

hors-d'œuvre varié
オル　ドーヴル　ヴァリエ

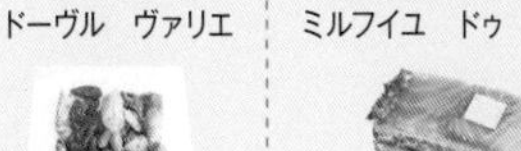

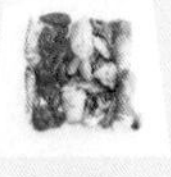

Ⓙ【オードブルの盛り合わせ】

millefeuille de saumon
ミルフイユ　ドゥ　ソモン

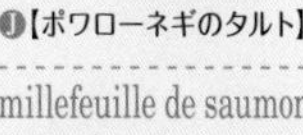

Ⓙ【サーモンのミルフィーユ】

saucisse
ソスィス

Ⓙ【ソーセージ】

terrine
テリーヌ

Ⓙ【テリーヌ】

olive
オリーヴ

Ⓙ【オリーブ】

pot-au-feu
ポ　ト　フ

Ⓙ【ポトフ】

penne
ペンヌ

Ⓙ【ペンネ】

panier repas
パニエ　ルパ

Ⓙ【お弁当】

スイーツも旅の楽しみですね

**宝石のようなスイーツの数々は、見ているだけで幸せな気分に…
食の王国・フランスが育てた魅惑の味を、ゆっくり味わいましょう。**

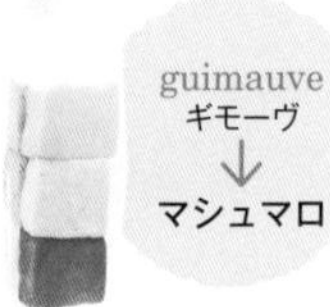

guimauve
ギモーヴ
↓
マシュマロ

フランスの伝統的なコンフィズリー。ウィスキーやコーヒーなどの珍しいフレーバーも。

millefeuille
ミルフイユ
↓
ミルフィーユ

さくさくのパイとカスタードクリームの組み合わせがたまらない、歴史あるスイーツ。

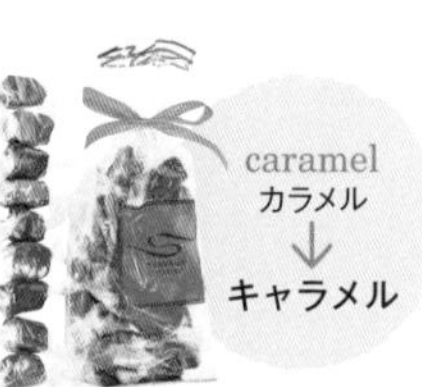

caramel
カラメル
↓
キャラメル

日本でもおなじみ。ショコラや塩、季節の果物など、いろいろなフレーバーがある。

tarte tatin
タルト　タタン
↓
リンゴのタルト

リンゴをバターや砂糖と一緒にオーブンで焼いたケーキ。ぜひ焼きたてを。

chausson aux pommes
ショソン　オ　ポム
↓
**アップルパイ
(ショーソン・オ・ポム)**

定番の菓子パン。こんがり焼いた生地とリンゴの甘みが絶妙。

macaron
マカロン
↓
マカロン

カラフルでバラエティ豊かな本場のマカロンは、色鮮やかで、味もいろいろ。

注文をしてみましょう

このケーキを1つください。

J'en voudrais 1 comme ça.
ジャン　ヴドゥレ　アン コム　サ
I'll have one of these cakes.

数字➡P.150

おすすめは何ですか？

Qu'est-ce que vous me conseillez?
ケ　ス ク　ヴ　ム　コンセイエ
What do you recommend?

マカロンを10個ください。

Dix macarons, s'il vous plaît.
ディ　マカロン　スィル　ヴ　プレ
Could I have 10 macarons?

数字➡P.150

フルーツの単語もチェックしましょう

ブルーベリー	myrtille ミルティーユ	リンゴ	pomme ポム	プラム	prune プリュンヌ	アプリコット	abricot アプリコ
洋ナシ	poire ポワール	桃	pêche ペッシュ	イチゴ	fraise フレーズ	レモン	citron スィトロン

Mont Blanc
モン　ブラン
↓
モンブラン

生クリームと濃厚なマロンクリームを堪能したい、伝統の味。

sablé
サブレ
↓
サブレ

食べるのがもったいない、愛らしい色鮮やかな王冠の形をしたサブレ。

mousse
ムース
↓
ムース

舌の上で溶けていくような繊細な食感は、大人の味わいです。

éclair
エクレール
↓
エクレア

フランスでも不動の人気を誇る、定番スイーツ。それだけにこだわりも強い。

cannelé
カヌレ
↓
カヌレ

ボルドーの伝統菓子。外側はカリッと、中はしっとりのコントラストがやみつきに。

bonbon
ボンボン
↓
ボンボン

思わず童心に帰ってしまう色とりどりのボンボンは、おみやげにも◎。

ここで食べられますか？

Est-ce qu'on peut manger ici?
エ　ス コン　プ　マンジェ　イスィ ↗
Can I eat here?

おみやげ用にお願いします。

C'est pour offrir.
セ　プール　オフリール
Could you make it a gift?

日持ちはしますか？

Se conservent-ils longtemps?
ス　コンセルヴ　ティル　ロンタン ↗
Does it keep long?

お好みのガレット・クレープを味わいたいですね

日本でもおなじみとなった、フランスの伝統料理、ガレットとクレープ。好きなトッピングをチョイスして本場の味を味わってみましょう。

ガレット・クレープをオーダーしてみましょう

ツナ入りのガレットを1つとシードルをください。	Une galette au thon et une bouteille de cidre, s'il vous plaît. ユヌ ガレット オ トン エ ユヌ ブティユ ドゥ スィードル スィル ヴ プレ One galette with tuna and a bottle of cider, please.
甘いメニューはどれですか？	Quelles sont les crêpes sucrées dans la carte? ケル ソン レ クレプ スークレ ダン ラ カルト Which one is the sweet dish?
テイクアウトでお願いします。	C'est pour emporter. セ プール アンポルテ To go, please.

クレープにはシードルがぴったりです

低発泡性のリンゴ酒で、辛口と甘口があります。口当たりがよく、ガレットとの相性も◎。フランスではガレット(クレープ)と一緒に飲むことが多いんです。

メニュー表をcheck!!

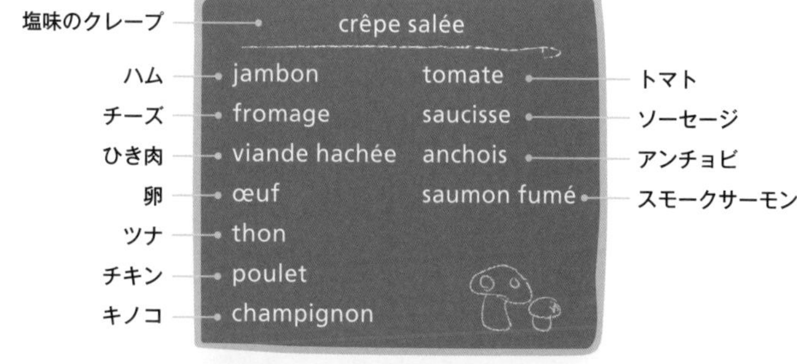

*コンポート/シロップ煮
*ヌテラ/ヘーゼルナッツ風味のチョコレートスプレッド
*グランマルニエ/オレンジリキュールの一種

ワインをスマートにオーダーしましょう

フランスが世界に誇る、上質なワイン。味も値段もさまざまなので、迷ったらお店の人と相談しながら、お気に入りを見つけましょう。

ワインリストはここをチェック

vin rouge (ヴァン ルージュ)	verre	bouteille
vin de la maison (ヴァン ドゥ ラ メゾン)		
Cabernet Franc / Bordeaux	€00	€000
Cabernet Sauvignon / Bordeaux	€00	€000
Merlot / Bordeaux	€00	€000
Gamay / Bourgogne	€00	€000
Syrah / Côtes du Rhône	€00	€000
Grenache / Provence	€00	€000

vin rosé (ヴァン ロゼ)		
Pinot Blanc / Bourgogne	€00	€000
Cabernet Franc / Loire	€00	€000
Syrah / Côtes du Rhône	€00	€000

vin blanc (ヴァン ブラン)	verre (ヴェール)	bouteille (ブテイユ)
vin de la maison		
Sauvignon Blanc / Bordeaux	€00	€000
Sauvignon Blanc / Loire	€00	€000
Chenin Blanc / Loire	€00	€000
Sémillon / Bordeaux	€00	€000
Gewuiztraminer / Alsace		
Chardonnay / Bourgogne		

(シャンパーニュ エ クレマン) Champagne et Crémant		
Pinot Noir / Champagne	€00	€000
Pinot Meunier / Champagne	€00	€000
Pinot Noir / Bourgogne	€00	€000
Chardonnay / Bourgogne	€00	€000

ワインラベルの読み方はこちら

MIS EN BOUTEILLE AU CHÂTEAU
CHÂTEAU MARGAUX
GRAND VIN
1999
PREMIER GRAND CRU CLASSÉ
MARGAUX
APPELLATION MARGAUX CONTRÔLÉE
S.C.A. CHATEAU MARGAUX PROPRIÉTAIRE A MARGAUX · FRANCE

銘柄
ワインの名前

ブドウの収穫年
これがワインの質を左右する

グラン・クリュ
特に優れたぶどう園、ブドウ畑を示す

ボトル詰めをした場所／会社
Mis en Bouteille au Châteauなどと名称が表記されていれば、蔵元詰めなので信用できる

原産地名
原料となるブドウが収穫された場所

格付け
4つの等級に分かれていて、A.O.C.が最大級

ワインを注文してみましょう

このワインをいただけますか?	**Puis-je avoir ce vin?** ピュイ ジュ アヴォワール ス ヴァン Can I have this wine?
おすすめのワインは何ですか?	**Pouvez-vous me recommander un vin?** プヴェ ヴ ム ルコマンデ アン ヴァン Could you recommend some wine?
甘口[辛口]のものはどれですか?	**Lequel est doux [sec]?** ルケル エ ドゥー[セック] Which one is sweet [dry]?
地元のワインはどれですか?	**Quel est le vin de la région?** ケ レ ル ヴァン ドゥ ラ レジオン Which one is the local wine?
軽めのワインはありますか?	**Avez-vous du vin léger?** アヴェ ヴ デュ ヴァン レジェ Do you have a light wine?
白[赤]ワインをグラスでください。	**Je voudrais un verre de vin blanc [rouge].** ジュ ヴドレ アン ヴェール ドゥ ヴァン ブラン[ルージュ] May I have a glass of white [red] wine?
もう少し(値段が)手ごろなものはありますか?	**En avez-vous un autre meilleur marché?** アンナヴェ ヴ アン オートル メイユール マルシェ Do you have something cheaper?
ブルゴーニュ産のワインをください。	**Puis-je avoir un vin de Bourgogne?** ピュイ ジュ アヴォワール アン ヴァン ドゥ ブルゴーニュ Could I have a wine of Bourgogne?

お役立ち単語集 WORD

原産地	origine	オリジン
銘柄	marque	マルク
収穫年	millésime	ミレジム
ブドウ	raisin	レザン
格付け	classement	クラスマン
飲みごろ	prêt à boire	プレタ ボワール
ソムリエ	sommelier	ソムリエ
辛口	sec	セック
甘口	doux	ドゥー
酸味	acidité	アスィディテ
香り	arôme	アロム
フルーティーな	fruité	フリュイテ
爽やかな	frais	フレ

美食の国でマナーを守ってスマートに楽しみましょう

マナーと言ってもあまり堅苦しく考えないで。大切なのは、適度に楽しくおしゃべりしながら、料理を堪能すること。それこそがフランスにおけるマナーの基本なんです。

三ツ星レストランは…

三ツ星レストランやビストロを利用するときは、予約をしましょう。名前・人数・日時を伝えます。予約をホテルのフロントに頼んだときはチップを渡しましょう。

服装の決まり（ドレスコード）は…

高級店でなければそれほどうるさくありませんが、きちんとした身なりでいけば店側の対応もよくなります。ドレスコードありの場所では男性は上着＋ネクタイ、女性はワンピースやジャケットなどのトレスアップを。

メイン料理は…

1人1皿が原則なので、取り皿をもらってシェアするのはNGです。お皿を交換して食べあうこともしないようにしましょう。

早く食べたいからって、
勝手に席にすわるのはNG。
案内してくれるので
お店の人を待ちましょう。

ほかにも気をつけたいことは？

①オーダーする時は？

テーブル担当のギャルソンを待ってオーダー。アペリティフ（食前酒）を飲むか聞かれるので、何か頼むかいらなければ"Non, merci."。またメインを頼まないのはNGなので注意。

②スープを飲む時は？

音を立てて飲むのは、とてもマナーが悪いのでやめましょう。ゆっくりと静かに味わいましょう。カップスープのとってを持って飲むのはOKです。

気軽に食事を楽しむなら…

家庭的で素朴な雰囲気で食事ができるビストロ（Bistro）がおすすめ。一律の値段で前菜・主菜・デザートから1品ずつ選べる店も。

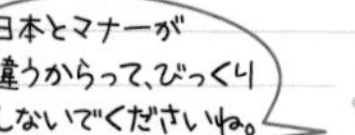

ナイフやフォークは…

使うときは外側から使います。落としてしまったときは自分で拾わずに、ギャルソン（給仕）に拾ってもらいましょう。

ワインを飲むときは…

フランスワインは世界でも有名なので、楽しみにしている人も多いでしょう。まず、注ぐときは男性が注ぐのがマナー。注いでもらう人はグラスを持たないように。グラスを合わせて音をたてて「カンパ～イ」、というのもやめておきましょう。

チップは…

ギャルソンにひと声かけてテーブルで会計をします。チップは自由です。サービスに満足してチップを渡したいときには、食事代の5～15%を目安に残していきましょう。

③手を休める時，食べ終わった時は？

手を休める時、ナイフとフォークは先端を合わせてハの字に（フォークの下にナイフ）。食べ終わった時は共にそろえて3時の方向か、中央斜め下にそろえて置きます。

④喫煙する時は？

公共の場では喫煙禁止です。レストラン内では我慢して、食後に場所を移してテラスのあるカフェなどを利用しましょう。喫煙したいときは、吸える場所を確認しましょう。

楽しく自分好みのファッションを見つけましょう

フランス旅行の大きな楽しみのひとつは、やっぱりショッピングですよね？
お店めぐりを楽しみながら、自分にぴったりのファッションを探しましょう。

まずはお店を探しましょう

デパートはどこにありますか？

Où se trouve le grand magasin ?
ウ ス トゥルーヴ ル グラン マガザン
Where is the department store?

それはどこで買えますか？

Où peut-on acheter ça?
ウ プトン アシュテ サ
Where can I buy that?

Coletteという店はどこですか？

Où se trouve le magasin qui s'appelle Colette ?
ウ ス トゥルーヴ ル マガザン キ サペル コレット
Where is the shop called Colette?

お店についてたずねましょう

営業時間を教えてください。

Quelles sont les heures d'ouverture?
ケル ソン レズール ドゥヴェルテュール
What are the business hours?

定休日はいつですか？

Ce magasin est fermé quels jours?
ス マガザン エ フェルメ ケル ジュール
What day do you close?

店内案内図はありますか？

Avez-vous une brochure d'information?
アヴェ ヴ ユヌ ブロシュール ダンフォルマスィヨン
Do you have an information guide?

化粧品を買うにはどこに行けばいいですか？

Où se trouvent les produits de beauté ?
ウ ス トゥルーヴァン レ プロデュイ ドゥ ボテ
Where should I go to buy cosmetics?

エスカレーター［エレベーター］はどこですか？

Où est l'escalier roulant [l'ascenseur]?
ウ エ レスカリエ ルラン［ラッサンスール］
Where is the escalator [elevator]?

バッグ売り場を探しています。

Je cherche des sacs .
ジュ シェルシュ デ サック
I'm looking for bags.

荷物を預かってもらえるところはありますか？

Où est le vestiaire?
ウ　エ　ル　ヴェスティエール
Where is the cloak room?

日本語を話せるスタッフはいますか？

Y a-t-il quelqu'un qui parle japonais?
イ ア ティル ケルカン　キ　パール　ジャポネ
Is there someone who speaks Japanese?

店内にATMはありますか？

Y a-t-il un distributeur automatique de billets dans le magasin?
イ ア ティル アン ディストリビュトゥール オトマティック ドゥ ビエ ダン ル マガザン
Do you have an ATM here?

顧客サービス窓口はどこですか？

Où se trouve le comptoir service clients?
ウ　ス トゥルーヴ ル コントワール　セルヴィス　クリヤン
Where is the customer service?

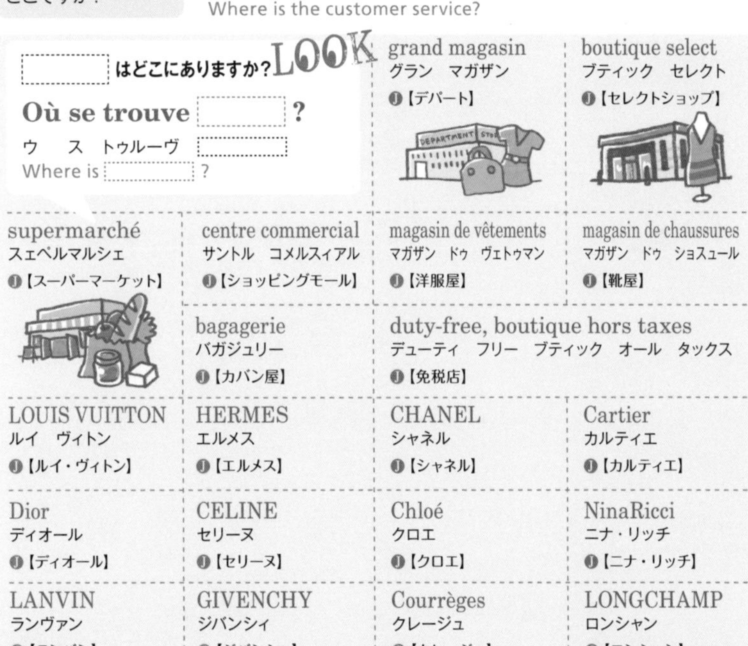

LOOK

［　　　］はどこにありますか？

Où se trouve ［　　　］?
ウ　ス　トゥルーヴ ［　　　］
Where is ［　　　］?

		grand magasin グラン　マガザン J【デパート】	boutique select ブティック　セレクト J【セレクトショップ】
supermarché スェペルマルシェ J【スーパーマーケット】	centre commercial サントル　コメルスィアル J【ショッピングモール】	magasin de vêtements マガザン　ドゥ　ヴェトゥマン J【洋服屋】	magasin de chaussures マガザン　ドゥ　ショスユール J【靴屋】
	bagagerie バガジュリー J【カバン屋】	duty-free, boutique hors taxes デューティ　フリー　ブティック　オール　タックス J【免税店】	
LOUIS VUITTON ルイ　ヴィトン J【ルイ・ヴィトン】	HERMES エルメス J【エルメス】	CHANEL シャネル J【シャネル】	Cartier カルティエ J【カルティエ】
Dior ディオール J【ディオール】	CELINE セリーヌ J【セリーヌ】	Chloé クロエ J【クロエ】	NinaRicci ニナ・リッチ J【ニナ・リッチ】
LANVIN ランヴァン J【ランバン】	GIVENCHY ジバンシィ J【ジバンシィ】	Courrèges クレージュ J【クレージュ】	LONGCHAMP ロンシャン J【ロンシャン】
Van Cleef & Arpels ヴァン クリーフ&アーペル J【ヴァン クリーフ&アーペル】	PRADA プラダ J【プラダ】	GUCCI グッチ J【グッチ】	BVLGARI ブルガリ J【ブルガリ】

楽しく自分好みのファッションを見つけましょう

お店に入ったら…

こんにちは！　いらっしゃいませ。
Bonjour! Que desirez-vous?
ボンジュール　ク　デズィレ　ヴ

何かお探しですか？

Puis-je vous aider?
ピュイ　ジュ　ヴ　ゼデ
What are you looking for?

見ているだけです。ありがとう。

Merci, mais je regarde simplement.
メルスィ　メ　ジュ ルガード　サンプルマン
I'm just looking, thank you.

また来ます。

Je reviendrai plus tard.
ジュ　ルヴィアンドレ　プリュ　タール
I'll come back later.

お店に入る時は必ず Bonjour! と元気よくあいさつを。何も言わないでお店に入るのはNGですよ。

すみません、ちょっといいですか？

Excusez-moi. Pouvez-vous m'aider?
エクスキュゼ　モワ　プヴェ　ヴ　メデ
Excuse me, can you help me?

これに合う靴はありますか？

Avez-vous des chaussures qui vont avec ça?
アヴェ　ヴ　デ　ショスュール　キ　ヴォン　アヴェック　サ
Do you have shoes that go with this?

母へのプレゼントに、カーディガンを探しています。

Je cherche un cardigan pour ma mère.
ジュ　シェルシュ アン カルディガン プール　マ　メール
I'm looking for a cardigan for my mother.

この雑誌に載っているブラウスを見たいのですが。

Pouvez-vous me montrer le chemisier dans cette revue?
プヴェ　ヴ　ム モントレ　ル シュミズィエ　ダン　セット　ルヴュ
I'd like to see the blouse on this magazine.

黒のジャケットに合う、明るい色のスカートはありますか？

Avez-vous une jupe d'une couleur claire qui va avec une veste noire?
アヴェ　ヴ ユヌ　ジューブ　ドュヌ　クルール　クレール　キ　ヴァ　アヴェッキュヌ　ヴェスト　ノワール
Do you have a skirt in light color that goes with a black jacket?

仕事用のスーツを探しています。

Je cherche un costume pour travail.
ジュ　シェルシュ　アン　コステュム　プール　トラヴァイユ
I'm looking for a suit for work.

買いたい時はコレ

これください！／いくらですか？

Je vais prendre ceci. ／ Combien ça coûte?
ジュ　ヴェ　プランドル　ススィ　コンビヤン　サ　クート
I'll take this. ／ How much is it?

友人へのおみやげ用に、スカーフを探しています。	Je cherche un foulard pour mon ami. ジュ　シェルシュ　アン　フラール　プール　モナミ I'm looking for a scarf for my friend.
新製品のカタログはありますか?	Avez-vous un catalogue de vos nouveautés? アヴェ　ヴ　アン　カタログ　ドゥ　ヴォ　ヌヴォテ Do you have a catalog of new items?
秋物のスカートはもう入っていますか?	Avez-vous déjà des jupes d'automne? アヴェ　ヴ　デジャ　デ　ジュプ　ドトンヌ Do you have a skirt for autumn season? 季節➡P.151
綿のセーターはありますか?	Avez-vous des pulls en coton? アヴェ　ヴ　デ　ピュル　アン　コトン Do you have cotton sweaters? 素材➡P.74
これを見たいのですが。	Je voudrais voir ça. ジュ　ヴドレ　ヴォワール　サ I'd like to see this.
カジュアル[ドレッシー]なものを探しています。	Je cherche une tenue décontractée [habillée]. ジュ　シェルシュ　ユヌ　トゥニュ　デコントラクテ[アビエ] I'd like something casual [dressy].
右から3番目のものを見せてください。	Pouvez-vous me montrer la troisième chose en partant de la droite? プヴェ　ヴ　ム　モントレ　ラ　トロワズィエーム　ショーズ　アン　パータン　ドゥ　ラ　ドロワット Please show me the third one from the right. 数字➡P.150
これは本物ですか?	Est-ce un vrai? エ　ス　アン　ヴレ Is this genuine?
これは何というブランドですか?	Quelle marque est-ce? ケル　マルク　エス What brand is this?
新製品は発売されていますか?	Avez-vous de nouveaux articles? アヴェ　ヴ　ドゥ　ヌーヴォーザーティクル Do you have any new items?
これと同じものはありますか?	Avez-vous le même que ceci? アヴェ　ヴ　ル　メーム　ク　ススィ Is there one the same as this?
ちょっと考えさせてください。	J'ai besoin d'un peu plus de temps pour réfléchir. ジェ　ブゾワン　ダン　プ　プリュ　ドゥ　タン　プール　レフレシール I need a little more time to think.

楽しく自分好みのファッションを見つけましょう

お目当てを探しましょう

デザインの似ているものはありますか？

En avez vous un(une) du même style?
アンナヴェ　ヴ　アン（ユヌ）　デュ　メム　スティル
Do you have one with a similar design?

ほかの服も着てみていいですか？

Puis-je essayer d'autres habits?
ピュイ　ジュ　エセイエ　ドートルザビ
Can I try some other clothes?

手にとってもいいですか？

Puis-je tenir ça à la main?
ピュイ　ジュ　トゥニール　サ　ア　ラ　マン
Can I pick this up?

デザインが気に入りません。

Je n'aime pas ce modèle.
ジュ　ネ　パ　ス　モデル
I don't like this design.

鏡はどこですか？

Où est le miroir?
ウ　エ　ル　ミロワール
Where is the mirror?

試着してもいいですか？

Puis-je essayer ceci?
ピュイ　ジュ　エセイエ　ススィ
Can I try this on?

私のサイズは38です。

Je fais du 38 .
ジュ　フェ　デュ　トラントユイット
My size is 38 .

数字 P.150

これをお願いします。

Je prends ça.
ジュ　プラン　サ
I'll take this.

免税手続きについて説明します

フランスでは、商品の値段に最大20％の付加価値税（TVA）が含まれていますが、EU以外の外国居住者が1軒の店で1日に€100.01以上の買い物をすると免税手続きができます。上記に当てはまる買い物をした際は、お店で免税書類を作ってもらいましょう。その際、パスポートの提示が必要です。帰国時の空港での手続きも忘れずに。

サイズの違いに注意しましょう

婦人服

フランス	36号	38号	40号	42号	44号	46号	48号
日本	7号	9号	11号	13号	15号	17号	19号

婦人靴

フランス	34	35	36	37	38	39	40
日本	22	22.5	23	23.5	24	24.5	25

ぴったりです。
C'est parfait.
セ パルフェ

38のものはありますか?	**Avez-vous du 38 ?** アヴェ ヴ デュ トランㇳユイット Do you have 38 ?
ちょっときつい[緩い]ようです。	**C'est un peu serré [grand].** セタン プ セレ[グラン] This is a little bit tight [loose].
1サイズ大きい[小さい]ものはありますか。	**Avez-vous une pointure au dessus [en dessous]?** アヴェ ヴ ユヌ ポワンチュール オ ドゥスュ[アン ドゥスー] Do you have a bigger [smaller] size?
長[短か]すぎます。	**C'est trop long [court].** セ トロ ロン[クール] This is too long [short].
サイズが合いませんでした。	**Ça ne me va pas.** サ ヌ ム ヴァ パ It didn't fit me.
ごめんなさい、また来ます。	**Je suis désolé. Je reviendrai plus tard.** ジュ スイ デゾレ ジュ ルヴィアンドレ プリュ タール I'm sorry. I'll come back later.

数字 P.150

パリジェンヌになるにはコレ

人気のものはどれですか?

Laquelle a du succès?
ラケル ア デュ スュクセ
Which one is popular?

お役立ち単語集 WORD

サイズ	pointure / taille ポワンチュール/タイユ	小さい	petit / petite (女) プティ/プティット	厚い	épais / épaisse (女) エペ/エペス
大きい(ゆるい)	grand / grande (女) グラン/グランド	長い	long / longue (女) ロン/ロング	うすい	fin / fine (女) ファン/フィーヌ
長袖	manches longues マンシュ ロング	短い	court / courte (女) クール/クルト	ちょうどいい	juste ジュスト
		きつい	serré / serrée (女) セレ/セレ	地味な	sobre ソーブル
		半袖	manches courtes マンシュ クルト	ノースリーブ	sans manches サン マンシュ

※(女)は女性名詞にかかるときの形です。

楽しく自分好みのファッションを見つけましょう

店員さんに聞いてみましょう

サイズを調整してもらえますか？	**Pouvez-vous ajuster la taille?** プヴェ　ヴ　アジュステ　ラ　タイユ Can you adjust the size?
どれくらいかかりますか？	**Combien de temps est-ce que ça prend?** コンビヤン　ドゥ　タン　エ　ス　ク　サ　プラン How long does it take?
ほかの色［柄］はありますか。	**Avez-vous une autre couleur [un autre motif]?** アヴェ　ヴ　ユヌ　オートル　クルール［アン　オートル　モティフ］ Do you have a different color [print]?
黒い色のものはありますか？	**En avez-vous en noir ?** アンナヴェ　ヴ　アン　ノワール Do you have black one? 色 P.77
色違いはありませんか？	**Avez-vous la même chose dans d'autres couleurs?** アヴェ　ヴ　ラ　メーム　ショーズ　ダン　ドートル　クルール Do you have the same one in other colors?
これは純金［銀］ですか？	**Est-ce de l'or [l'argent] pur?** エ　ス　ドゥ　ロール［ラルジャン］ピュール Is this pure gold [silver]?
この素材は何ですか？	**De quoi est-ce fait?** ドゥ　クワ　エ　ス　フェ What is this made of?
シルク［カシミヤ］素材のものはありますか？	**Je voudrais quelque chose en soie [cachemire].** ジュ　ヴドレ　ケルク　ショーズ　アン　ソワ［カシュミール］ I'd like something made of silk [cashmere].
防水加工されていますか？	**Est-ce que c'est résistant à l'eau?** エ　ス　ク　セ　レジスタン　ア　ロ Is this waterproof?

お役立ち単語集 WORD

やわらかい	mou ／ molle ムー／モル
固い	dur ／ dure デュール／デュール
綿	coton コトン
シルク	soie ソワ
麻	lin ラン
ウール	laine レーヌ
スエード	daim ダン
人工皮革	faux cuir フォ　キュイール
明るい色	clair クレール
暗い色	sombre ソンブル

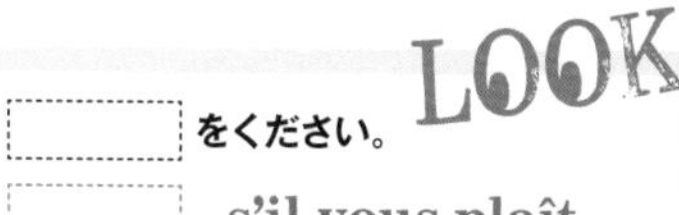

をください。

, s'il vous plaît.

スィル　ヴ　　プレ

, please.

		ファッション Mode モード	t-shirt ティシュルト  J【Tシャツ】
veste ヴェスト  J【ジャケット】	chemisier シュミズィエ  J【ブラウス】	pull-over/chandail ピュロヴェール/シャンダイユ  J【セーター】	cardigan カルディガン  J【カーディガン】
jupe ジュップ  J【スカート】	jeans ジーン  J【ジーンズ】	manteau マントー 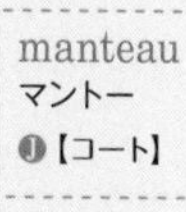 J【コート】 chemise シュミーズ J【シャツ】	camisole カミゾル 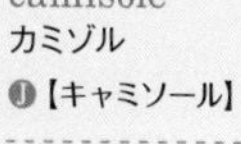 J【キャミソール】 pantalon パンタロン J【ズボン】
étole エトル J【ストール】	accessoire cheveux アクセソワール　シュヴー J【ヘアアクセサリー】	robe ローブ J【ドレス】	pendentif パンダンティフ J【ペンダント】
écharpe エシャルプ J【マフラー】	foulard フラール J【スカーフ】	cravate クラヴァット J【ネクタイ】	broche ブロッシュ J【ブローチ】
chapeau シャポー J【帽子】	slip (de femme) スリップ　(ドゥ　ファム) J【ショーツ】	portefeuille ポルトフイユ J【財布】	soutien-gorge スティヤン　ゴルジュ J【ブラジャー】
lunettes de soleil リュネット　ドゥ　ソレイユ J【サングラス】	bas／collant バ／コラン J【ストッキング】	gants ガン J【手袋】	chaussettes ショセット J【靴下】

水洗いできますか?

Est-ce lavable?
エ　　ス　ラヴァーブル
Is this washable?

もう少し安い［高い］ものはありますか?

Avez-vous quelque chose de moins [plus] cher?
アヴェ　ヴ　　　ケルク　　ショーズ　ドゥ　モワン［プリュ］　シェール
Do you have a little cheaper[more expensive] one?

楽しく自分好みのファッションを見つけましょう

お会計で…

全部でいくらですか？	Combien est-ce que ça coûte en tout? コンビヤン　エ　ス　ク　サ　クート　アン　トゥ How much are all these together?
税金は含まれていますか？	La taxe est-t-elle incluse? ラ　タックス　エテル　アンクリューズ Does it include tax?
このクレジットカードは使えますか？	Acceptez-vous cette carte de crédit? アクセプテ　ヴ　セット　カルト　ドゥ　クレディ Do you accept this credit card?
免税で買えますか？	**Pouvez-vous me faire la détaxe?** プヴェ　ヴ　ム　フェール　ラ　デタックス Can I buy it tax-free?
免税申告書をください。	Avez-vous un formulaire de douane? アヴェ　ヴ　アン　フォーミュレール　ドゥ　ドゥワンヌ Can I have a customs form?
計算が間違っています。	Je crois qu'il y a une erreur dans la facture. ジュ　クロワ　キリヤ　ユヌ　エルール　ダン　ラ　ファクテュール I think there is a mistake in this bill.
おつりが違っています。	Vous vous êtes trompé en me rendant la monnaie. ヴ　ヴ　ゼット　トロンペ　アン　ム　ランダン　ラ　モネ You gave me the wrong change.

返品・交換・クレームがあったら…

汚れがあったので、返品してください。	J'ai trouvé une tache. Pouvez-vous me rembourser? ジェ　トゥルヴェ　ユヌ　ターシュ　プヴェ　ヴ　ム　ランブルセ I'd like to return this because it has a stain.
開けたら品物が違いました。	C'est différent de ce que j'ai acheté. セ　ディフェラン　ドゥ　ス　ク　ジェ　アシュテ This is different from what I bought.
まだ使っていません。	Je ne l'ai pas utilisé. ジュ　ヌ　レ　パ　ユティリゼ I haven't used it at all.

LOOK

［　　］はありますか？

Avez-vous［　　］?

アヴェ　ヴ［　　］♪

Do you have［　　］?

お気に入りの靴＆バッグを見つけたいですね

フランスには、かわいくてセンスの良い靴＆バッグがたくさん。
お店の人と会話しながら、楽しくお買い物しましょう。

靴屋さん編

これの36サイズはありますか？
Est-ce que vous avez ça en 36 s'il vous plaît?
エ ス ク ヴ ザヴェ サ アン トゥラントスィス スィル ヴ プレ
Do you have this in 36?
サイズ P.72

少しきつい［ゆるい］ような気がします。
C'est un peu serré [grand].
セ タン プ セレ ［グラン］
This is a little bit tight [loose].

つま先があたります。
Elles sont un peu justes.
エル ソン アン プ ジュスト
My toes hurt.

もう半サイズ大きいものはありますか？
Est-ce que vous avez une demi-taille au dessus?
エ ス ク ヴ ザヴェ ユヌ ドゥミ タイユ オ ドゥスュ
Do you have a half-size bigger than this?

かかとが高［低］すぎるようです。
Je crois que les talons sont trop hauts [plats].
ジュ クロワ ク レ タロン ソン トロ オー ［プラ］
I think the heels are too high [low].

ぴったりです！
C'est parfait !
セ パルフェ
This is perfect.

これが気に入りました。
Ça me plaît.
サ ム プレ
I like this one.

お役立ち単語集 WORD

パンプス	escarpins	エスカルパン
ヒールのあるパンプス	souliers à talons hauts	スーリエ ア タロン オー
サンダル	sandales	サンダル
ミュール	mules	ミュル
バレリーナシューズ	ballerine	バルリーヌ
ブーツ	bottes	ボット
ショートブーツ	boots	ブツ
ハーフブーツ	bottines	ボティン
ロングブーツ	bottes	ボット
スニーカー	sneakers	スニーカー
布製	en toile	アン トワル
革製	en cuir	アン キュイール
歩きやすい	facile à marcher	ファスィル ア マルシェ

バッグ屋さん編

仕事用の黒いバッグが欲しいのですが。
Je cherche un sac noir que je pourrais utiliser au travail.
ジュ シェルシュ アン サック ノワール ク ジュ プレ ユティリゼ オ トゥラヴァイユ
I'd like a black bag for work.
色➡P.77

ボタン［ジッパー］で閉まるものが良いです。
J'en voudrais un avec des boutons [une fermeture éclair].
ジャン ヴドレ アン アヴェック デ ブトン［ユヌ フェルムテュール エクレール］
I want one with buttons [zippers].

もっと大きい［小さい］ものはありますか？
Avez-vous la taille au-dessus [au-dessous]?
アヴェ ヴ ラ タイユ オ ドゥスュ ［オ ドゥスー］
Do you have a bigger [smaller] one?

他の色はありますか？
Est-ce que vous avez d'autres couleurs ?
エ ス ク ヴ ザヴェ ドートゥル クルール
Do you have a different color?

新しいものはありますか？
Est-ce que vous avez des nouveautés?
エ ス ク ヴ ザヴェ デ ヌヴォテ
Do you have a new product?

人気のものはどれですか？
Qu'est-ce qui se vend le mieux actuellement?
ケ スキ ス ヴァン ル ミユー アクテュエルマン
Which one is popular?

鮮やかな色のものが良いです。
Je voudrais quelque chose de couleur vive.
ジュ ヴドレ ケルク ショーズ ドゥ クルール ヴィヴ
I'd like one in vivid color.

ポケットや仕切りがついているものはありますか？
En avez-vous un avec des poches ou des compartiments?
アン ナヴェ ヴ アン アヴェック デ ポーシュ ウ デ コンパルティマン
Do you have one that has pockets or compartiments?

お役立ち単語集 WORD

ハンドバッグ	sac à main	サッカ マン
ショルダー	sac à bandoulière	サッカ バンドゥリエール
スーツケース	valise	ヴァリーズ
旅行用	de voyage	ドゥ ヴォワイヤージュ
仕事用	de travail	ドゥ トラヴァイユ
普段用	de tous les jours	ドゥ トゥ レ ジュール
肩ひもあり［なし］	avec[sans] bandoulière	アヴェック［サン］ バンドゥリエール
ポケット	poche	ポッシュ
ジッパー	fermeture éclair	フェルメテュール エクレール
革製	en cuir	アン キュイール
布製	en toile(tissu)	アン トワル（ティスュ）
防水加工	résistant a l'eau	レズィスタン ア ロー
小ぶりな	petit	プティ

アクセサリーや手芸用品を探しましょう

フランスならではのセンスが光る、アクセサリーや手芸用品。
自分用に、おみやげに、いくつも欲しくなってしまいます。

お気に入りを見つけましょう

この指輪を見せていただけますか？

Pourriez-vous me montrer cette bague?
プリエ ヴ ム モントレ セット バーグ
Could I see this ring?

この石は何ですか？

Qu'est-ce que c'est comme pierre?
ケ ス ク セ コム ピエール
What is this stone?

フランス製ですか？

Est-ce que c'est fabriqué en France?
エ ス ク セ ファブリケ アン フランス
Is this made in France?

どのくらいの長さがほしいですか？

Vous voulez quelle longueur?
ヴ ヴレ ケル ロングール
How long do you want?

2mほどお願いします。

J'en voudrais environ 2 mètres, s'il vous plaît.
ジャン ヴドゥレ アンヴィロン ドゥ メートゥル スィル ヴ プレ
I'll have two meters of it.

数字 P.150

プレゼント用にお願いします。

C'est pour offrir.
セ プール オフリール
Could you gift wrap it?

別々に包んでください。

Pourriez-vous me les envelopper séparément?
プリエ ヴ ム レ ザンヴェロペ セパレマン
Could you wrap these individually?

リボンをつけてください。

Pourriez-vous mettre un ruban?
プリエ ヴ メートゥル アン リュバン
Could you put some ribbons?

割れないように包んでください。

Pourriez-vous me faire un paquet pour que ça ne se casse pas?
プリエ ヴ ム フェール アン パケ プール ク サ ヌ ス カス パ
Could you wrap it not to break?

これは何カラットですか？

A combien de carats est ceci?
ア コンビヤン ドゥ カラ エ ススィ
What carat is this?

LOOK

[ ] をください。

[ ] , s'il vous plaît.
スィル ヴ プレ

[ ] , please.

雑貨・アクセサリー・手芸用品
Articles de ménage／accessoire／mercerie
アルティクル ドゥ メナージュ／アクセソワール／メルスリー

bague
バーグ
J【指輪】

collier
コリエ

J【ネックレス】

bracelet
ブラスレ
J【ブレスレット】

boucles d'oreilles percées
ブークル ドレイユ ペルセ
J【ピアス】

épingle de cravate
エパングル ドゥ クラヴァト
J【ネクタイピン】

broche
ブロシュ
J【ブローチ】

bouton de manchette
ブトン ドゥ マンシェット
J【カフスボタン】

bouton
ブトン

J【ボタン】

tissu
ティスュ

J【生地】

écusson
エキュソン
J【ワッペン】

fil pour machine à coudre
フィル プール マシーン ア クードル
J【ミシン糸】

ruban
リュバン
J【リボン】

perle de verre
ペルル ドゥ ヴェール
J【ビーズ】

ワンポイント 指輪のサイズに注意！

日本とフランスでは、サイズの表記が異なります。
また、メーカーによっても異なることがあるので、
必ずつけてみて確認しましょう。

日本	7	8	9	10	11	12	13
フランス	47	48	49	50	51	52	53

数字➡P.150

お役立ち単語集 WORD

金	or オール
シルバー	argent アルジャン
プラチナ	platine プラティーヌ
カラット	carat カラ
ステンレス	acier inoxydable アスィエ イノクスィダブル
ピン	épingle エパングル
スパンコール	paillette パイエット
レース	dentelle ダンテル
テーブルクロス	nappe ナップ
キット	kit キット
編もの	tricot トリコ
刺繍糸	fil à broder フィル ア ブロデ
コットン糸	fil de coton フィル ドゥ コトン
糸巻	bobine ボビーヌ
パッチワーク	patchwork パッチワーク
フェルト	feutre フートル

間違いのないコスメの買い方を覚えましょう

大型ショップや老舗、専門店など、こだわりのコスメショップがいっぱい。
フランス女性のナチュラルな美しさをお手本に、自分に合ったコスメを探してみましょう。

フランスコスメの選び方は？

肌が敏感な人には、ビオ（自然商品）がおすすめ。厳しい認定基準をクリアした商品は、無添加で安心して使えます。

コスメを探しましょう

ファンデーションを探しています。

Je cherche un fond de tein.
ジュ　シェルシュ　アン　フォン　ドゥ　タン
I'm looking for a foundation cream.

敏感肌でも使えますか？

Est-ce que ça convient aux peaux sensibles?
エ　ス　ク　サ　コンヴィアン オ　ポー　サンスィブル
Can this be used on sensitive skin?

日中用［夜用］ですか？

C'est pour la journée [la nuit]?
セ　プール　ラ ジュルネ　［ラ　ニュイ］
Is it for daytime-use [night time-use]?

添加物は使っていますか？

Est-ce qu'il y a des additifs dedans?
エ　ス　キ　リ ヤ　デ　ザディティッフ　ドゥダン
Does it use any antiseptics?

店員さんに聞いてみましょう

この商品は何に［どうやって］使うのですか？

C'est pour quoi faire? [Comment utiliser ça?]
セ　プール　クワ　フェール［コマン　ユティリゼ　サ］
What is this for? [How can I use this?]

アンチエイジング	antiâge	アンティアージュ
しみ対策	antitache	アンティタッシュ
しわ	ride	リッド
毛穴	pore	ポール
植物性の	végétal	ヴェジェタル
無着色	sans colorant	サン　コロラン
無香料	sans arôme	サンザロム
防腐剤不使用	sans antiseptique	サンザンティセプティック
保存料不使用	sans conservateur	サン　コンセルヴァトゥール
オーガニック	bio	ビオ

フランスでは薬局が穴場です。

フランスのPharmacie（ファーマシー）（薬局）にはたくさんのスキンケア商品があります。「Roger & Gallet」や「Weleda」「Caudalie」などのブランドが揃っているので、ぜひ寄ってみて。

日本未入荷のコスメはありますか？

Est-ce que vous avez des produits cosmétiques qui ne sont pas vendus au Japon?
エ　ス　ク　ヴザヴェ　デ　プロデュイ　コスメティック
キ　ヌ　ソン　パ　ヴァンデュ　オ　ジャポン
Do you have any cosmetics that aren't available in Japan?

試してみても良いですか？

Est-ce que je pourrais l'essayer?
エ　ス　ク　ジュ　プーレ　レセイエ
Can I try this?

UV効果はありますか？

Est-ce que ça protège des UV?
エ　ス　ク　サ　プロテージュ　デズヴェ
Does it block UV rays?

この色に近い口紅はありますか？

Avez-vous un rouge à lèvre proche de cette couleur?
アヴェ　ヴ　アン　ルージュ　ア　レーヴル　プロシュ　ドゥ　セット　クルール
Do you have a lipstick close to this color?

色の種類はここに出ているだけですか。

Est-ce toutes les couleurs que vous avez?
エ　ス　トゥット　レ　クルール　ク　ヴザヴェ
Are there any other colors?

人気のものはどれですか。

Qu'est-ce qui a du succès?
ケ　ス　キ　ア　デュ　スュクセ
Which one is popular?

これを見たいのですが。

Je voudrais voir ceci.
ジュ　ヴドレ　ヴォワール　ススィ
I'd like to see this.

贈り物用に包んでもらえますか。

Pouvez-vous me faire un paquet cadeau?
プヴェ　ヴ　ム　フェール　アン　パケ　カドー
Could you wrap this as a gift?

これと同じものを5つください。

J'en voudrais cinq .
ジァン　ヴドレ　サンク
I want five of these.

数字 P.150

LOOK

[ ] はありますか?

Avez-vous [ ] ?

アヴェ　ヴ [ ]

Do you have [ ] ?

基礎化粧品
Pruduits de beauté
プロデュイ　ドゥ　ボーテ

lait de beauté レ　ドゥ　ボーテ J【乳液】	crème de beauté クレーム　ドゥ　ボーテ J【フェイスクリーム】	sérum セロム J【美容液】	démaquillant デマキヤン J【メイク落とし】
crème à lèvres クレーム ア　レーヴル J【リップクリーム】	gommage ゴマージュ J【角質取り】	lotion ロスィヨン J【化粧水】	crème de jour クレーム　ドゥ　ジュール J【デイクリーム】
nettoyant ネトワイヤン J【洗顔料】	masque マスク J【美容マスク、パック】	crème hydratante クレーム　イドラント J【保湿クリーム】	crème de nuit クレーム　ドゥ　ニュイ J【ナイトクリーム】

ヘア・ボディケアなど
Soin du corps et du cheveau
ソワン　デュ　コール　エ　デュ　シュヴー

savon サヴォン J【石けん】	huile pour le corps ユイル　プール　ル　コール J【ボディオイル】	huile pour le visage ユイル　プール　ル　ヴィザージュ J【フェイシャルオイル】	parfum パルファン J【香水】
eau de rose オー　ドゥ　ローズ J【ローズミスト】	shampooing シャンポワン J【シャンプー】	soin reconstituant ソワン　レコンスティテュアン J【ヘアトリートメント】	après-shampooing アプレ　シャンポワン J【リンス】
gel douche ジェル　ドゥーシュ J【シャワージェル】			

香水の新製品はありますか?

Avez-vous des nouveaux parfums?

アヴェ　ヴ　デ　ヌーヴォー　パルファン

Do you have a new perfume?

美容液のサンプルはありますか?

Avez-vous des échantillons de sérum?

アヴェ　ヴ　デ　ゼシャンティヨン　ドゥ セロム

Do you have a sample of serum?

LOOK

[　　　　] のおすすめはどれ？
Qu'est-ce-que vous recommandez comme [　　] ?
ケ　スクヴ　ルコマンデ　コム　[　　]
Which [　　　　] do you recommend?

huile aromatique
ユイル　アロマティック
J【アロマオイル】

huile de jojoba
ユイル ドゥ ジョジョバ
J【ホホバオイル】

huile d'argan
ユイル　ダルガン
J【アルガンオイル】

huile de germes de blé
ユイル ドゥ ジェルム ドゥ ブレ
J【小麦胚芽オイル】

gel aromatique
ジェル　アロマティック
J【アロマジェル】

beurre de karité
ブール　ドゥ　カリテ
J【シアバター】

化粧品
Produits de beauté
プロデュイ　ドゥ　ボーテ

rouge à lèvres
ルージュ ア レーヴル
J【口紅】

huile essentielle
ユイル　エサンスィエル
J【エッセンシャルオイル】

crème de beurre de karité
クレーム ドゥ ブール ドゥ カリテ
J【シアバタークリーム】

mascara
マスカラ
J【マスカラ】

vernis à ongles
ヴェルニ　ア　オングル
J【マニキュア】

fard à joues
ファール　ア　ジュー
J【チーク】

crayon pour les yeux
クレイヨン　プール　レズィユー
J【アイライナー】

fard à paupières
ファール　ア　ポピエール
J【アイシャドー】

fond de teint
フォン　ドゥ　タン
J【ファンデーション】

poudre
プードル
J【パウダー】

crayon sourcils
クレイヨン　スルスィ
J【アイブロウ】

gloss
グロス
J【グロス】

crème de base
クレーム　ドゥ　バーズ
J【下地クリーム】

correcteur
コレクトゥール
J【コンシーラー】

crayon à lèvres
クレイヨン　ア　レーヴル
J【リップペンシル】

liquide pour les yeux
リキッド　プール　レズィユー
J【アイリキッド】

embellisseur de teint
アンベリスール　ドゥ　タン
J【コントロールカラー】

applicateur mousse
アプリカトゥール　ムス
J【チップ】

crème pour les yeux
クレーム　プール　レズィユー
J【アイクリーム】

coton
コトン
J【コットン】

résistant à l'eau
レズィスタン　ア　ロー
J【ウォータープルーフ】

お役立ち単語集 WORD

ニキビ	bouton ブトン	毛穴	pore ポール	アレルギー	allergie アレルジ
くすみ	peau sombre ポー　ソンブル	たるみ	relâchement de peau ルラシュマン　ドゥ　ポー	コラーゲン	collagène コラジェンヌ
クマ	cerne セルヌ	美白	éclaircissement エクレルスィスマン	ビタミン	vitamine ヴィタミーヌ
乾燥	dessèchement デセシュマン	UV	ultraviolet ウルトラヴィオレ	天然成分	composant naturel コンポザン　ナテュレル
		保湿	hydratant イドラタン	敏感肌	peau sensible ポー　サンスィブル
		オイリー肌	peau grasse ポー　グラス	乾燥肌	peau sèche ポー　セーシュ

マルシェでおいしいものを手に入れましょう

新鮮な食材や花などのお店がずらりと並ぶマルシェは、見ているだけで元気になれそう。古くて愛らしい雑貨に出会える蚤の市にも、ぜひ足を運んでみて。

マルシェで会話を楽しみましょう

オレンジ4個とメロン1個をください。
4 oranges et 1 melon, s'il vous plaît.
カトル オランジュ エ アン ムロン スィル ヴ プレ
Four oranges and a melon, please.
数字→P.150

イチゴを200グラムください。
200(deux cents) grammes de fraises , s'il vous plaît.
ドゥサン グラム ドゥ フレーズ スィル ヴ プレ
200 grams of strawberries, please.
数字→P.150

このチーズをひと切れください。
Un morceau de ce fromage, s'il vous plaît.
アン モルソ ドゥ ス フロマージュ スィル ヴ プレ
A slice of this cheese, please.

このくらいの塊をください。
Un morceau grand comme ça, s'il vous plaît.
アン モルソ グラン コム サ スィル ヴ プレ
Could I have a chunk of these?

旬の野菜［フルーツ］はどれですか？
Quels sont les légumes [les fruits] de saison?
ケル ソン レ レギューム ［レ フリュイ］ ドゥ セゾン
Which vegetable[fruit] is in season now?

これはどこ産ですか？
Ça vient d'où, ça ?
サ ヴィヤン ドゥ サ
Where is this made?

プロヴァンスのハーブ1袋ください
Un sachet d'herbes de Provence s'il vous plaît.
アン サシェ デルブ ドゥ プロヴァンス スィルヴプレ

1つだけ買うことはできますか？
Est-ce qu'on peut en acheter seulement un?
エ ス コン プ アン アシュテ スールマン アン
Can I buy just one of these?

包装していただけますか？
Pourriez-vous me faire un paquet?
プリエ ヴ ム フェール アン パケ
Could you wrap it?

全部でいくらですか？
Ça fait combien en tout?
サ フェ コンビヤン アン トゥ
How much is it in total?

味見できますか？
C'est possible de goûter?
セ ポスィーブル ドゥ グテ

1キロあたりの値段ですか？
C'est le prix pour un kilo?
セ ル プリ プール アン キロ
Is this the price for one kilogram?

マルシェ・蚤の市の会話のコツは？

活気あふれるマルシェでは、会話がはずめばうれしいサービスも期待できるかも！　また、蚤の市では臆せずに値段交渉にチャレンジです。

さまざまな数量のみかたはコチラです

3 euros le kilo トロワ　ユーロ　ル　キロ	1kgにつき3ユーロ
1.5 euros la botte アン　ボワン　サンク　ユーロ　ラ　ボット	1束1.5ユーロ

une(1) bouteille ユヌ　ブテイユ	1壺（瓶）	une(1) boîte ユヌ　ボワット	1箱・缶	un(1) sachet アン　サシェ	1袋
un(1) paquet アン　パケ	1パック	une(1) pièce ユヌ　ピエス	1個	un(1) filet アン　フィレ	1ネット
un(1) panier アン　パニエ	1カゴ	un(1) pied アン　ピエ	1株	une(1) douzaine ユヌ　ドゥゼーン	1ダース

蚤の市で交渉にチャレンジ

Bonjour.
ボンジュール

いらっしゃい。見ていってね。
Bonjour. Regardez, je vous en prie.
ボンジュール ルガルデ　ジュ ヴ ザン プリ

Est-ce que c'est ancien?
エ　スク　セ　アンスィヤン

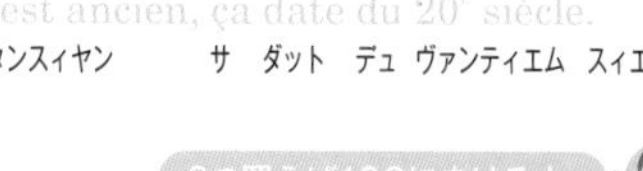

アンティークで20世紀のものだよ。
C'est ancien, ça date du 20e siècle.
セタンスィヤン　サ　ダット　デュ　ヴァンティエム　スィエクル

C'est combien?
セ　コンビヤン

3つ買えば10€にまけるよ。
Je vous vends trois pour 10euros.
ジュ　ヴ　ヴァン　トロワ　プール　ディズューロ

Vous ne pourriez pas me faire un prix?
ヴ　ヌ　プリエ　パ　ム フェール アン プリ

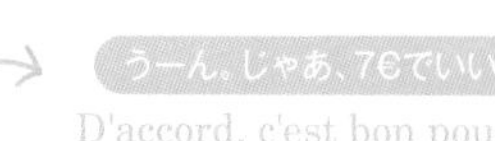

うーん。じゃあ、7€でいいよ。
D'accord, c'est bon pour 7 euros.
ダコール　セ ボン プール セット ユーロ

ブランジェリーでおいしいパンを買いたい♪

フランスのパンへのこだわりは相当なものです。粉の配分から焼き加減まで、並々ならぬ情熱を注いでいます。パン職人の情熱がこもったおいしいパンをいただきましょう。

カンパーニュを
200グラムください。

200(deux cents) grammes de pain de campagne, s'il vous plaît.

ドゥ　サン　グラム
ドゥ　パン　ドゥ
カンパーニュ　スィル　ヴ　プレ

パルミエ
palmier
パルミエ
バターの風味がきいた、ハート型の大きなパイ。

パンオフィーグ
pain aux figues
パン　オ　フィーグ
ドライ・イチジクが練りこまれた、お料理とも相性が良いパン。

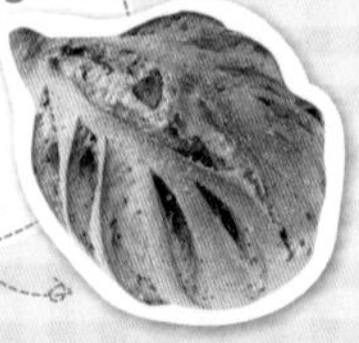

エピ
épi
エピ
かむほどに味わいが増す、素朴な味わいが魅力。

クロワッサン
croissant
クロワサン
バターを何層にも織り込んだ、三日月形のパン。

ここで
食べられますか？

Puis-je manger ici?

ピュイ　ジュ
マンジェ　イスィ

パンオレザン
pain aux raisins
パン　オ　レザン
干しブドウやクリームを巻き込んだ菓子パン。

「フランスパン」にも色々あります

本場フランスでは長さや形、切れ込みの数などによって「バゲット」「バタール」「パリジャン」などそれぞれ名前が決められています。

ブリオッシュ
brioche
ブリオッシュ
バターがたっぷりと入ったパン。ジャムをつけてもおいしい。

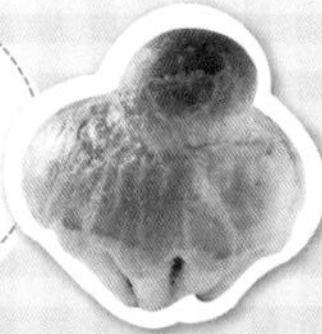

（指をさして）
あれを２切れください。
Je voudrais 2 tranches de ça.
ジュ　ヴドレ　ドゥー
トランシュ　ドゥ　サ

キッシュ
quiche
キッシュ
パイ生地に野菜やクリームを流し込んで焼いたもの。

ショーソン・オ・ポム
chausson aux pommes
ショソン　オ　ポム
パイ生地の中にはリンゴのコンポートが。

パンオショコラ
pain au chocolat
パン　オ　ショコラ
クロワッサン生地にチョコレートを練りこんだ菓子パン。

バゲット
baguette
バゲット
外はパリッと、中はしっとりした食事用のパン。

カンパーニュ
campagne
カンパーニュ
香ばしい生地は、ほのかに酸味がきいている。

全部でいくらですか？
Combien est-ce que ça coûte en tout?
コンビヤン　エ　ス
ク　サ　クート
アン　トゥ

スーパーやデパートでおみやげ探しをしましょう

おみやげ選びに迷ったら、ぜひスーパーやデパートへ行ってみましょう。
フランスならではの食料品、かわいい日用品など、安くていいものがきっと見つかります。

olive
オリーヴ
↓
オリーブ

いろいろな種類がある瓶詰めのオリーブ。おみやげにもおすすめ。

bouillon
ブイヨン
↓
ブイヨン

パッケージがかわいい固形ブイヨン。スープや煮込み料理に使ってみたい。

saucisse
ソスィス
↓
ソーセージ

ニンニクが入ったもの、コショウ入りのスパイシーなものなど多彩な味がそろう。

framboise
フランボワーズ
↓
ラズベリー

タルトなどのスイーツでおなじみのフランボワーズも、ぜひ生で味わって。

champignion séché
シャンピニヨン　セシェ
↓
乾燥キノコ

水に戻して使うだけで、いつもの料理に本格的な香りと風味がプラス。

crème de marrons
クレーム　ドゥ　マロン
↓
栗のペースト

お菓子作りの材料に。パンにそのまま塗っていただいてもおいしい。

お役立ち単語集

WORD

ワイン	vin	ヴァン
ジャム	confiture	コンフィテュール
サフラン	safran	サフラン
紅茶	thé	テ
香辛料	épices	エピス
コショウ	poivre	ポワーヴル
塩	sel	セル
ハーブティー	tisane	ティザーヌ
シロップ	sirop	スィロ
ボンボン	bonbon	ボンボン
バジル	basilic	バズィリック
アーティチョーク	artichaut	アルティショー
ビネガー	vinaigre	ヴィネーグル
マーマレード	marmelade	マルムラード
キャビア	caviar	カヴィヤール
トリュフ	truffe	トリュフ

スーパーやデパートでのお買い物のコツを教えます

営業日は確認を
日曜・祭日は休業のお店が多い。目当てのお店は、事前に確認を。

夕方は混雑します
夕方になると買い物客が増え、レジに行列ができることも。

レジのシステムは?
日本とはかなり違うことが多い。周りの人のやり方を参考に。

マイバッグを持参
袋は有料なのでマイバッグを忘れずに。

biscuit
ビスキュイ
↓
ビスケット

シナモン風味がうれしい、サクサクした食感がクセになるビスケット。

boîte de conserve
ボワット　ドゥ　コンセルヴ
↓
缶詰

珍しい缶詰がたくさん。写真は「シーチキンのドライトマト和え」。

fouet
フエ
↓
泡立て器

真っ赤な色がかわいい。大きめのスーパーでは日用品もそろう。

tasse
タス
↓
カップ

色もデザインも種類豊富なカップ。

gant de cuisine
ガン　ドゥ　キュイズィーヌ
↓
オーブンミトン

料理するのが楽しくなりそうな、ドット柄のオーブンミトン。

savon
サヴォン
↓
ソープ

シンプルなパッケージのマルセイユのソープは、フランスでは定番。

楽しくお買い物しましょう

お惣菜売り場はどこですか?	**Je cherche le rayon charcuterie traiteur.** ジュ シェルシュ ル ライヨン シャルキュトゥリー トレトゥール Where is the deli section?
お店のオリジナル商品はありますか?	**Avez-vous des articles originaux?** アヴェ ヴ デ ザルティクル オリジノー Do you have any original products?
朝は何時から営業していますか?	**A quelle heure êtes-vous ouvert le matin?** ア ケルール エット ヴ ウヴェール ル マタン What time do you open in the morning?

LOOK

[ ] を探しています。

Je cherche [ ] .

ジュ　シェルシュ [ ]

I'm looking for [ ] .

雑貨・日用品

Articles de maison
アルティクル　ドゥ　メゾン

boîte à café en grains
ボワット　ア　カフェ　アン　グラン 
J【コーヒー豆入れ】

serviette en papier
セルヴィエット　アン　パピエ 
J【紙ナプキン】

vase
ヴァーズ 
J【花瓶】

planche à découper
プランシュ　ア　デクペ 
J【まな板】

casserole / marmite
カスロル / マルミット 
J【鍋】

pot
ポ 
J【ポット】

moule à biscuit
ムル　ア
ビスキュイ 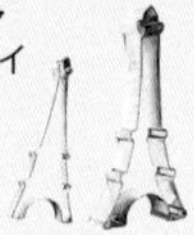
J【クッキー型】

assiette peinte
アスィエット　パント 
J【絵皿】

parapluie
パラプリュイ 
J【傘】

lunettes
リュネット
J【メガネ】

lunettes de soleil
リュネット　ドゥ　ソレイユ
J【サングラス】

tasse
タッス 
J【カップ】

panier
パニエ 
J【カゴ】

assiette
アスィエット 
J【皿】

coquetier
コクティエ 
J【ゆで卵立て】

piques
à
cocktail
ピック
ア
コクテル 
J【カクテル・スティック】

bol
ボル 
J【カフェオレ・ボウル】

carafe
カラフ 
J【キャラフ】

montre
モントル
J【腕時計】

lampe de bureau
ラーンプ　ドゥ　ビュロー 
J【電気スタンド】

porte-monnaie
ポルトモネ 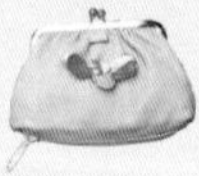
J【小銭入れ】

stylo
スティロ
J【ペン】

cahier
カイエ

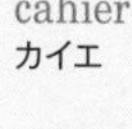

Ⓙ【ノート】

set de correspondance
セット　ドゥ　コレスポンダンス

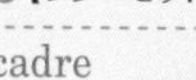

Ⓙ【レターセット】

crayon
クレイ
オン

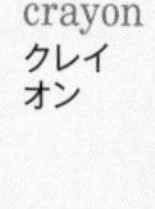

Ⓙ【鉛筆】

carte postale
カルト　ポスタル

Ⓙ【ポストカード】

bougie aromatique
ブージ　アロマティック

Ⓙ【アロマキャンドル】

cadre
カードル

Ⓙ【写真立て】

pochette
ポシェット

Ⓙ【ポーチ】

tirelire
ティルリール

Ⓙ【貯金箱】

livre
リーヴル

Ⓙ【本】

disque
ディスク

Ⓙ【レコード】

食品
Produits Alimentaires
プロデュイ　アリマンテール

confiture
コンフィテュール

Ⓙ【ジャム】

fromage
フロマージュ

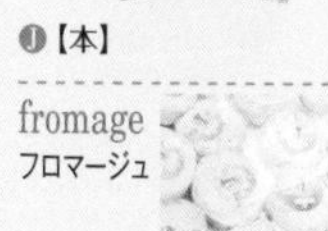
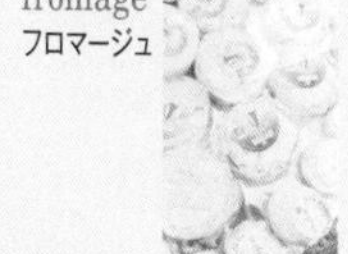

Ⓙ【チーズ】

miel
ミエル

Ⓙ【はちみつ】

vinaigre de vin
ヴィネーグル
ドゥ　ヴァン

Ⓙ【ワインビネガー】

moutarde
ムタルド

Ⓙ【マスタード】

épice
エピス

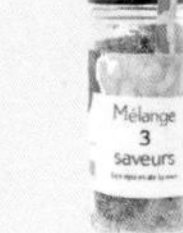

Ⓙ【スパイス】

sardine
サルディーヌ

Ⓙ【イワシのサーディン】

pâtes
パート

Ⓙ【パスタ】

gelée aux fruits
ジュレ　オ　フリュイ

Ⓙ【フルーツゼリー】

pastille
パスティーユ

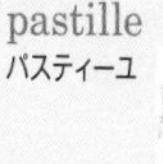

Ⓙ【ドロップ】

biscuit
ビスキュイ

Ⓙ【ビスケット】

tablette de chocolat
タブレット
ドゥ
ショコラ

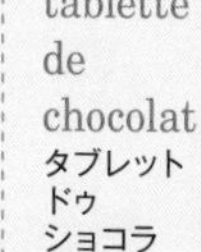

Ⓙ【板チョコ】

jus de légumes
ジュ　ドゥ　レギュム

Ⓙ【野菜ジュース】

アロマの香りを日本でも楽しみたいですね

フランスは、古くから香りにこだわりがある国。好みの香りを見つけたら、ぜひ持ち帰って日本での日常生活にも取り入れてみましょう。

アロマの種類

数百もの種類があるというアロマ。スパイス系やスッキリ柑橘系など、自分のお好みの香りを見つけましょう。

ハーブ系 herbes エルブ

さわやか rafraîchissant ラフレシサン

スペアミント	menthe verte マント ヴェルト
バジル	basilic バジリック
ペパーミント	menthe poivrée マント ポワヴレ
ローズマリー	romarin ロマラン

スパイス系 épices エピス

刺激的 stimulant スティミュラン

コリアンダー	coriandre コリャンドゥル
シナモン	cannelle カネル
ジンジャー	gingembre ジャンジャンブル
ローレル	laurier ローリエ

フローラル系 fleurs フルール

甘い doux ドゥー

カモミール	camomille カモミーユ
ジャスミン	jasmin ジャスマン
ゼラニウム	géranium ジェラニュム
ラベンダー	lavande ラヴァンド
ローズ	rose ローズ
イランイラン	ylang-ylang / ilang-ilang イランイラン

柑橘系 agrumes アグリュム

さっぱり léger レジェ

グレープフルーツ	pamplemousse パンプルムッス
スイートオレンジ	orange douce オランジュ ドゥッス
ベルガモット	bergamote ベルガモット
マンダリン	mandarine マンダリン
レモングラス	citronnelle シトゥロネル

どうやって選ぶ？
まずは自分が好きな香りであること、さらに効能や使い方などを店員さんに相談しながら、ぴったりなものを探しましょう。

樹木系 arbres アルブル

すっきり rafraîchissant ラフレシサン

サンダルウッド	santal サンタール
シダーウッド	cèdre セードゥル
ティートリー	arbre à thé アルブル ア テ
ユーカリ	eucalyptus ウカリプテュス
ローズウッド	palissandre パリサンドゥル

[　　　] に効くアロマはどれですか？

Qu'est-ce qui fonctionne bien pour [　　　]? ケスキ フォンックスィヨーン ビャン プール[　　　]

イライラ	énervement エネルヴマン	便秘	constipation コンスチパスィオン	生理痛	douleurs menstruelles ドゥルール マンストゥルエール
ストレス	stress ストゥレッス	シミ	tache タッシュ		
集中力	concentration コンサントゥラスィオン	冷え症	frilosité フリロズィテ		
眠気	somnolence ソムノランッス	頭痛	mal de tête マル ドゥ テット		
疲れ目	yeux fatigués ユ ファティゲ	ダイエット	régime レジーム		

ABマークって？
フランス政府が認定する有機農産物認定ラベル。農薬や化学肥料は使用禁止など、厳しい認定基準をクリアした製品のみ使用できます。

お気に入りの香りを見つけましょう

もっとすっきり［さっぱり］したにおいはありますか？
Avez-vous des parfums plus frais [légers]?
アヴェ ヴ デ パルファン プリュ フレ ［レジェ］
Do you have one with more fresh [refreshing] scent?

オーガニックですか？
Est-ce que c'est bio?
エ ス ク セ ビオ
Is it organic?

このにおいにします！
Je vais prendre ce parfum!
ジュ ヴェ プランドゥル ス パルファン
I'll have this scent!

お店のオリジナル商品はありますか？
Avez-vous des articles originaux?
アヴェ ヴ デ ザルティクル オリジノー
Do you have an original item?

ディフューザー	diffuseur ディフズール	ポット	pot ポ	ボトル	bouteille ブティユ
キャンドル	bougie ブージ	オイル	huile ユイル	スプレー	atomiseur アトミズール
お香	encens アンサン	シャンプー	shampooing シャンポワン	敏感肌	peau sensible ポー サンスィーブル
バスソルト	sel de bain セル ドゥ バン	ソープ	savon サヴォン	無添加の	sans additif サン アディティフ
		トリートメント	traitement トレットマン	上品な	élégant エレガン
		詰め合わせ	assortiment アソルティマン	エキゾチックな	exotique エグゾティック

本場のエンターテインメントを鑑賞してみましょう

一度は鑑賞してみたい、バレエやオペラなど一流の舞台芸術。
バーやクラブ、キャバレーなど、夜も満喫しましょう。

何のプログラムをやっていますか?	**Qu'est-ce qu'il y a au programme?** ケ　スキリ　ヤ　オ　プログラーム What program is on?
ムーランルージュはどこですか?	**Où se trouve le Moulin Rouge?** ウ　ス　トゥルーヴ　ル　ムラン　ルージュ Where can I see Moulin Rouge?
人気があるのは何ですか?	**Qu'est-ce qui marche le mieux actuellement?** ケ　スキ　マルシュ　ル　ミユ　アクチュエルマン Which one is popular?
大人2枚ください。	**Deux places adultes, s'il vous plaît.** ドゥー　プラス　アデュルト　スィル　ヴ　プレ Two adult tickets, please. 数字 P.150
この席は空いていますか?	**Est-ce que cette place est libre?** エ　ス　ク　セット　プラス　エ　リーブル Is this seat available?
当日券はありますか?	**Est-ce qu'il reste des places pour aujourd'hui?** エ　ス　キル　レスト　デ　プラス　プール　オジュルデュイ Do you have walk-up tickets?
何時からですか?	**C'est à partir de quelle heure?** セ　ア　パルティール　ドゥ　ケルール What time does it start?
一番安い[高い]席はどれですか?	**Quelles sont les places les moins [plus] chères?** ケル　ソン　レ　プラス　レ　モアン　[プリュ]　シェール Which seat is the cheapest [most expensive]?
別々の席でもかまいません。	**Même si les places sont séparées, il n'y a pas de problèmes.** メーム　スィ　レ　プラス　ソン　セパレ　イル　ニ　ヤ　パ　ドゥ　プロブレーム We can sit separately.
終演は何時ですか?	**À quelle heure est-ce-que ça se termine?** ア　ケルール　エ　ス　ク　サ　ス　テルミヌ What time does it end?

華やかな時間を堪能しましょう

開演時間に遅れると幕間まで入れないので、遅刻には気をつけましょう。上演は長ければ4時間にもなるので、食事を先に済ませるか、休憩時間に場内のバーで歓談を楽しむのもいいでしょう。

劇場の構造はこちら

特別席
Stalles
スタル

5階サイドボックス席
4e Loges de côté
カトリエム ロージュ ドゥ コテ

6階センターボックス席
5e Loges de face
サンキエム ロージュ ドゥ ファス

5階正面桟敷席
Amphithéâtre
アンフィテアトル

4階サイドボックス席
3e Loges de côté
トロワズィエム ロージュ ドゥ コテ

4階センターボックス席
3e Loges de face
トロワズィエム ロージュ ドゥ ファス

3階サイドボックス席
2e Loges de côté
ドゥーズィエム ロージュ ドゥ コテ

3階センターボックス席
2e Loges de face
ドゥーズィエム ロージュ ドゥ ファス

2階サイドボックス席
1ère Loges de côté
プルミエール ロージュ ドゥ コテ

2階センターボックス席
1ère Loges de face
プルミエール ロージュ ドゥ ファス

1階桟敷席
Baignoires
ベニョワール

オーケストラピット
Orchestre
オルケストル

バルコニー席
Balcon
バルコン

お役立ち単語集 WORD

オペラ	opéra	オペラ
演劇	pièce de théâtre	ピエス ドゥ テアトゥル
バレエ	ballet	バレ
ダンス	danse	ダンス
ミュージカル	musicale	ミューズィカル
前売り券	billet vendu à l'avance	ビエ ヴァンデュ ア ラ ヴァンス
当日券	billet pour aujourd'hui	ビエ プール オージュルデュイ
座席	siège	スィエージュ
座席表	plan de la salle	プラン ドゥ ラ サル
プログラム	programme	プログラム
パンフレット	brochure	ブロシュール
入口	entrée	アントレ
出口	sortie	ソルティ

本場のエンターテインメントを鑑賞してみましょう

ここでチケットの予約はできますか?

Puis-je réserver des billets ici?
ピュイ ジュ レゼルヴェ デ ビエ イスィ
Can I make a ticket reservation here?

オペラ [バレエ] が観たいのですが。

Je voudrais voir un opéra [ballet].
ジュ ヴドレ ヴォワール アン オペラ [バレ]
I'd like to see an opera [a ballet].

まだチケットは手に入りますか?

Puis-je encore prendre une place?
ピュイ ジュ アンコール プランドル ユヌ プラス
Can I still get a ticket?

座席表を見せてください。

Puis-je voir le plan de la salle?
ピュイ ジュ ヴォワール ル プラン ドゥ ラ サル
Can I see the seating plan?

(チケットを見せながら) 席に案内してください。

Pouvez-vous m'amener à ma place?
プヴェ ヴ マムネ ア マ プラス
Could you take me to my seat?

タクシーを呼んでください。

Pourriez-vous m'appeler un taxi, s'il vous plaît?
プリエ ヴ マプレ アン タクシ スィル ヴ プレ
Could you call me a taxi?

ジャズバーなどナイトスポットにて

予約はしていません。

Je n'ai pas de réservation.
ジュ ネ パ ドゥ レゼルヴァスィオン
I don't have a reservation.

席はありますか?

Pouvons-nous avoir une table?
プヴォン ヌ アヴォワール ユヌ ターブル
Can we get a table?

ショーはいつ始まりますか?

À quelle heure commence le spectacle?
ア ケルール コマンス ル スペクタークル
When does the show start?

近くにクラブはありますか?

Y a-t-il une boîte de nuit par ici?
イ ア ティル ユヌ ボワット ドゥ ニュイ パル イスィ
Is there a club near hear?

どのバーがおすすめですか？
Quel bar me recommandez-vous?
ケル バー ム レコマンデ ヴ

やっぱり生演奏は別格です

お酒や食事を楽しみながら、生演奏を堪能できるジャズバー。週末は特に混みあうので、予約を入れてゆっくり楽しみたいです。

メニューをください。	**Puis-je avoir la carte, s'il vous plaît?** ピュイ ジュ アヴォワール ラ カルト スィル ヴ プレ Can I have a menu, please?
お代わりをください。	**Puis-je en avoir un autre, s'il vous plaît?** ピュイ ジュ アン アヴォワール アンノートル スィル ヴ プレ Can I have another one, please?
灰皿を変えてください。	**Pouvez-vous changer le cendrier?** プヴェ ヴ シャンジェ ル サンドリエ Could you change the ashtray?
入場料はいくらですか？	**Combien coûte l'entrée?** コンビヤン クート ラントレ How much is the admission?
予約が必要ですか？	**Est-ce que j'ai besoin d'une réservation?** エ ス ク ジェ ブゾワン デュヌ レゼルヴァスィオン Do I need a reservation?
生演奏はありますか？	**Avez-vous des live?** アヴェ ヴ デ ライヴ Do you have live performances?
今日は混んでいますか？	**Est-ce qu'il y a du monde aujourd'hui?** エ ス キリ ヤ デュ モンド オージュルデュイ Is it crowded today?

お役立ち単語集 WORD

ナイトクラブ	club de nuit	クリュブ ドゥ ニュイ
ディスコ	discothèque	ディスコテーク
シャンソニエ	chansonnier	シャンソニエ
ライブハウス	club de musique live	クリュブ ドゥ ミュズィック ライヴ
キャバレー	cabaret	キャバレ
ショーチャージ	prix du spectacle	プリ ドゥ スペクタークル
席料	couvert	クヴェール
ウィスキー	whisky	ウイスキ
スコッチ	scotch	スコッチ
バーボン	bourbon	ブルボン
カクテル	cocktail	コクテル
ビール	bière	ビエール
コーラ	coca	コカ

飲みもの⇒P.49

華やかな芸術が咲き誇るフランスエンタメ

フランスの街なかには、夜を彩る定番ナイトスポットがいっぱいです。
単なるエンターテインメントにとどまらない、一流の芸術を楽しんでみてはいかが？

オペラ＆バレエを堪能する

オペラとバレエはフランスの舞台芸術の代表格です。パリのオペラ・ガルニエではバレエを、オペラ・バスティーユではおもにオペラを上演しています。また、オペラ・ガルニエの豪華絢爛な造りや、丸天井に描かれたシャガールの絵も必見。

鑑賞するには……

情報収集
公式サイトで、プログラムや料金を確認。チケットの事前購入もできるのでチェックしましょう。

チケット購入
人気の高い演目はチケットを事前に確保したほうが安心。日本でのチケット予約はワールドプレイガイドなどで。

入場＆幕間
開演に遅れると幕間まで入れない場合が多いので注意。幕間の休憩時間には場内のバーで歓談もできます。

観劇後
公演終了は23:00を過ぎることもあるので、帰りは短い距離でもタクシーを使った方が安心です。

ジャズに酔いしれる

フランスのジャズは多彩でムード満点です。名門ジャズクラブで、ツウもうなる生演奏を聴いてみましょう。パリにはジャズクラブが多いので、お好きな人は街なかを散歩しながら探してみるのも結構楽しいかも。お気に入りを見つけてジャズに酔いしれましょう。

おすすめジャズクラブは……

パリを代表するジャズクラブ
Caveau de la Huchette
カヴォー・ドゥ・ラ・ユシェット

地下にステージがあり、毎夜ジャズメンの演奏があります。ダンスも踊れます。

ジャズの生演奏がたまらない
Le petit Journal Saint Michel
ル・プティ・ジュルナル・サン・ミシェル

1971年にパリでニューオリンズ・ジャズ・クラブとして有名に。夜になるとジャズファンが詰めかけます。

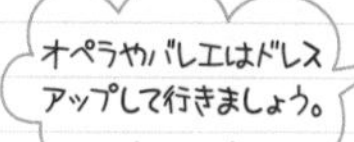

劇場内も見学できます

パリのオペラ・ガルニエでは劇場内のさまざまなエリアを見てまわれます。華やかな社交界の雰囲気をぜひ体感してみて！

レビューで夢のひとときを

夜を彩る大衆娯楽の演芸は、ダイナミックでとても華やかです。パリでは、アクセス抜群の老舗「リド」、フレンチ・カンカンの本家「ムーラン・ルージュ」、華やかなショーが特色の「クレージー・ホース」などが有名です。レベルの高いステージにきっと感動。

おもなレビュー鑑賞の流れは…

1. ディナーショーが1回、そのあとドリンクショーが2回行われます。
2. ディナーショーの場合は、ショーの前に一流シェフプロデュースのコース料理を楽しみます。
3. ドリンクショーからの人たちも入場して、ショーが始まります。ドリンクショーもシャンパン付き。
4. レビューの合間にマジックショーなどが行われるレビューも。約2時間の、感動の夢世界へ！

シャンソニエで歌声に酔いしれる

音楽を愛する街ではシャンソンを聴きに行きたいものです。多くの芸術家たちを魅了するその歌声は、フランスにいることを実感させてくれます。まさに大人の社交場といえるシャンソニエで、グラスを傾けながら美しい歌声を楽しんでみては？

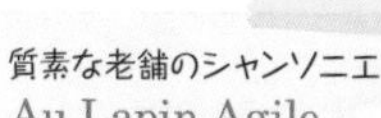

質素な老舗のシャンソニエ

Au Lapin Agile
オ・ラパン・アジル

ユトリロやピカソも常連だったというパリの老舗。出演者は一流ミュージシャンのみ！

シャンソニエは、フランス語でChansonnierと書きます。女性のシャンソン歌手は、Chansonnière「シャンソニエール」といいます。

エステで癒やしのひとときを♪

美の本場フランスで、エステやスパを訪れるのも楽しみのひとつ。
フランス女性御用達のお店で、洗練されたケアを受けましょう。

まずは予約をしましょう

もしもし、ダルファン（店名）ですか？

Allô, est-ce bien Darphin?
アロー エ ス ビヤン ダルファン
Hello. Is this Darphin?

予約をお願いします。

Je voudrais faire une réservation.
ジュ ヴドゥレ フェール ユヌ レゼルヴァスィヨン
I'd like to make an appointment.

私の名前は鈴木花子です。

Mon nom est Hanako Suzuki .
モン ノン エ ハナコ スズキ
My name is Hanako Suzuki.

明日4時に2名お願いします。

Demain à 4 heures , pour 2 personnes, s'il vous plaît.
ドゥマン ア カトルール プール ドゥ ペルソンヌ スィル ヴ プレ
For two persons, tomorrow at four o'clock, please.

時刻➡P.152
数字➡P.150

全身マッサージはありますか？

Avez-vous un service de massage corporel?
アヴェ ヴ アン セルヴィス ドゥ マサージュ コルポレル
Do you have a full-body massage service?

全身マッサージを60分お願いします。

Un massage complet de 60 minutes , s'il vous plaît.
アン マサージュ コンプレ ドゥ ソワサント ミニュト スィル ヴ プレ
I'd like to have a full-body massage for sixty minutes.

時刻➡P.152

基本コースをお願いします。

La formule de base, s'il vous plaît.
ラ フォルミュール ドゥ バーズ スィル ヴ プレ
I'd like to have a basic course.

オプションでネイルもお願いします。

Je voudrais ajouter une manucure.
ジュ ヴドレ アジュテ ユヌ マニュキュール
I'd like to have an optional nail, please.

日本語を話せる人はいますか？

Est-ce qu'il y a quelqu'un qui parle japonais?
エ ス キリ ヤ ケルカン キ パール ジャポネ
Is there anyone who speaks Japanese?

日本語のメニューはありますか？

Avez-vous un menu en japonais?
アヴェ ヴ アン ムニュ アン ジャポネ
Do you have a Japanese menu?

スパのHow toを知っておきましょう

【注意】貴重品や多額の現金持参は控えた方が無難。また、施術前後の飲酒は禁物。

1 予約をしましょう
時間の有効活用のためにも予約は必須。サイト利用で割引も。

2 お店には余裕をもって到着
遅刻で施術が短くなる可能性が。予約の10分前には到着を。

3 カウンセリング
受付後、カウンセリング。当日の体調や施術内容の確認。

4 着替えて施術へ
施術着に着替えた後、お風呂などで体を温め、施術へ。

料金表を見せてください。

Pouvez-vous me montrer la liste des prix?
プヴェ ヴ ム モントレ ラ リスト デ プリ
Can I see the price list?

いくらですか？

Combien est-ce que ça coûte?
コンビヤン エ ス ク サ クート
How much is it?

何分かかりますか？

Combien de temps est-ce que ça dure?
コンビヤン ドゥ タン エ ス ク サ デュール
How long does it take?

どんな効果がありますか？

Quels sont les effets?
ケル ソン レ ゼフェ
What kind of effects does it have?

女性スタッフが希望です。

Je souhaiterais que ce soit une femme qui le fasse.
ジュ スエトゥレ ク ス ソワ ユヌ ファム キ ル ファッス
I'd like a female therapist.

同じ部屋で受けられますか？

Est-ce qu'il est possible de le faire dans la même salle?
エスキレ ポスィーブル ドゥ ル フェール ダン ラ メーム サール
Can we have it in the same room?

キャンセル・変更はコチラ

予約を変更したいのですが。

Je voudrais modifier ma réservation.
ジュ ヴドゥレ モディフィエ マ レゼルヴァスィヨン
I'd like to change the reservation.

予約をキャンセルしたいのですが。

Je voudrais annuler ma réservation.
ジュ ヴドゥレ アニュレ マ レゼルヴァスィヨン
I'd like to cancel the appointment.

予約の時間に遅れそうです。

Je vais être en retard au rendez-vous.
ジュ ヴェ エートル アン ルタール オ ランデ ヴ
I may be late for an appointment.

エステで癒やしのひとときを♪

受付～施術

予約した鈴木です。

J'ai fait une réservation au nom de Suzuki .
ジェ フェ ユヌ レゼルヴァスィヨン オ ノン ドゥ スズキ
I have an appointment under the name Suzuki.

予約してないのですができますか？

Je n'ai pas réservé mais est-ce que vous pouvez me faire un massage?
ジュ ネ パ レゼルヴェ メ エ ス ク ヴ プヴェ ム フェール アン マサージュ
I didn't make a reservation but can I have a massage?

トイレを貸してください。

Est-ce que je peux utiliser les toilettes?
エ ス ク ジュ プ ユティリゼ レ トワレット
May I use the restroom?

ロッカーはどこですか？

Où sont les vestiaires?
ウ ソン レ ヴェスティエール
Where is the locker?

カウンセリング表をちょっと解説

施術の前にはカウンセリングを行ないます。カウンセリングでは、当日の体調や受けたいコースなどの確認をします。妊娠中やアレルギーがある場合など、この時に伝えましょう。

最初に伝えましょう

生理中です	J'ai des règles maintenant. ジェ デ レーグル メトナン
肩こりです	J'ai des courbatures aux épaules. ジェ デ クルバテュール オゼポール
妊娠しています	Je suis enceinte. ジュ スイ アンサント

アレルギー
具体的に何に反応するのか、発症している場合は炎症部なども伝えましょう。

肌質
自分の肌質を伝えましょう。

カウンセリング表

nom（名前）：
date de naissance（生年月日）：
âge（年齢）：
allergie（アレルギー）：
oui（有） ／ non（無）
condition physique（体調）：
en forme（良好） ／ pas en forme（不調）
type de peau（肌質）：
problème de peau（肌の悩み）：

気持ちよ～くなるために覚えたいフレーズはコチラ

ここは触らないでください。

Vous pourriez éviter cet endroit, s'il vous plaît?
ヴ プリエ エヴィテ セタンドゥロワ スィル ヴ プレ
Please don't touch here.

気持ちがいいです。

Ça fait du bien.
サ フェ デュ ビヤン
It feels good.

痛いです。／強すぎます。	Ça fait mal. ／ C'est trop fort. サ　フェ　マル　／セ　トロ　フォール It hurts. ／ It's too strong.
もう少し弱く［強く］してください。	Pouvez-vous le faire plus doucement [plus fort]? プヴェ　ヴ　ル フェール プリュ ドゥースマン［プリュ　フォール］ Could you make it weaker [stronger]?
ちょうどいいです。	C'est parfait! セ　パルフェ It's perfect.
ちょっと気分が悪くなりました。	Je ne me sens pas très bien. ジュ ヌ ム　サン　パ　トレ　ビヤン I feel a little sick.
お水をください。	Un verre d'eau, s'il vous plaît. アン　ヴェール　ドー　スィル　ヴ　プレ Could I have a glass of water?
アトピー［アレルギー］があります。	J'ai des eczéma atopiques [des allergies]. ジェ　デゼグゼマ　アトピック　デ　ザレルジ I have an eczema [allergy].

終わったらひとこと

この香りは何ですか？	Qu'est-ce que ce parfum? ケ　ス ク　ス　パルファン What is this scent?
日本にもお店はありますか？	Avez-vous des salons aussi au Japon? アヴェ　ヴ　デ　サロン　オッスィ オ　ジャポン Do you have a shop in Japan, too?
これらの化粧品は買えますか？	Puis-je acheter ces produits de beauté? ピュイ ジュ アシュテ　セ　プロデュイ　ドゥ ボーテ Can I buy these cosmetics?

とても気持ちが良かったです。

Ça m'a fait beaucoup de bien.
サ　マ　フェ　ボク　ドゥ　ビヤン
It was very nice.

LOOK

[　　　　] をしたいです。

Je voudrais [　　　　] .

ジュ　ヴドレ　[　　　　]

I'd like to have [　　　　] .

massage corporel
マサージュ　コルポレル

Ⓙ【全身マッサージ】

soin du visage
ソワン　デュ　ヴィザージュ

Ⓙ【フェイシャル】

massage des pieds
マサージュ　デ　ピエ

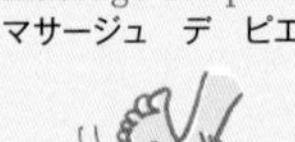

Ⓙ【フットマッサージ】

pierres chaudes
ピエール　ショード

Ⓙ【ウォームストーン】

massage du cuir chevelu
マサージュ　デュ　キュイール　シュヴリュ

Ⓙ【ヘッドスパ】

massage des mains マサージュ　デ　マン Ⓙ【ハンドマッサージ】	massage lymphatique マサージュ　ランファティック Ⓙ【リンパマッサージ】	phytothérapie フィトテラピー Ⓙ【フィトセラピー】	réfléxologie レフレクソロジー Ⓙ【リフレクソロジー】
massage aromathérapique マサージュ　アロマテラピック Ⓙ【アロママッサージ】	thalassothérapie タラソテラピー Ⓙ【タラソテラピー】	vinothérapie ヴィノテラピー Ⓙ【ヴィノセラピー】	détoxication デトキスィカスィヨン Ⓙ【デトックス】
relaxation ルラクサスィヨン Ⓙ【リラックス】	éclaircissement エクレルスィスマン Ⓙ【ホワイトニング】	tampon d'herbes タンポン　デルブ Ⓙ【ハーバルボール】	soin des pores ソワン　デ　ポール Ⓙ【毛穴ケア】
exfoliation エクスフォリアスィヨン Ⓙ【ピーリング】	démaquillant デマキヤン Ⓙ【クレンジング】	lifting リフティン Ⓙ【リフティング】	soin vapeur ソワン　ヴァプール Ⓙ【スチームケア】

お役立ち単語集 WORD

痩身	amincissement アマンスィスマン
しわ	ride リッド
むくみ	enflure アンフリュール
睡眠不足	manque de sommeil マンク　ドゥ　ソメイユ
疲労	fatigue ファティグ
ストレス	stress ストレス
血行	circulation sanguine スィルキュラスィヨン　サンギーヌ
冷え症	frileux フリルー
更衣室	vestiaires ヴェスティエール
トイレ	toilettes トワレット
ロッカー	vestiaire ヴェスティエール
シャワー	douche ドゥーシュ
受付	réception レセプスィヨン
タオル	serviette セルヴィエット
スリッパ	pantoufle パントゥフル
ベッド	lit リ

美の本場、フランスで心の中から美しくなりましょう

エステの本場フランスでは、昔から美の追求に力を注いでおり、今でも発展し続けています。エステの種類も豊富で、質の高い施術を受けられることが魅力なんです。

本場フランスで受けたいおすすめエステ

●**ブルターニュ地方**の北西部、**サンマロには世界的に知られる名門のタラソセンターの「テルムマランドサンマロ」**があります。ちなみに**タラソとは、ギリシャ語で「海」、テラピーはフランス語で「療法」という意味**。タラソでは、よく海藻が使われます。フランスで採取される海藻のほとんどがブルターニュ地方で産出されています。

●**南仏**などでは、植物の癒しの力を用いて心身の不調和を改善に導く療法**フィトセラピー(植物療法)**が行われています。美しい街で行うセラピーは心からキレイになれそうです。

●若返りや痩身など美容効果があるブドウを使った、ワイン風呂、マッサージ、トリートメントをする**「ヴィノセラピー」**もおすすめ。
ボルドー地方には、ワイナリー内のスパ施設で、見渡す限りブドウ畑に囲まれた素晴らしい景色の中でエステを受けられるところがあります。

パリでエステ体験を♪

ゲラン、クリスチャンディオール、ランコムなどの化粧品会社がやっている一流の高級サロンからお手軽価格で利用できるサロンまで多種多様。せっかく美の本場を訪れるのなら、ぜひ体験したいですね。

ホテルのエステ

高級ホテルには、宿泊客向けのシックなエステやスパを設置しているところが多いです。宿泊してケアすることもでき、エステのためだけに訪れることもできます。事前予約がオススメですよ。

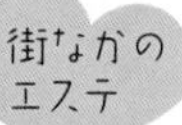

有名化粧品ブランドのエステやエステ専門店などが各地区に点在しています。あらかじめサイトなどで情報を入手し、自分の試してみたいメニューを考えておきましょう。マッサージなどもレベルアップしているので、疲れたときに利用するのもいいですね。

ハマムって?
スチーム風呂のハマムは、スパに付属していることが多いです。体の毒素を出すハマムで思い切り汗をかけば、お肌がピカピカに!

ホテルで快適に過ごしたいですね

充実した旅を楽しむために、ホテルでの時間も大切にしたいですね。
ホテル滞在中によく使われるフレーズを集めました。

ホテルの到着が遅れそう！

到着が遅くなりますが、予約はキープしてください！

J'arriverai tard mais gardez moi la chambre, s'il vous plaît!
ジャリヴレ タール メ ガルデ モワ ラ シャンブル スィル ヴ プレ
I'll be arriving late, but please hold the reservation!

チェックイン・アウトをしましょう

チェックインをお願いします。

Je voudrais faire le check-in.
ジュ ヴドレ フェール ル チェックイン
I'd like to check in.

予約してあります。

J'ai une réservation.
ジェ ユヌ レゼルヴァスィヨン
I have a reservation.

ツイン（ベッドが二つ）ですよね？

Il y a bien deux lits dans la chambre, n'est-ce-pas?
イリヤ ビヤン ドゥー リ ダン ラ シャンブル ネ ス パ
It's a twin room, isn't it?

眺めのいい部屋をお願いします。

Je voudrais une chambre avec une belle vue.
ジュ ヴドレ ユヌ シャンブル アヴェック ユヌ ベル ヴュ
I want a room with a nice view.

日本語を話せる人はいますか？

Y a-t-il quelqu'un qui parle japonais?
イ ア ティル ケルカン キ パール ジャポネ
Is there anyone who speaks Japanese?

貴重品を預かってください。

Pouvez-vous me garder mes objets de valeur?
プヴェ ヴ ム ガルデ メ ゾブジェ ドゥ ヴァルール
Could you store my valuables?

チェックアウトは何時ですか？

À quelle heure doit-on faire le check-out?
ア ケルール ドワトン フェール ル チェックアウト
When is the check out time?

ホテル内にどんな施設がありますか？

Quel genre de facilités avez-vous dans cet hôtel?
ケル ジャンル ドゥ ファスィリテ アヴェ ヴ ダン セットテル
What kind of facilities do you have in this hotel?

自動販売機はどこですか?	Où se trouve le distributeur automatique? ウ　ス トゥルーヴル ディストリビュトゥール オートマティック Where is the vending machine?
近くにおいしいレストランはありますか?	Connaissez-vous des bons restaurants par ici? コネセ　ヴ　デ　ボン　レストラン　パーリスィ Do you have any good restaurants near here?

ホテルはこんなふうになっています

ルームサービス
service en chambre
セルヴィス　アン　シャンブル
客室から電話で注文を受け、料理や飲み物を提供するサービス。

ロビー
hall d'entrée
オール　ダントレ
玄関やフロントの近くにあり、待ち合わせや休憩など、客が自由に利用できるスペース。

コンシェルジュ
concierge
コンシェルジュ
宿泊客の応対係。街の情報に精通し、客の要望や相談に応じる。

ポーター
porteur
ポートゥール
ホテルに到着した車から、宿泊客の荷物をフロントまで運ぶ。

フロント係
réceptionniste
レセプショニスト
チェックイン・チェックアウトや精算、両替、メッセージ等の受け渡し、貴重品の保管などを行う。

ベルボーイ
chasseur
シャスール
宿泊客の荷物の運搬や客室への案内を行う。ホテルによってはポーターの業務も兼ねる。

クローク
vestiaire
ヴェスティエール
宿泊客の荷物を預かる。チェックイン前や、チェックアウト後でも利用できる。

お部屋にご案内します。
Je vais vous conduire à votre chambre.
ジュ　ヴェ　ヴ　コンデュイール　ア　ヴォートル　シャンブル

お荷物をお運びします。
Je porterai vos valises.
ジュポルトレ　ヴォ　ヴァリーズ

エレベーターはこちらです。
L'ascenseur est par ici.
ラサンスール　エ　パリスィ

ホテルで快適に過ごしたいですね

部屋で

シャワーの出し方をやって見せてくれませんか?

Pouvez-vous me montrer comment utiliser cette douche?
プヴェ　ヴ　ム　モントレ　コマン　ユティリゼ　セット　ドゥーシュ
Could you show me how to use this shower?

入ってください。／ちょっと待ってください。

Entrez. ／ Une minute, s'il vous plaît.
アントレ　／ ユヌ　ミニュット　スィル　ヴ　プレ
Come in. ／ Just a moment, please.

415号室ですが。

C'est la chambre 415 .
セ　ラ　シャンブル　カトルサンカンズ
This is Room 415 .
数字 P.150

明日の朝6時にモーニングコールをお願いします。

Réveillez-moi à 6 heures demain matin.
レヴェイエ　モワ　ア　シズール　ドゥマン　マタン
Please wake me up at six tomorrow morning.
時刻 P.152

かしこまりました。

Bien sûr.
ビヤン　スュール
Sure.

新しいタオルを持ってきてください。

Apportez-moi une nouvelle serviette de bain, s'il vous plaît.
アポルテ　モワ　ユヌ　ヌーヴェル　セルヴィエット　ドゥ　バン　スィル　ヴ　プレ
Please bring me a new bath towel.

できるだけ早くお願いします。

Le plus vite possible, s'il vous plaît.
ル　プリュ　ヴィット　ポスィーブル　スィル　ヴ　プレ
As soon as possible, please.

ルームサービスをお願いします。

Le service en chambre, s'il vous plaît.
ル　セルヴィス　アン　シャンブル　スィル　ヴ　プレ
Room service, please.

ピザとコーヒーをお願いします。

Je voudrais une pizza et un café .
ジュ　ヴドレ　ユヌ　ピザ　エ　アン　カフェ
I'd like a pizza and coffee.

氷と水を持ってきてください。

Apportez-moi des glaçons et de l'eau , s'il vous plaît.
アポルテ　モワ　デ　グラソン　エ　ドゥ　ロー　スィル　ヴ　プレ
Please bring me some ice and water.

コンセントが見つからないのですが。

Pouvez-vous me dire où se trouve la prise?
プヴェ　ヴ　ム　ディール　ウ　ス　トゥルーヴ　ラ　プリーズ
Could you tell me where the outlet is?

ホテルマナーを知っておきましょう。

1 チェックインからチェックアウトまで
到着が遅れる時や外出して夜遅くに戻る場合は、必ず事前に連絡しましょう。

2 服装
ホテルは公共の場なので、スリッパやパジャマで部屋の外に出ないように。

3 貴重品の管理
外出時は貴重品を持ち歩くか、フロントに預けましょう。

4 チップについて
ベッドメイキングやコンシェルジュの利用時などには、1〜2ユーロのチップを。

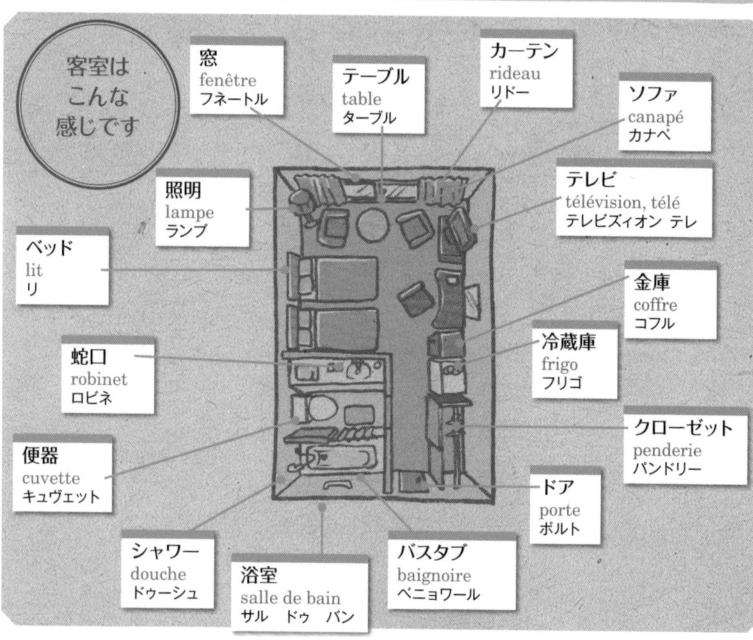

すぐに使えるトラブルフレーズ

シャワーが壊れています。
La douche est en panne.
ラ ドゥーシュ エタン パンヌ

部屋を変えてください。
Je voudrais changer de chambre, s'il vous plaît.
ジュ ヴドゥレ シャンジェ ドゥ シャンブル スィル ヴ プレ

お湯が出ません。
Il n'y a pas d'eau chaude.
イル ニ ヤ パ ドー ショード

トイレが流れません。
Les toilettes sont bouchées.
レ トワレット ソン ブシェ

電気がつきません。
La lumière ne fonctionne pas.
ラ リュミエール ヌ フォンクスィヨンヌ パ

締め出されてしまいました。
Je suis enfermé dehors.
ジュ スイ ザンフェルメ ドゥオール

すぐだれかをよこしてください。
Pouvez-vous faire monter quelequ'un tout de suite?
プヴェ ヴ フェール モンテ ケルカン トゥ ドゥ スィット

ホテルで快適に過ごしたいですね

ホテルの施設・サービス

両替をしたいのですが。
Je voudrais faire du change.
ジュ ヴドレ フェール デュ シャンジュ
I'd like to exchange money.

レストランはどこですか？
Où est le restaurant?
ウ エ ル レストラン
Where is the restaurant?

そこは何時までやっていますか？
À quelle heure ferme-t-il?
ア ケルール フェルム ティル
What time does it close?

予約は必要ですか？
Ai-je besoin d'une réservation?
エ ジュ ブゾワン デュヌ レゼルヴァスィヨン
Do I need a reservation?

朝食がとれるカフェテリアはありますか？
Y a-t-il une cafeteria pour le petit déjeuner?
イ ア ティル ユヌ カフェテリア プール ル プティ デジュネ
Is there a cafeteria for breakfast?

この荷物をしばらく預かってもらえますか？
Pouvez-vous me garder ce bagage pour un moment?
プヴェ ヴ ム ガルデ ス バガージュ プール アン モマン
Could you store this baggage for a while?

この手紙を航空便でお願いします。
Veuillez envoyer cette lettre par avion.
ヴェイエ アンヴォワイエ セット レートル パーラヴィオン
Please send this letter by air mail.

日本にファックス[メール]を送りたいのですが。
Je voudrais envoyer un fax [mail] au Japon.
ジュ ヴドレ アンヴォワイエ アン ファックス[メイル] オ ジャポン
I'd like to send a fax [an e-mail] to Japan.

インターネットは利用できますか？
Puis-je accéder à internet dans cet hôtel?
ピュイ ジュ アクセデ ア アンテルネット ダン セットテル
Can I access the Internet in this hotel?
インターネット→P.138

料金を教えてください。
Combien ça coûte?
コンビヤン サ クート
How much does it cost?

空港行きのバスはありますか？
Y a-t-il une navette pour l'aéroport?
イ ア ティル ユヌ ナヴェット プール ラエロポール
Is there a bus that goes to the airport?

セイフティ・ボックスの使い方を教えてください。

Pouvez-vous me dire comment utiliser le coffre?
プヴェ　ヴ　ム　ディール　コマン　ユティリゼ　ル　コフル
Could you tell me how to use the safety deposit box?

私あてにメッセージが届いていませんか?

Y a-t-il des messages pour moi?
イ ア ティル　デ メッサージュ　プール　モワ
Are there any messages for me?

タクシーを呼んでください。

Appelez-moi un taxi, s'il vous plaît.
アプレ　モワ　アン　タクスィ スィル　ヴ　プレ
Please get me a taxi.

このホテルの住所がわかるカードが欲しいのですが。

Puis-je avoir une carte avec le nom de l'hôtel?
ピュイ　ジュ アヴォワール　ユヌ　カルト　アヴェック　ル　ノン　ド　ロテル
Could I have a card with the hotel's address?

アパルトマンを借りる時は?

キッチンはついていますか?

Est-ce qu'il y a une cuisine?
エス　キリ　ヤ　ユヌ　キュイズィーヌ
Does it have a kitchen?

1週間借りたいのですが…

Je voudrais louer pour une semaine.
ジュ ヴドゥレ　ルエ　プール　ユヌ　スメーン
I'd like to rent it for a week.

家具や家電はどのようなものがついていますか?

Qu'est-ce qu'il y a comme meuble et appreil électro-ménager?
ケ　ス キリ　ヤ　コム　ムーブル　エ アパレイユ　エレクトロ　メナジェ
What kind of furniture does it have?

ガスの使い方が分かりません。

Je ne sais pas comment utiliser le gaz.
ジェ ヌ　セ　パ　コマン　ユティリゼ　ル　ガズ
I don't know how to use the gas.

この近くにスーパーはありますか?

Est-ce qu'il y a un supermarché près d'ici?
エス　キリ　ヤ　アン スーペルマルシェ　プレ　ディシ
Is there any supermarkets near here?

浴槽はついていますか?

Y a-t-il une baignoire?
イ ア ティル ユヌ ベニョワール
Does it have a bathtub?

宿泊費以外にかかる費用は?

Y a-t-il d'autre frais que le prix de la chambre?
イ ア ティル ドートル　フレ　ク　ル　プリ　ドゥ ラ　シャンブル
What else do we have to pay beside the rent?

ホテルで快適に過ごしたいですね

ホテルでの朝食

部屋で朝食は取れますか?	Puis-je prendre le petit déjeuner dans la chambre? ピュイ ジュプランドル ル プティ デジュネ ダン ラ シャンブル Can I eat breakfast in the room?
朝8時に持ってきてください。	Apportez-le à huit heures du matin. アポルテ ル ア ウイトール デュ マタン Please bring it at eight in the morning. 時刻 P.152
クロワッサンとオレンジジュースをお願いします。	Je voudrais des croissants et du jus d'orange. ジュ ヴドレ デ クロワッサン デュ ジュ ドランジュ I'd like some croissants, an orange juice, please.
朝食はブッフェスタイルですか?	Est-ce-que le petit déjeuner est un buffet? エ ス ク ル プティ デジュネ エタン ビュフェ Is breakfast a buffet style?
朝食は何時からですか?	À quelle heure sert-on le petit déjeuner? ア ケルール セールトン ル プティ デジュネ What time does breakfast start?

チェックアウトをしましょう

チェックアウトをお願いします。	**Je voudrais faire le check-out, s'il vous plaît.** ジュ ヴドレ フェール ル チェックアウト スィル ヴ プレ I'd like to check out, please.
415号室のサトウです。	C'est Monsieur Sato de la chambre 415 . セ ムッスュー サト ドゥ ラ シャンブル カトルサンカンズ It's Sato in Room 415 . 数字 P.150
精算書が間違っています。	Je crois qu'il y a une erreur dans la facture. ジュ クロワ キリ ヤ ユヌ エルール ダン ラ ファクテュール I think there is a mistake in this bill.
ルームサービスは使っていません。	Je n'ai pas demandé de service en chambre. ジュ ネ パ ドゥマンデ ドゥ セルヴィス アン シャンブル I didn't order room service.
国際電話はかけていません。	Je n'ai pas fait d'appel à l'étranger. ジュ ネ パ フェ ダペル ア レトランジェ I didn't make any international phone calls.

ありがとう。とても楽しく過ごせました。	Merci. J'ai passé un bon séjour. メルスィ　ジェ　パッセ　アン ボン　セジュール Thank you. I really enjoyed my stay.
ミニバーからジュースを1本飲みました。	J'ai pris une bouteille de jus de fruit dans le minibar. ジェ　プリ　ユヌ　ブテイユ　ドゥ ジュ ドゥ フリュイ ダン　ル ミニバール I had a bottle of juice from the mini bar.　数字➡P.150
預かってもらった貴重品をお願いします。	Je voudrais récupérer mes objets de valeur. ジュ　ヴドレ　レキュペレ　メゾブジェ　ドゥ ヴァルール I'd like my valuables back.
部屋に忘れ物をしました。	J'ai oublié quelque chose dans ma chambre. ジェ　ウブリエ　ケルクショーズ　ダン　マ　シャンブル I left something in my room.
クレジットカードで支払いたいのですが。	Je voudrais payer par carte de crédit. ジュ　ヴドレ　ペイエ　パール カルト　ドゥ クレディ I'd like to pay by credit card.
このクレジットカードは使えますか?	Acceptez-vous cette carte de crédit? アクセプテ　ヴ　セット　カルト　ドゥ クレディ Do you accept this credit card?
現金で支払います。	Je voudrais payer en liquide. ジュ　ヴドレ　ペイエ　アン　リキッド I'd like to pay by cash.
滞在を一日延ばしたいのですが。	Je voudrais rester une nuit de plus. ジュ　ヴドレ　レステ　ユヌ　ニュイ ドゥ プリュス I'd like to extend my stay.

お役立ち単語集 WORD

水	eau オー
お湯	eau chaude オー　ショード
枕	oreiller オレイエ
シーツ	drap ドラ
掛け布団	couette クエット
マットレス	matelas マットラ
空調	climatisation クリマティザスィヨン
シャンプー	shampooing シャンポワン
石けん	savon サヴォン
バスタオル	serviette de bain セルヴィエット　ドゥ　バン
トイレットペーパー	papier toilette パピエ　トワレット
ハンガー	cintre サントル
スリッパ	pantoufle パントゥーフル
グラス	verre ヴェール
ドライヤー	séchoir セショワール
灰皿	cendrier サンドリエ

空港

aéroport
アエロポール

現地の空港に到着したら、まずは入国審査へ進みましょう。使うフレーズはだいたい決まっているので、練習してスムーズに入国したいですね。パスポートなど、必要なものの準備も忘れずに。

入国審査では？

入国審査のブースはEU諸国内のパスポート所有者と、それ以外（Tous Passeports）に分かれているので、EU以外の列に並びましょう。旅行目的や滞在期間などを聞かれることもあります。また、主要空港では、出入国審査自動ゲート「PARAFE」の利用も可能です。

入国審査で用意するものはこちらです。
- ●パスポート
- ●帰りの航空券（求められたら提出）

税関はこちら。
- ●パスポート

免税範囲内なら検査はなし。「Rien à déclarer」（申告なし）と書かれた緑のサインの出口へ進みましょう。

ETIAS（エティアス）って？

フランスを含む欧州27カ国への入国に必要な電子渡航認証システム。事前にオンラインで申請します。2025年以降に導入される予定です。

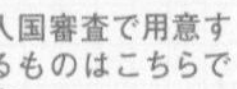

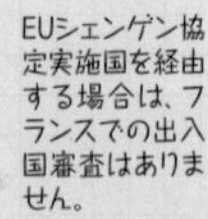

EUシェンゲン協定実施国を経由する場合は、フランスでの出入国審査はありません。

パスポートを見せてください。
Puis-je voir votre passeport?
ピュイ　ジュ　ヴォワール　ヴォートル　パスポール
May I see your passport, please?

旅行の目的は何ですか？
Quel est le but de votre visite?
ケレ　ル　ビュ　ドゥ　ヴォートル　ヴィズィット
What's the purpose of your visit?

観光です。／仕事です。
Tourisme.／Affaires.
トゥーリスム　／　アフェール
Sightseeing.／Business.

何日間滞在しますか？
Combien de jours restez-vous?
コンビヤン　ドゥ　ジュール　レステ　ヴ
How long are you going to stay?

10日ほどです。
Environ 10 jours.
アンヴィロン　ディ　ジュール
About ten days.

数字 P.150

どこに滞在しますか？
Où logez-vous?
ウ　ロジェ　ヴ
Where are you staying?

プラザホテルです。／友達の家です。
À l'hôtel Plaza.／Chez un ami.
ア ロテル　プラザ　／　シェザンナミ
Plaza Hotel.／My friend's house.

フランスでの入国手続きの流れはこんな感じです

1 到着
空港に到着。案内に従い入国審査へ進む。
→
2 入国審査
外国人(EU以外)用の審査ブースや自動ゲートで入国審査を受ける。
→
3 荷物の受け取り
航空会社、便名を確認し、機内に預けた荷物を受け取る。
→
4 税関
申告するものがなければ緑の表示の通路へ、申告が必要な場合は赤い表示の通路へ進み、税関手続きをする。
→
5 到着ロビー
税関を抜けてゲートをくぐると到着ロビーに。

到着したら

フランスの玄関口であるパリのシャルル・ド・ゴール空港は、利用する航空会社によりターミナルが違うことも。乗り継ぎがある場合は、事前に調べておきましょう。とても広いターミナルなので時間に余裕を持つことが重要です。

搭乗ゲートはどこですか？

Où est la porte d'embarquement?
ウ エ ラ ポルト ダンバルクマン
Where is the boarding gate?

スーツケースが破損しています。

Ma valise est endommagée.
マ ヴァリーズ エ アンドマジェ
My suitcase is damaged.

荷物が見つからないときは？

預けた荷物が出てこなかったら、航空券とクレームタグをもって、航空会社のスタッフやサービスカウンターに相談しましょう。すぐに見つからない場合は、荷物の特徴や連絡先を伝えて手続きをします。荷物の受け取り方法や、補償についても確認しておくと安心です。

私のスーツケースがまだ出てきません。

Ma valise n'est pas encore arrivée.
マ ヴァリーズ ネ パ ザゾンコール アリヴェ
My suitcase hasn't arrived yet.

見つかりしだい、ホテルに届けてください。

Veuillez me la livrer à mon hôtel dès que vous l'avez retrouvée.
ヴュイエ ム ラ リヴレ ア モンノテル デ ク ヴ ラヴェ ルトゥルヴェ
Please deliver it to my hotel as soon as you've located it.

税関で荷物について聞かれることも。

友人へのプレゼントです。／私の身の回り品です。

Un cadeau pour mon ami. ／ Des affaires personnelles.
アン カドー プール モナミ ／デ ザフェール ペルソネル
A present for my friend. ／ My personal belongings.

お役立ち単語集 WORD

到着	arrivée	アリヴェ
入国審査	immigration	イミグラスィヨン
荷物受け取り	livraison de bagages	リヴレゾン ドゥ バガージュ
税関	douane	ドゥワンヌ
到着ロビー	hall d'arrivée	オール ダリヴェ
手荷物引換証	récépissé	レセピセ
検疫	quarantaine	カランテンヌ
免税／課税	hors taxe / taxation	オール タックス タクサスィヨン
税関申告書	déclaration douane	デクララスィヨン ドゥワンヌ

機内でより快適に過ごすために

機内 dans l'avion / à bord
ダン　ラヴィヨン　ア　ボール

飛行機に乗り込んだら、もう海外旅行は始まっています。
旅先の会話に備えて、機内から外国人の乗務員さんに話しかけてみましょう。

機内で

困ったことがあれば乗務員さんにたずねましょう。座席を倒すときは、後ろの席の人に声をかけるとスマート。食事や離着陸のときは元の位置に戻します。シートベルト着用サインの点灯中は、危ないので席を立たないように。

機内に持っていくと便利なもの

- スリッパ
- マスク
- 上着
- 耳栓
- アイマスク
- 首枕
- 常備薬
- コンタクト洗浄液&保存液
- 目薬&眼鏡
- のどあめ
- ウェットティッシュ
- 化粧水
- 歯ブラシ
- ガイドブック&会話帖
- むくみ防止ソックス

液体類は持込制限があるので、持ち込む際は事前に確認しましょう。

ここは私の席です。

Je crois que vous êtes sur mon siège.
ジュ　クロワ　ク　ヴ　ゼット　スュール　モン　スィエージュ
I think you are in my seat.

ニースへ乗り継ぎの予定です。

Je vais prendre la correspondance pour Nice.
ジュ　ヴェ　プランドル　ラ　コレスポンダンス　プール　ニース
I'll connect with another flight to Nice.

気分が悪いのですが。

Je me sens malade.
ジュ　ム　サン　マラッド
I feel sick.

モニターが壊れています。

Mon moniteur ne marche pas.
モン　モニトゥール　ヌ　マルシュ　パ
The monitor is not working.

荷物をここにおいてもいいですか？

Puis-je mettre mes bagages ici?
ピュイ　ジュ　メートル　メ　バガージュ　イスィ
Can I put my baggage here?

座席を倒してもいいですか？

Puis-je incliner mon siège?
ピュイ　ジュ アンクリネ　モン　スィエージュ
Can I recline my seat?

トイレはどこですか？

Où sont les toilettes?
ウ　ソン　レ　トワレット
Where's the restroom?

機内アナウンスがわかります！

シートベルトを着用してください。
Veuillez attacher votre ceinture.
ヴイエ　アタシェ　ヴォートル　サンテュール
Please fasten your seat belts.

座席に戻ってください。
Veuillez retourner à votre siège.
ヴイエ　ルトゥルネ　ア　ヴォートル　スィエージュ
Please get back to your seat.

座席を元の位置に戻してください。
Veuillez redresser le dossier de votre siège.
ヴイエ　ルドレセ　ル　ドスィエ　ドゥ　ヴォートル　スィエージュ
Please put your seat back to its original position.

テーブルを元の位置に戻してください。
Veuillez redresser votre table.
ヴイエ　ルドレセ　ヴォートル　ターブル
Please put your table back to its original position.

何か頼みたいときは？

座席にある呼び出しボタンを使えば、周りの人に迷惑をかけずに乗務員さんを呼ぶことができます。

枕とブランケットください。
Apportez-moi un oreiller et une couverture, s'il vous plaît.
アポルテ　モワ　アン　オレイエ　エ　ユヌ　クーヴェルテュール　スィル　ヴ　プレ
Could I have a pillow and a blanket?

寒い［暑い］です。
J'ai froid [chaud].
ジェ　フロワ　［ショー］
I feel cold [hot].

機内でアルコールを飲むと、地上にいる時よりも酔いやすくなります。くれぐれも飲み過ぎには注意しましょう。

オレンジジュース［ビール］をください。
Du jus d'orange [Une bière], s'il vous plaît.
デュ　ジュ　ドランジュ　［ユヌ　ビエール］　スィル　ヴ　プレ
Orange juice [beer], please.

食事になっても起こさないでください。
Ne me réveillez pas pour les repas.
ヌ　ム　レヴェイエ　パ　プール　レ　ルパ
Don't wake me up for the meal service.

これ（トレイ、コップなどを指して）を下げてもらえますか？
Pourriez-vous débarrassez ça?
プリエ　ウ　デバラッセ　サ
Could you take this away?

お役立ち単語集 WORD

使用中	occupé	オキュペ
空き	libre	リーブル
窓側席	siège côté fenêtre	スィエージュ　コテ　フネートル
通路側席	siège côté couloir	スィエージュ　コテ　クロワール
座席番号	numéro de siège	ニュメロ　ドゥ　スィエージュ
現地時間	l'heure locale	ルール　ロカル
時差	décalage horaire	デカラージュ　オレール
吐き気	nausée	ノゼ
非常口	sortie de secours	ソルティ　ドゥ　スクール
薬	médicament	メディカマン

いよいよ帰国です

空港

aéroport
アエロポール

出発の2～3時間前からチェックインができるので、余裕をもって空港に向かいましょう。
現地の人と会話できるのもこれで最後。思う存分話しましょう！

空港へ向かいましょう

混雑する時期や時間帯は、手続きに時間がかかることが多いので、早めに空港に到着するようにしましょう。パリのシャルル・ド・ゴール国際空港など、複数のターミナルがある空港は、事前にチェックインの場所を確認しておくと安心。リムジンバスやタクシーを利用する場合は、道路の渋滞にも気をつけて。

エールフランス航空のカウンターはどこですか？

Où se trouve le comptoir d'Air France ?
ウ　ス　トゥルーヴ　ル　コントワール　デール　フランス
Where is the Air France counter?

チェックインをお願いします。

Enregistrement, s'il vous plaît.
アンルジストルマン　スィル　ヴ　プレ
Check in, please.

リコンファーム（予約の再確認）

最近はリコンファーム不要の航空会社がほとんどですが、念のために要不要を確認しておくと安心です。

飛行機の予約を再確認したいのですが。

Je voudrais reconfirmer mon vol.
ジュ ヴドレ　ルコンフィルメ　モン　ヴォル
I'd like to reconfirm my flight.

名前はタナカヤスコです。

Mon nom est Yasuko Tanaka .
モン　ノン　エ　ヤスコ　タナカ
My name is Yasuko Tanaka.

チェックイン

パスポートや航空券(eチケット控え)を用意して、搭乗する航空会社のカウンターや自動チェックイン機で搭乗手続きをします。オンラインチェックインも便利です。

8月15日の JL053便、東京行きです。

Mon numéro de vol est JL053 pour Tokyo le 15 août.
モン　ニュメロ　ドゥ ヴォル エ ジーエルゼロサンクトロワ プール トキョ ル カンズ ウット
My flight number is JL053 for Tokyo on August 15th.
数字➡P.150　月・季節➡P.151

急いでいるときは

申し訳ありません。出発まで時間がありません。

Je suis désolé. Mon vol part bientôt.
ジュ スィ　デゾレ　モン　ヴォル　パール　ビアント
I'm sorry. My flight is leaving shortly.

窓側［通路側］の席にしてください。

Siège côté fenêtre[couloir], s'il vous plaît.
スィエージュ　コテ フネートル［クロワール］　スィル ヴ　プレ
Window[Aisle] seat, please.

フランスでの出国手続きの流れはこんな感じです

1 チェックイン
航空会社のカウンターや自動チェックイン機で搭乗手続きをして荷物を預ける。

→ 2 免税の手続き
旅行中の買い物の免税手続きをする場合は、空港の税関窓口や端末で申請する。

→ 3 セキュリティチェック
手荷物検査とボディチェックを受ける。液体類や刃物などの持ち込みは制限されている。

→ 4 税関
多額の現金の持ち出しなど、申告が必要な場合は税関で手続きをする。

→ 5 出国審査
パスポートや搭乗券を用意してブースで審査を受ける。自動ゲート「PARAFE」も利用可能。

空港では常に時間を気にしておきましょう。わからないことがあったら、すぐに空港スタッフに聞きましょう。

他の便に振り替えできますか？

Est-ce que je peux changer de vol?
エ　ス　ク　ジュプ　シャンジェ　ドゥ　ヴォル

Can I change the flight?

10番の搭乗ゲートはどこですか？

Où est la porte numéro 10?
ウ　エ　ラ　ポルト　ニュメロ　ディス

Where is the gate 10?

数字 P.150

この便は定刻に出発しますか？

Est-ce que ce vol va décoller à l'heure?
エ　ス　ク　ス　ヴォル　ヴァ　デコレ　ア　ルール

Will this flight leave on schedule?

荷物に割れ物が入っている場合は係員に伝えましょう。

どれくらい遅れますか？

De combien de temps est-il retardé?
ドゥ　コンビヤン　ドゥ　タン　エティル　ルターデ

How long wil it be delayed?

荷物を預けます

液体類や刃物などの持ち込みは制限されているので、預ける荷物に入れましょう。コスメなども対象です。モバイルバッテリーやライターなど、預けられないものもあるのでパッキングの前に確認を。

割れ物が入っています。

J'ai un article fragile.
ジェ　アン　アルティクル　フラジール

I have a fragile item.

これは機内に持ち込む手荷物です。

Ceci est un bagage à main.
ススィ　エタン　バガージュ　ア　マン

This is carry-on luggage.

無事飛行機に乗れました～！

荷物を出してもいいですか？

Est-ce que je peux prendre les bagages?
エ　ス　ク　ジュプ　プランドル　レ　バガージュ

Can I take out the luggage?

空港～市内へ移動

電車 train トラン　バス autobus オトビュス　タクシー taxi タクスィ

空港から市内へは、さまざまなルートがあります。予算やスケジュールの都合に合わせて選びましょう。これから現地の人たちに接する機会が増えていきますので、まずは積極的に話しかけましょう。

乗り場を探しましょう

国際線の玄関口、パリのシャルル・ド・ゴール空港は、いくつものターミナルがあり、迷ってしまうことも。空港内の"Taxis""Bus"という文字をたどっていけば乗り場にたどりつけるでしょう。

自信がないときは必ず聞くようにしましょう。

パリの場合

パリのシャルル・ド・ゴール空港から市内へ行く場合はバスを使うのが便利です。パリ・オペラ座へ直行する「ロワシーバス」があり、市内までだいたい1時間程度です。時間帯によっては、道路渋滞につかまってしまうこともあるので、特に帰りの利用は、時間に余裕を持ちましょう。あと、高速郊外鉄道(RER)という鉄道を利用しても市内へ行けます。鉄道の駅は、スリの被害もあるので大きな荷物を持って移動する際は注意しましょう。

日本のように予定通りに来るとは限らないので注意しましょう。

カートを探しています。

Où sont les chariots?
ウ　ソン　レ　シャリオ
Where are the luggage carts?

市内へ行くバスはありますか？

Y a-t-il un bus de l'aéroport à la ville?
イ アティル アン ビュス ドゥ ラエロポール　ア ラ ヴィル
Is there an airport bus to the city?

パレスホテルへ行くバスにはどこで乗れますか？

Où puis-je prendre le bus pour l'Hôtel Palace?
ウ ピュイ ジュ プランドル ル ビュス プール ロテル　パレス
Where can I get the bus service for the Palace Hotel?

何分おきに出ていますか？

Il part tous les combien de minutes?
イル パール トゥ　レ　コンビヤン　ドゥ ミニュット
How often does it run?

何時に出発ですか？

À quelle heure partons-nous?
ア ケルール　パルトン　ヌ
What time does it leave?

チケット売り場はどこですか？

Où est le guichet?
ウ　エ　ル　ギシェ
Where is the ticket office?

すぐ対応できるように、事前に調べて、ホテル付近の地図、住所やホテル名を書いたメモを持っておくと便利。迷ったら早めに人に尋ねましょう。

大人1枚ください。

Un adulte, s'il vous plaît.
アンナデュルト スィル ヴ プレ
One adult, please.

数字 P.150

このバスはシャルトルに行きますか？

Est-ce que ce bus va à Chartres?
エ ス ク ス ビュス ヴァ ア シャルトル
Does this bus go to Chartres?

次のバスは何分後ですか？

Le prochain bus arrive dans combien de temps?
ル プロシャン ビュス アリーヴ ダン コンビヤン ドゥ タン
What time does the next bus leave?

（車内アナウンス）今回の停留所はリヨン駅、次の停留所はシテ駅です。

Nous arrivons à la Gare de Lyon. La prochaine est la Gare Cité.
ヌザリヴォン ア ラ ガール ドゥ リヨン ラ プロシャン エ ラ ガール シテ
This is Lyon Station. The next stop is Cité Station.

タクシーを利用

ホテルへ直行できるので、荷物が多いときなどに便利。シャルル・ド・ゴール空港やオルリー空港からパリ市内への運賃は定額制になっていて、深夜割増や荷物代などもかかりません。郊外へ行く場合は通常のメーター料金になります。

タクシー乗り場はどこですか？

Où se trouve la station de taxis?
ウ ス トゥルーヴ ラ スタスィヨン ドゥ タクスィ
Where is the taxi stand?

自分から声をかけてくる運転手は違法タクシーの場合が多いので注意しましょう!

このホテルまでタクシー代はいくらくらいですか？

Combien coûte le taxi jusqu'à cet hôtel?
コンビヤン クート ル タクスィ ジュスカ セトテル
How much does it cost to this hotel by taxi?

（運転手に）東駅で降りたいです。

Je voudrais descendre à la Gare d'Est .
ジュ ヴドレ デサンドル ア ラ ガール デスト
I'd like to get off at East Station.

（運転手に）スーツケースを降ろしてください。

Est-ce que vous pourriez sortir ma valise, s'il vous plaît?
エ ス ク ヴ プリエ ソルティ マ ヴァリーズ スィル ヴ プレ
Could you unload my suitcase from the trunk?

乗りものに乗って移動を

地下鉄 métro メトロ　RER RER エール ウー エール　トラム tram トラム

メトロは、パリ市内を縦横に走っているのでとっても便利。
パリと郊外を結ぶRER(高速郊外鉄道)やトラムも乗りこなしてツウの旅を。

きっぷ売り場はどこですか？

Où est le guichet?
ウ　エ　ル　ギシェ
Where is the ticket office?

時刻表を見せてください。

Puis-je voir les horaires?
ピュイ　ジェ ヴォワール　レ　ゾレール
Can I see a schedule?

地下鉄の路線図をください。

Puis-je avoir un plan du métro?
ピュイ　ジュ アヴォワール　アン　プラン　デュ　メトロ
Can I have a subway map?

いちばん近い地下鉄の駅はどこですか？

Où est la station de métro la plus proche?
ウ　エ　ラ　スタスィヨン ドゥ メトロ　ラ　プリュ　プロシュ
Where is the nearest subway station?

ノートル・ダム大聖堂に行くには、どの駅で降りればいいですか？

Où faut-il descendre pour aller à la Cathédrale Notre-Dame?
ウ　フォティル デサンドル　プール　アレ　ア　ラ　カテドラル　ノートル　ダム
At which station do I have to get off to go to Notre-Dame Cathedral?

何分かかりますか？

Combien de temps est-ce que ça prend?
コンビヤン　ドゥ　タン　エ　ス　ク　サ　プラン
How much time does it take?

乗り場を探しましょう

まずはメトロの看板を探しましょう。「METRO」や「METROPOLITAIN」と書かれたもの、「M」のマークのものなど数種類あります。

メトロの入口はコチラ

メトロの切符

パリでは、メトロ、バス、トラム、RERなどのチケットはすべて共通で、市内は均一料金。旅行者にはチャージ式の交通系ICカード「Navigo Easy」も便利です。

パリの紙の切符は廃止される予定です

乗る前にチェックすることは？

自動改札を通ってホームへ。構内の案内板で、路線番号と行先を確認しましょう。

ホームの看板

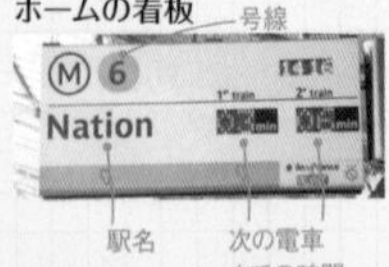

パリの地下鉄（メトロ）をちょこっと解説

1 運行時間
5：30頃から翌1：00頃の運行で、日中は5～10分間隔で運行

2 路線
16の路線が運行しており、路線図は駅や公式サイトなどで入手できる

3 注意点
スリやひったくりが多いので注意が必要。また、深夜に女性だけで乗車するのは、念のため避けたい

4 マナー
車内ドア付近にある折りたたみ式の椅子は、混雑時には使わないのがマナー

降りるときは？

車内アナウンスは基本的にないので、いくつ目の駅で降りるかを確認しておくとよいです。なお、ドアは手動式が多いので注意。

ホームの駅名表示

乗り換えは必要ですか？

Dois-je faire un changement?
ドワ ジュ フェール アン シャンジュマン
Do I have to make a transfer?

オルセー美術館へ行くには、どの路線に乗ればいいですか？

Quell ligne faut-il prendre pour aller au Musée d'Orsay ?
ケル リーニュ フォティル プランドル プール アレ オ ミュゼ ドルセー
Which line should I take to go to Orsay Museum?

次は何駅ですか？

Quel est le prochain arrêt?
ケレ ル プロシャン ナレ
What is the next stop?

終電は何時ですか？

À quelle heure est le dernier train?
ア ケルール エ ル デルニエ トラン
What time does the last train leave?

無事到着しましたー！

お役立ち単語集 WORD

きっぷ	ticket	ティケ
回数券	carnet	カルネ
きっぷ売り場	guichet	ギシェ
自動券売機	distributeur automatique	ディストリビュトゥール オートマティック
おつり	monnaie	モネ
改札	accès au quai	アクセ オ ケ
ホーム	quai	ケ
案内板	panneau d'information	パノー ダンフォルマスィヨン
路線図	plan	プラン
時刻表	horaire	オレール
所要時間	temps requis	タン ルキ
駅員	employé de la gare	アンプロワイエ ドゥ ラ ガール
車掌	contrôleur	コントロルール
乗り換え	changement	シャンジュマン
入口	entrée	アントレ
出口	sortie	ソルティ

乗りものに乗って移動を

鉄道 voie ferrée ボワ フェレ

フランスは全土に鉄道網が敷かれているので、どこに行くにも便利です。目的地までの切符を買ってきちんと乗れたら、列車ならではの旅の風景を楽しみましょう。

フランスの鉄道について

フランスの鉄道は主にフランス国鉄(SNCF)によって運営されています。パリと主要都市間を結ぶ長距離区間は、高速列車TGV inOui、幹線列車Intercités、地方都市間は快速列車、普通列車に該当するTERが運行しているんです。

TGV inOuiとは?

フランス全域と近隣国の主要都市を結ぶ高速鉄道。座席は1等と2等があり、全席指定です。予約必須なので早めに手配しましょう。

切符の刻印が不要に!

フランスの鉄道では電子チケットが主流になったため、乗車前に必要だった切符の刻印が不要になりました。刻印機が残っている駅もありますが、今後撤去される予定です。

明日10時発のボルドー行きの TGV を予約したいのですが。

Je voudrais réserver une place dans le TGV de demain matin à dix heures pour Bordeaux.

ジュ ヴドレ レゼルヴェ ユヌ プラス ダン ル テージェーヴェー ドゥ ドゥマン マタン ア ディズール プール ボルドー

I'd like to reserve a seat of TGV for Bordeaux which leaves at ten o'clock tomorrow morning.

リヨンまではいくらかかりますか?

Combien jusqu'à Lyon?

コンビヤン ジュスカ リヨン

How much to Lyon?

ユーレイルパスを1枚ください。

Un Eurail Pass, s'il vous plaît.

アン ユライユ パス スィル ヴ プレ

One Eurail Pass, please.

現金が使える券売機はどれですか?

Quel distributeur accepte de l'argent liquide?

ケル ディストリビュトゥール アクセプト ドゥ ラルジャン リィキッド

Which ticket machine accept cash?

マルセイユ行きの列車はこのホームで OK ですか?

C'est bien le quai du train pour Marseille?

セ ビヤン ル ケ デュ トラン プール マルセイユ

Does the train for Marseille leave from this platform?

列車の乗り方はこんな感じです

1 予約
TGVは予約が必要。混み合う時期は早めに手配したい。

→ 2 切符購入
当日に購入する場合は早めに駅へ行きましょう。オンライン購入も便利。

→ 3 乗車
駅の表示板などで、乗る列車のホームを確認。列車のドアは手動で開ける。

→ 4 降車
降りるときもドアは自分で開ける。改札はないので、そのまま駅を出ればOK。

お得なパス

長期間フランスを旅する時に便利。

●ユーレイルグローバルパス

ユーレイル加盟国で特急・急行含め乗り放題。使用日連続タイプと、乗車日を選ぶフレキシータイプがある。

●ユーレイルフランスパス

フランス国鉄（SNCF）の列車に乗り放題になるパス。1～8日の間で利用日数を選べるフレキシータイプで、利用開始日から1カ月有効。TGVや夜行列車などは座席予約が必要です。

車窓の風景を楽しみましょう!

※鉄道は制度やシステムが変わる場合があります。利用の際は事前に確認してご利用ください。

第8車両105番の座席を探しています。

Je cherche la place numéro 105 dans la voiture numéro 8.
ジュ シェルシュ ラ プラス ニュメロ サンサンク ダン ラ ヴォワテュール ヌメロ ユイット
I'm looking for a seat 105 on the car No. 8.

数字→P.150

ヴォワチュール（寝台）に変更したいのですが。

Je voudrais changer ma réservation pour une voiture-lit.
ジュ ヴドレ シャンジェ マ レゼルヴァスィヨン プール ユヌ ヴォワテュール リ
I'd like to change my reservation to Sleeping Car?

次はボルドー駅ですか？

Est-ce que la prochaine gare est Bordeaux?
エ ス ク ラ プロシェンヌ ガール エ ボルドー↗
Is the next station Bordeaux?

お役立ち単語集 WORD

		ユーロスター	Eurostar ユーロスター	プラットフォーム	quai ケ
片道切符	aller simple アレ サンプル	駅	gare ガール	タリス	Thalys タリス
往復切符	aller et retour アレ エ ロトゥール	時刻表	horaire オレール	番線	voie ヴワ
簡易寝台	couchette クシェット	路線	ligne リーニュ	乗車券	titre de transport ティトル ドゥ トランスポル

切符の見方（例）

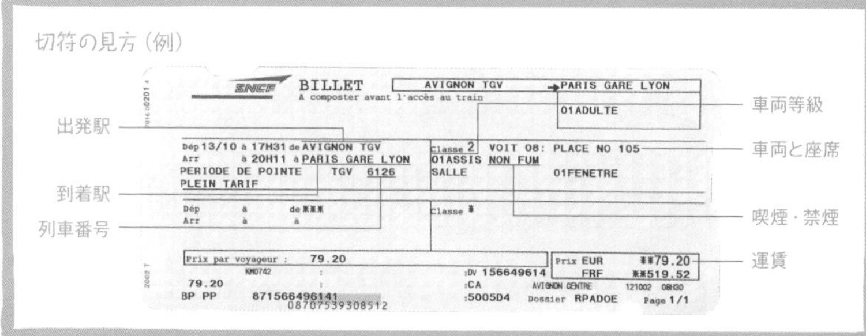
SNCF BILLET
A composter avant l'accès au train
AVIGNON TGV → PARIS GARE LYON
01ADULTE
Dép 13/10 à 17H31 de AVIGNON TGV
Arr à 20H11 à PARIS GARE LYON
PERIODE DE POINTE TGV 6126
PLEIN TARIF
Classe 2 VOIT 08: PLACE NO 105
01ASSIS NON FUM
SALLE 01FENETRE
Prix par voyageur : 79.20
Prix EUR **79.20
FRF **519.52
79.20
BP PP 871566496141
08707539308512
:DV 156649614
:CA
:5005D4 Dossier RPADOE Page 1/1

乗りものに乗って移動を

タクシー

taxi
タクスィ

荷物が多い時や深夜など、タクシーは旅行者にとって重要な交通手段です。利用方法を覚えて、上手に活用しましょう。

タクシーを探しましょう

流しのタクシーは少ないので、ホテルや駅前などにあるタクシー乗り場を利用しましょう。利用したお店で呼んでもらうこともできます。配車アプリも便利。

タクシーが来たら…

パリの場合だと車の上の「TAXI PARISIEN」という緑のランプが点灯していれば、空車。一般的なセダンタイプの場合、乗車は基本的に3人までで、4人の場合は事前に確認が必要。5人以上は割増料金もかかります。

ドアは手動なので自分で開けて、後部座席に座りましょう。

行先を告げます

運転手は英語が話せないことが多いです。フランス語が苦手なら、行先を書いたメモを渡すとよいでしょう。車が走り出したら、メーターが動いているか確認しましょう。

タクシーを呼んでください。

Pourriez-vous m'appeler un taxi, s'il vous plaît?
プリエ ヴ マプレ アン タクスィ スィル ヴ プレ
Please call me a taxi.

いくらくらいですか?

Ça coûte combien à peu près?
サ クート コンビヤン ア プ プレ
How much will it be?

時間はどのくらいかかりますか?

Ça prend combien de temps à peu près?
サ プラン コンビヤン ドゥ タン ア プ プレ
How long will it take?

大きな荷物はトランクへ。ただし個数や重さによっては、追加料金がかかることがあります。

この住所へ行ってください。

Je voudrais aller à cette adresse, s'il vous plaît.
ジュ ヴドゥレ アレ ア セッタ ドレス スィル ヴ プレ
I want to go to this address.

ルーブル美術館まで行ってください。

Je voudrais aller au musée du Louvre, s'il vous plaît.
ジュ ヴドゥレ アレ オ ミュゼ デュ ルーヴル スィル ヴ プレ
I want to go to Louvre Museum.

急いでください!

Est-ce que vous pourriez vous dépêcher, s'il vous plaît?
エスク ヴ プリエ ヴ デペシェ スィル ヴ プレ
Please hurry.

荷物をトランクに入れてください。

Pouvez-vous mettre ma valise dans le coffre, s'il vous plaît.
プヴェ ヴ メートル マ ヴァリーズ ダン ル コフル スィル ヴ プレ
Please put my luggage in the trunk.

パリのタクシーの料金システムは？

「基本料金＋1kmごとの加算」が基本です。加算料金は時間帯や走行エリアによってA～C料金に分かれており、車の上のランプに表示してあります。一般的に、夜間や早朝、休日は割高となります。空港～市内は定額制です。

深夜のタクシーは1人で乗るのは注意しよう。

ここで停めてください。

Arrêtez-vous ici, s'il vous plaît.
アレテ　ヴ　イスィ スィル　ヴ　プレ
Stop here, please.

ここでちょっと待っててください。

Attendez-moi ici quelques minutes, s'il vous plaît.
アタンデ　モワ イスィ ケルク　ミニュット　スィル　ヴ　プレ
Please wait here for a minute.

降車します

目的地に着いたら、料金を払います。荷物や人数オーバーによる割増料金は、メーター表示に上乗せして請求されます。自分でドアを開けて降り、ドアを閉めましょう。

いくらですか？

Ça fait combien?
サ　フェ　コンビヤン
How much is it?

領収書をください。

Pourriez-vous me faire une facture, s'il vous plaît?
プリエ　ヴ　ム　フェール ユヌ ファクテュール スィル　ヴ　プレ
Could I have a receipt?

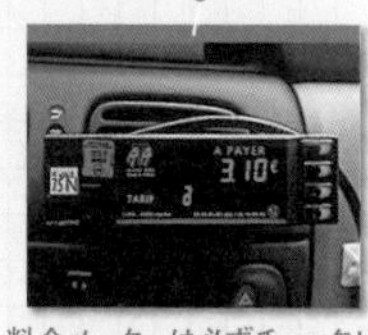

料金メーターは必ずチェック！

料金がメーターと違います。

Ce n'est pas ce qu'indique le compteur.
ス　ネ　パ　ス カンディク　ル コントゥール
The fare is different from the meter.

フランスのタクシーの活用法

メトロと上手に使い分けを
料金は日本より割安だが、市内は渋滞も多く、パリではメトロの方が速い場合も。

非正規タクシーに注意
余計なトラブルを避けるため、タクシー乗り場で正規のタクシーを待った方が安全。

支払いの前に確認を
どんな理由があっても一度支払った料金は返金されない。事前にトラブル対策を。

チップは？
原則不要だが、渡すなら料金の10～15%が目安。請求される料金にチップ代が含まれている場合も。

忘れ物にも注意しましょう！

バス autobus オトビュス

**地元の人の生活の足でもあるバスに乗ってみましょう。
移動の選択肢も広がり、慣れれば便利に使えます。**

フランスのバス事情

市内バスやヨーロッパの各都市を結ぶ長距離バスもあります。市内バスは、路線が複雑な場合や時間通りではなかったりするので、アプリなども活用しましょう。

パリの路線バスについて

市内のバスは60以上の路線があり、複雑なので敬遠しがちですが、メトロではセーヌを横断する路線が少なく、バスの方が便利な場合も。昼間は本数も多く、5～15分間隔で運行しています。

バス停の看板には路線番号が記されている。

路線図

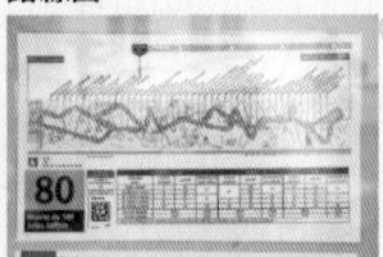

路線図はバス停に掲示されている。公式サイトでも入手可能。間違わないようによく確認してから乗車しよう。

ノートルダム行きのバスはどこから出ますか？

Où est l'arrêt d'autobus pour Notre-Dame?
ウ エ ラレ ドートビュス プール ノートル ダム
Where does the bus for Notre-Dame leave?

切符はどこで買えますか？

Où est-ce que je peux acheter un ticket?
ウ エ ス ク ジュ プ アシュテ アン ティケ
Where can I buy the ticket?

車内でも切符は買えますか？

Puis-je acheter un ticket dans le bus?
ピュイ ジュ アシュテ アン ティケ ダン ル ビュス
Can I buy the ticket in the bus?

回数券はありますか？

Avez-vous un carnet?
アヴェ ヴ アン カルネ
Do you have a carnet?

このバスは凱旋門に行きますか？

Est-ce que ce bus va à l'Arc de Triomphe?
エ ス ク ス ビュス ヴァ ア ラルク ドゥ トリヨーンフ
Does this bus go to the Arch of Triumph?

ポンピドゥー・センターへ行くにはどこで降りればいいですか？

Où faut-il descendre pour aller au Centre Geroges Pompidou?
ウ フォティル デサンドル プール アレ オ サントル ジョルジュ ポンピドゥ
Where should I get off to go to Centre Pompidou?

バスの路線図をください。

Pourriez-vous me donner un plan de bus, s'il vous plaît?
プリエ ヴ ム ドネ アン プラン ドゥ ビュス スィル ヴ プレ
Can I have a bus route map?

ここに行くには何号線に乗ればよいですか？

Pour aller là, il faut prendre quelle ligne?
プール　アレ　ラ　イル フォ　プランドル　ケル　リニュ
Which line do I have to take to go there?

バスに乗ります

バスが来たら、車体正面の路線番号と行先を確認。乗る時は手を挙げて合図しましょう。

乗り換えは必要ですか？

Dois-je faire un changement?
ドワ　ジュ フェール アン シャンジュマン
Do I have to transfer?

どこで乗り換えですか？

Il faut changer où?
イル フォ　シャンジェ　ウ
Where should I make a transfer?

紙の切符は機械に入れて刻印する。交通系ICカードは読取機のセンサーにタッチ。

バスの車窓から景色を楽しみましょう。

ちゃんと刻印されないのですが…。

Mon billet n'est pas bien composté.
モン　ビエ　ネ　パ　ビヤン　コンポステ
I'm afraid my ticket won't get stamped.

ボルドー駅に着いたら教えてください。

Pourriez-vous me faire signe quand on arrivera à la gare de Bordeaux?
プリエ　ヴ　ム　フェール スィーニュ カン トン ナリヴラ　ア ラ ガール ドゥ　ボルドー
Please tell me when we arrive at Bordeaux Station.

降車します

降りるときは、赤い降車ボタンを押し、運転手の右上にある赤いランプが点灯するのを確認しましょう。

ここで降ります。

Je vais descendre ici.
ジュ　ヴェ　デサンドル　イスィ
I'll get off here.

次は何というバス停ですか？

Quel est le prochain arrêt?
ケレ　ル プロシャン　ナレ
What is the next stop?

帰りの停留所はどこですか？

Où est l'arrêt d'autobus pour revenir?
ウ　エ　ラレ　ドートビュス　プール　ルヴニール
Where is the bus stop for the opposite way?

通貨と両替 monnaie et change
モネ エ シャンジュ

旅先で大事なお金のこと。市場などではカードが使えないお店が多いので現金も持っておきましょう。入国したら、まずは空港を出てホテルの客室に落ち着くまでに必要なお金の準備をしましょう。

通貨

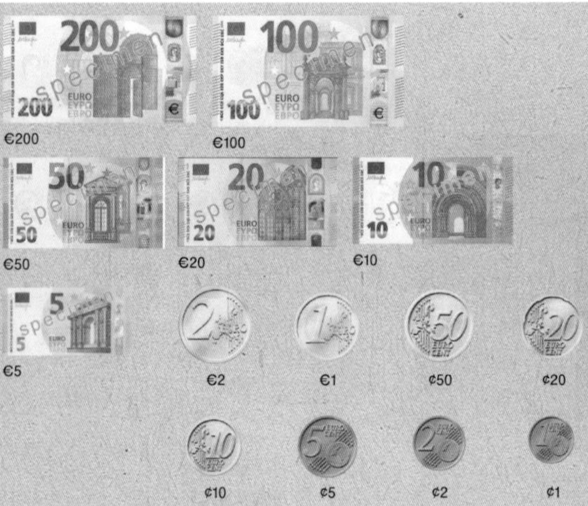

フランスの通貨は欧州共通通貨のユーロ(€)。紙幣は6種類あるが、通常使われるのは€5、€10、€20、€50、€100の5種類。高額紙幣の€200はあまり流通していない。硬貨は¢1～€2までの8種類。

€200 €100 €50 €20 €10 €5

€2 €1 ¢50 ¢20 ¢10 ¢5 ¢2 ¢1

硬貨の裏面は発行した国によってデザインが違うので、チェックしてみましょう。

両替のときは?

銀行や両替所、ホテルのフロントなどで両替できますが、パスポートの提示が必要です。両替後は窓口を離れず、その場で金額や紙幣の状態をよく確認しましょう。少額紙幣を多めに混ぜてもらうと使いやすいです。

両替所はどこですか?

Où se trouve le bureau de change?
ウ ス トゥルーヴ ル ビューロー ドゥ シャンジュ
Where is the money exchange?

日本円を500ユーロ分両替したいのですが。

Je voudrais changer 500 euros en yen.
ジュ ヴドレ シャンジェ サンクサン ユーロ アン イエン
I'd like to buy 500 euros with yen.

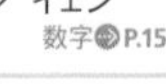
数字 P.150

どのようにしましょうか?

Comment le voulez-vous?
コマン ル ヴレ ヴ
How would you like it?

10ユーロ札を10枚と50ユーロ札を6枚にしてください。

Je voudrais dix billets de 10 euros et six billets de 50.
ジュ ヴドレ ディ ビエ ドゥ ディ ユーロ エ スィ ビエ ドゥ サンカント
I'd like ten 10 euro bills and six 50 euro bills.

円をユーロに替えてください。

Pouvez-vous changer dans yens en euros?
ブヴェ　ヴ　シャンジェ　ダン　イエン　アン ユーロ

Can you change yen into euro?

この紙幣をコインに替えてください。

Pouvez-vous me faire de la monnaie?
ブヴェ　ヴ　ム　フェール ドゥ ラ モネ

Please change this bill into coins.

計算を間違っていませんか。

Je crois qu'il y a une erreur.
ジュ クロワ キリヤ　ユヌ　エルール

I think this is incorrect.

計算書をください。

Je voudrais une facture.
ジュ ヴドレ　ユヌ　ファクテュール

Could I have the receipt?

20ユーロ［を10枚］ください。

(Dix) billets de vingt euros, s'il vous plaît.
（ディ）　ビエ　ドゥ ヴァン　ユーロ　スィル　ヴ　プレ

(Ten) 20 euro, please.

数字 P.150

海外でのATM利用法

VISAやMasterCardなど、国際ブランドのクレジットカードやデビットカードがあれば、提携ATMで現地通貨を引き出せます。出発前に海外利用の可否、限度額、手数料、暗証番号などを確認しておきましょう。

24時間のATMもあって便利ですが、路上にあるATMや夜間の利用は避けた方が安全。

1.カードを挿入する

2.「暗証番号を入力してください」

4桁の暗証番号(PIN)を入力。

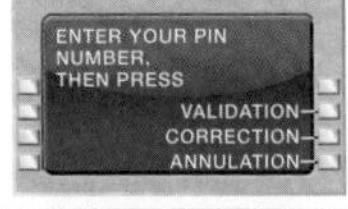

3.「取引内容を選択してください」

「WITHDRAWAL(引き出し)を選択。

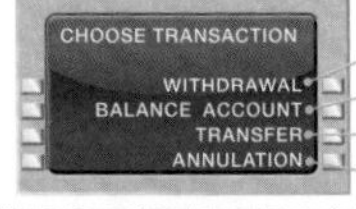

4.「取引口座と金額を入力してください。」

クレジットカードは「CREDIT」、デビットカードは「SAVINGS」を選択。引き出す額は、表示金額から選ぶか入力。

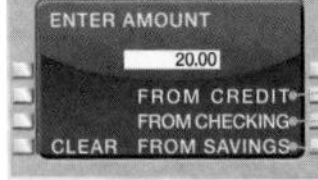

手紙や小包を出しましょう

郵便と配送 courrier et livraison
クリエ　エ リヴレゾン

海外から、手紙で旅の報告をしましょう。
買い込んだおみやげを送ってしまえば、身軽に旅を続けられます。

郵便局を探しましょう
フランスの郵便局 La Posteのマークは、黄色地に青のツバメが目印。営業時間は月〜金曜の9：00 〜 19：00頃、土曜はお昼頃まで。パリの中央郵便局は日曜や夜も営業しています。

切手はどこで買えますか？

Où puis-je acheter des timbres?
ウ　ピュイ ジュ アシュテ　デ　タンブル
Where can I buy some stamps?

郵便局はどこですか？

Où se trouve la poste?
ウ　ス　トゥルーヴ ラ　ポスト
Where is the post office?

これを日本に送りたいのですが。

Je voudrais envoyer ceci au Japon.
ジュ　ヴドレ　アンヴォワイエ　ススィ　オ ジャポン
I'd like to send this to Japan.

何日ぐらいで届きますか？

Combien de temps faut-il pour que ça arriver?
コンビヤン　ドゥ　タン　フォティル プール　ク　サ　アリヴェ
How long does it take to get there?

郵便局では？
窓口に持っていけば、重さを量った後に料金を教えてくれます。混んでいることが多いので、はがきを出すだけなら郵便局内にある自動販売機で送料シールを購入し、街角のポストに投函したほうが早いですよ。

速達にしてください。

En exprès, s'il vous plaît.
アン　ネクスプレス スィル　ヴ　プレ
Can you send it by express?

フランスの郵便ポスト

右側が国際郵便の投函口。日本への郵便はこちらへ。

日本までいくらかかりますか？

Quel est le tarif pour le Japon?
ケレ　ル タリフ　プール　ル ジャポン
How much is the postage to Japan?

航空便だと50ユーロ、船便だと40ユーロかかります。

Cinquant euros par avion et quarante euros par bateau.
サンカント　ユーロ　パール　アヴィオン　エ　カラント　ユーロ　パール　バトー
Fifty euros by air, and forty euros by ship.

数字 P.150

日数について

配達までの所要日数は、航空便で約1週間ほど。

国際宅配便

郵便局に比べると割高ですが、集荷を頼めたり梱包資材を購入できるので使い勝手が良いです。日系の宅配会社なら日本語も通じます。

無事送れましたー！

日本に荷物を送りたいのですが。

Je voudrais expédier un paquet au Japon.
ジュ ヴドレ エクスペディエ アン パケ オ ジャポン
I'd like to send a package to Japan.

ダンボール箱とテープをもらえますか？

Puis-je avoir un carton et du ruban adhésif?
ピュイ ジュ アヴォワール アン カルトン エ デュ リュバン アデズィフ
Could I have a box and a tape?

伝票の書き方を教えてください。

Pouvez-vous me dire comment remplir la fiche?
プヴェ ヴ ム ディール コマン ランプリール ラ フィーシュ
Could you tell me how to write an invoice?

壊れやすい物が入っています。

Il y a des objets fragiles dedans.
イリ ヤ デ ゾブジェ フラジル ドゥダン
There is a fragile item in here.

宛先の書き方

●はがきや封書の場合

差出名は、日本語でもOK。日本の住所を書いてもよい

朱字で書く（「航空便」の意味）

切手（郵便局やホテルで買える）

宛名は日本語でOK

国名は朱字で書く

はがき	carte postale	カルト ポスタル
切手	timbre	タンブル
封書	lettre	レートル
印刷物	《Imprimés》	アンプリメ
割れ物注意	《Fragile》	フラジル
取り扱い注意	à manipuler avec précaution	ア マニピュレ アヴェック プレコスィヨン
小包	colis	コリ

電話をかけてみましょう

電話 téléphone テレフォン

行きたい所に確実に行くために、レストランやエステなどの予約は事前にしておくことが大切です。緊急時に電話が使えると便利で心強いので、かけ方をマスターしておきましょう。

電話をかける方法は？

フランスでは公衆電話は撤去されてほとんど残っていません。携帯電話がない場合は、ホテル客室の電話を利用するのが手軽。国際電話もダイヤル直通でかけられます。通話料にホテルの手数料が加算されて割高になりやすいので要注意。

電話をかけます

※国際電話
○ダイヤル直通電話

・一般電話
(例)東京03-1234-5678へかける
ホテルからかけるときは、ホテルの外線番号
日本の国番号
●-00-81-3-1234-5678
国際電話識別番号　市外局番の最初の0はとる

・携帯電話
(例)日本090-1234-5678へかける
ホテルからかけるときは、ホテルの外線番号
日本の国番号
●-00-81-90-1234-5678
国際電話識別番号　識別番号の最初の0はとる

※国内電話
フランスの電話番号は、10桁。同じ市内への電話でもすべての番号を押します。

もしもし、シェラトンホテルですか？

Allô, est-ce bien l'Hôtel Sheraton?
アロー　エ　ス　ビヤン　ロテル　シェラトン
Hello. Is this the Sheraton Hotel?

1102号室のミヤケアキコさんをお願いします。

Puis-je parler à Madame Miyake Akiko de la chambre 1102 .
ピュイ ジュ パルレ　ア　マダム　ミヤケ　アキコ　ドゥ　ラ　シャンブル　ミルサンドゥー
May I speak to Ms. Miyake Akiko in room 1102?
数字 P.150

少々お待ちください。

Un instant, s'il vous plaît.
アン　ナンスタン　スィル　ヴ　プレ
Just a moment, please.

伝言をお願いできますか？

Puis-je laisser un message?
ピュイ　ジュ　レッセ　アン　メッサージュ
Can I leave a message?

また後でかけ直します。

Je rappellerai plus tard.
ジュ　ラペルレ　プリュ　タール
I'll call again later.

ナカムラから電話があったと伝えてください。

Dites-lui que Nakamura a appelé.
ディット　リュイ　ク　ナカムラ　ア　アプレ
Please tell her that Nakamura called.

日本からフランスへの国際電話のかけ方は？

010 + 33 + 相手の番号

- 010：国際電話識別番号
- 33：フランスの国番号
- 相手の番号：電話番号の最初の0はとる

マイライン/マイラインプラス未登録の固定電話からかける場合は、最初に国際電話会社の番号をダイヤルする(ソフトバンク:0061)。2024年1月以降は原則不要になる予定

携帯電話からかけます

日本の携帯やスマホを海外で使う場合は、高額請求を避けるため、事前に料金や設定を確認しておきましょう。SIMフリーの機種なら、現地で利用できるプリペイドSIMを購入する方法もあります。

IP 電話について

LINEやFaceTimeなどのアプリを使うと無料で通話できますが、データ通信料はかかります。フリー WiFiや海外パケット定額などを利用しましょう。データローミングなどの設定も確認を。

もっとゆっくり話してもらえますか？

Pouvez-vous parler plus lentement, s'il vous plaît?
プヴェ　ヴ　パルレ　プリュ　ラントマン　スィル　ヴ　プレ
Could you speak more slowly?

ごめんなさい、間違えました。

Je suis désolé(e). Faux numéro.
ジュ　スイ　デゾレ　フォー　ニュメロ
I'm sorry. I have the wrong number.

携帯電話をレンタルしたいのですが。

Je voudrais louer un téléphone portable.
ジュ　ヴドレ　ルエ　アン　テレフォン　ポルターブル
I'd like to rent a cell phone.

コレクトコールで日本に電話をかけたいのですが。

Je voudrais appeler en PCV au Japon.
ジュ　ヴドレ　アプレ　アン ペーセーヴェー　オ　ジャポン
I'd like to make a collect call to Japan.

この電話からかけられますか？

Peut-on téléphoner de cet appareil?
プトン　テレフォネ　ドゥ　セタパレイユ
Can I make a call from this phone?

日本語を話せる人はいますか？

Est-ce qu'il y a quelqu'un qui parle japonais?
エ　ス　キリ　ヤ　ケルカン　キ　パール　ジャポネ
Is there anyone speaks Japanese?

無事電話
できましたー！

基本会話 見どころ グルメ ショッピング エンタメ ビューティ ホテル 乗りもの 基本情報 単語集

ネットを活用しましょう

インターネット

internet
アンテルネット

現地での情報収集はもちろん、通信手段としても、旅行先でのインターネット利用は欠かせませんね。

ネットを利用するには？

●Wi-Fiスポットを活用
空港やホテル、カフェやレストラン、観光スポットなど、多くの場所で無料Wi-Fiが利用できます。速度はまちまちで、時間制限があることも。パスワードが不明ならスタッフに聞きましょう。

●海外パケット定額を利用
携帯電話会社の海外パケット定額サービスは、1時間や1日など、好きなタイミングで使えて便利。日本の契約プランのデータ量を使えるものも。申し込みや設定が必要で、格安SIMは対象外のこともあります。

●Wi-Fiルーターを借りる
空港などでもレンタルできる海外用Wi-Fiルーターは、複数台を同時に接続できて便利。ルーターの持ち歩きと充電、受取・返却が必要です。

●プリペイドSIMカード購入
データ通信量や期間などが決まっている前払いタイプのSIMカード。カードの入れ替えが不要なeSIMが便利。利用には対応機種が必要です。

ホテルに無料の Wi-Fi はありますか？

Y a-t-il une connexion Wi-Fi gratuite dans cet hôtel?
ヤティル　ユヌ　コネクション　ウィフィ　グラテュイット　ダン　セットテル
Do you have a free Wi-Fi?

Wi-Fi のパスワードを教えてもらえますか？

Quel est le mot de passe pour le Wi-Fi?
ケル　エ　ル　モドゥパス　プール　ル　ウィフィ
Can I have the Wi-Fi password?

部屋でインターネットを使うことはできますか？

Est-ce que je peux utiliser internet dans ma chambre?
エスク　ジュ プ　ウティリゼ　アンテルネット　ダン　マ　シャンブル
Can I use the internet in my room?

近くで Wi-Fi を使えるところはありますか？

Y a-t-il un endroit où je peux utiliser internet près d'ici?
ヤティル　アン アンドロワ　ウ　ジュ プ　ウティリゼ　アンテルネット　プレ　ディシ
Where can I find free Wi-Fi around here?

ポケット Wi-Fi の貸出はありますか？

Puis-je emprunter un boîtier Wi-Fi portable?
プイージュ　アンプランテ　アン　ボワティエ　ウィフィ　ポルタブル
Can I borrow a pocket Wi-Fi?

無料Wi-Fiはセキュリティに問題があることも。提供元がわからないWi-Fiへの接続や、ID・パスワードなどの個人情報入力は避けましょう。

ネット利用時の注意点

フランスをはじめ、ヨーロッパの多くの国では、2022年からYahoo! JAPANのサービスの一部が利用できなくなっています。よく使う人は事前に内容を確認しておきましょう。

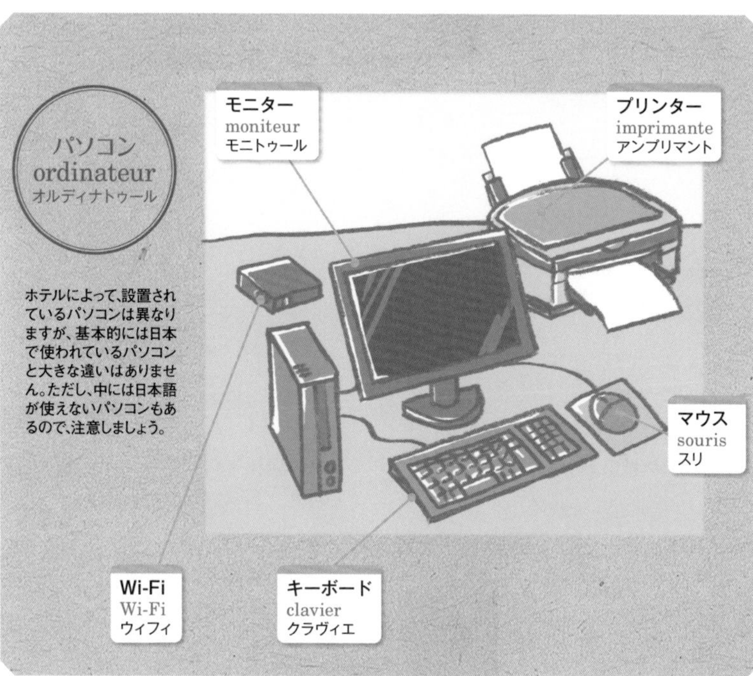

ホテルによって、設置されているパソコンは異なりますが、基本的には日本で使われているパソコンと大きな違いはありません。ただし、中には日本語が使えないパソコンもあるので、注意しましょう。

すぐに使えるトラブルフレーズ

LAN (Wi-Fi)の接続がうまくいきません。見てもらえませんか。
Je ne peux pas me connecter au Wi-Fi. Pourriez-vous l'examiner?
ジュ ヌ プ　パ　ム　コネクテ　オ　ウィフィ
プリエ　ヴ　レクザミネ

マウスの調子が悪いです。
La souris ne marche pas bien.
ラ スリ　ヌ マルシュ　パ ビヤン

フリーズしました。
Mon ordinateur s'est planté.
モン オルディナトゥール セ プランテ

もしものために **緊急・トラブルに備えましょう**

いざというときに身を守るために、知っておきたいフレーズを集めました。
重大な事態を回避するためにも、ぜひ目を通しておきましょう。

助けを呼ぶ

助けて！
Aidez moi!
エデ　モワ
Help me!

やめて！
Arrêtez!
アレテ
Stop it!

一緒に来て！
Venez avec moi!
ヴネ　アヴェック　モワ
Come with me!

聞いて！
Ecoutez!
エクテ
Listen!

警察を呼んで！
Appelez la police!
アプレ　ラ　ポリス
Call the police!

泥棒！
Au voleur!
オ　ヴォルール
Thief!

その男［女］をつかまえて！
Attrapez-le[la]!
アトラペ　ル［ラ］
Catch that man[woman]!

だれか！
Quelqu'un!
ケル　カン
Somebody!

お金のもちあわせはありません。
Je n'ai pas d'argent sur moi.
ジュ　ネ　パ　ダルジャン　スュール　モワ
I don't have any money.

これで全部です。
C'est tout.
セ　トゥ
That's all.

殺さないで！
Ne me tuez pas!
ヌ　ム　テュエ　パ
Don't kill me!

出ていけ！
Sortez là!
ソルテ　ラ
Get out!

医者を呼んでください。
Veuillez appeler un medécin.
ヴェイエ　アプレ　アン　メドゥサン
Call a doctor!

脅迫ことば

動くな！

Ne bougez pas!
ヌ　ブジェ　パ
Don't move!

止まれ！

Arrêtez-vous!
アレテ　ヴ
Stop!

金を出せ！

Donnez-moi de l'argent!
ドネ　モワ　ドゥ　ラルジャン
Give me the money!

静かにしろ！

Taisez-vous!
テゼ　ヴ
Be quiet!

手をあげろ！

Levez les mains!
ルヴェ　レ　マン
Hands up!

隠れろ！

Cachez-vous!
カッシェ　ヴ
Hide!

紛失・盗難

パスポートをなくしました。

J'ai perdu mon passeport.
ジェ　ペルデュ　モン　パスポール
I lost my passport.

ここに電話してください。

Appelez ici.
アプレ　イスィ
Call here.

バッグを盗まれました。

On m'a volé mon sac.
オン　マ　ヴォレ　モン　サック
I had my bag stolen.

日本語を話せる人はいますか？

Est-ce qu'il y a quelqu'un qui parle japonais?
エ　ス　キリ　ヤ　ケルカン　キ　パール　ジャポネ
Is there anyone speaks Japanese?

日本大使館はどこですか？

Où se trouve l'ambassade du Japon?
ウ　ス　トゥルーヴ　ランバサードゥ　デュ　ジャポン
Where is the Japanese Embassy?

盗難・紛失

警察に届けたいのですが。

Je voudrais le signaler à la police.
ジュ ヴドレ ル スィニャレ ア ラ ポリス
I'd like to report it to the police.

盗難証明を作ってください。

Puis-je avoir une attestation de vol?
ピュイ ジュ アヴォワール ユヌ アテスタスィヨン ドゥ ヴォル
Could you make out a report of the theft?

私の荷物が見つかりません。

Je ne trouve pas ma valise.
ジュ ヌ トゥルーヴ パ マ ヴァリーズ
I can't find my baggage.

どこに置き忘れたかわかりません。

Je ne suis pas où je l'ai oublié.
ジュ ヌ スイ パ ウ ジュ レ ウブリエ
I'm not sure where I lost it.

あそこの遺失物係へ届け出てください。

Veuillez le signaler au bureau d'objet perdu.
ヴュイエ ル スィニャレ オ ビューロー ドブジェ ペルデュ
Please report to the lost-and-found over there.

見つかりしだい、ホテルに連絡してください。

Veuillez appeler mon hôtel dès que vous l'aurez retrouvé.
ヴュイエ アプレ モンノテル デ ク ヴ ロレ ルトゥルヴェ
Please call my hotel as soon as you find it.

どこに届け出ればいいですか?

Où dois-je le signaler?
ウ　ドワ　ジュル スィニャレ
Where should I report to?

タクシーにバッグを置き忘れました。

J'ai oublié mon sac dans le taxi.
ジェ　ウブリエ　モン　サック ダン　ル タクスィ
I left my bag in the taxi.

ここに置いたバッグがなくなりました。

J'ai laissé mon sac ici et maintenant il n'y est plus.
ジェ　レッセ　モン　サック　イスィ エ マントナン　イル　ニ　エ　プリュ
I left my bag here and now it's gone.

お役立ち単語集 WORD

警察	police ポリス	
救急車	ambulance アンビュランス	
紛失	perte ペルト	
電話	téléphone テレフォン	
お金	argent / monnaie アルジャン/モネ	
住所	adresse アドレス	
トラベラーズチェック	chèque de voyage シェック ドゥ ヴォワィヤージュ	
クレジットカード	carte de crédit カルト ドゥ クレディ	
日本大使館	ambassade du Japon アンバサード デュ ジャポン	
パスポート	passeport パスポール	
スリ	pickpocket ピクポケットゥ	
保安係	garde ガルド	
保険会社	compagnie d'assurance コンパニ ダスュランス	

memo

クレジットカード紛失時連絡先

航空会社

ホテル

海外旅行保険

日本語OKの医療機関

memo

病気・ケガ

気分が悪いです。

Je me sens malade.
ジュ ム　サン　マラド
I feel sick.

頭痛がします。

J'ai mal à la tête.
ジェ　マ　ララ　テットゥ
I have a headache.

めまいがします。

J'ai le tournis.
ジェ　ル　トゥルニ
I feel dizzy.

吐き気がします。

J'ai la nausée.
ジェ　ラ　ノゼ
I feel nauseous.

熱があるようです。

J'ai de la fièvre.
ジェ　ドゥ ラ　フィエヴル
I think I have a fever.

おなかが痛いです。

J'ai mal au ventre.
ジェ　マロ　ヴァントル
I have a stomachache.

ナイフで指を切りました。

Je me suis coupé(e) le doigt en utilisant un couteau.
ジュ ム　スイ　クーペ　ル ドワ　アン ユティリザン　アン クトー
I cut my finger with a knife.

診断書をお願いします。

Pourriez-vous me donner un certificat medical?
プリエ　ヴ　ム　ドネ　アン セルティフィカ メディカル
Can I have a medical certificate?

歯が痛みます。

J'ai mal aux dents.
ジェ　マロー　ダン
I have a toothache.

足首をねんざしました。

Je me suis tordu la cheville.
ジュ ム　スイ　トルデュ　ラ　シュヴィーユ
I sprained my ankle.

腕の骨を折ったようです。

Je crois que je me suis cassé(e) le bras.
ジュ クロワ ク　ジュ ム　スイ　カッセ　ル ブラ
I think I broke my arm.

手をやけどしました。

Je me suis brûlé(e).
ジュ ム　スイ　ブリュレ
I burned my hand.

血液型はB型です。

Mon groupe sanguin est B.
モン　グループ　サンガン　エ　ベ
My blood type is B.

頭	tête テット	あご	menton マントン
こめかみ	tempe タンプ	首	cou クー
額	front フロン	のど	gorge ゴルジュ
頬	joue ジュー		
目	œil／yeux ウイユ／ユー		
耳	oreille オレイユ		
鼻	nez ネ		
歯	dent ダン		

[　　　]が痛い。

J'ai mal à [　　　].
ジェ　マラ [　　　]

[　　　] hurts.

肩	épaule エポール
胸	poitrine ポワトリーヌ
腹	ventre ヴァントル
腕	bras ブラ
肘	coude クード
手	main マン
手首	poignet ポワニエ
指	doigt ドワ
爪	ongle オングル
背中	dos ド
わきの下	aisselle エーセル
肌	peau ポー
下腹	abdomen アブドメン
みぞおち	épigastre エピガストル
へそ	nombril ノンブリル
腰	reins ラン
尻	fesse フェス
陰部	parties sexuelles パルティ　セクスュエル

足	pied ピエ
太もも	cuisse キュイス
ひざ	genou ジェヌー
すね	tibia ティビア
ふくらはぎ	mollet モレ
足首	cheville シュヴィーユ
つま先	pointe des pieds ポワント　デ　ピエ
かかと	talon タロン

お役立ち単語集 WORD

時差ボケ	décalage horaire デカラジュ　オレール	下痢	diarrhée ディアレ	歯痛	maux de dents モー　ドゥ　ダン
寝不足	manque de sommeil マンケ　ドゥ　ソメイユ	風邪	rhume リュム	寒気	froid フロワ
		骨折	fracture フラクチュール	切り傷	coupure クピュール
		ねんざ	entorse アントルス	薬	médicament メディカマン

日本を紹介しましょう

旅先で親しくなった外国の人々に、その国の言葉で日本を紹介しましょう。

＿＿＿ は日本でとても人気がある料理です。

＿＿＿ est un plat très populaire au Japon.

＿＿＿ エ　タン　プラ　トレ　ポピュレール　オ　ジャポン

フランスに行ったら、もしかして日本のことについても聞かれるかも。そんなとき、少しでも紹介できるとうれしいですよね。まずは食べ物からです。

寿司　sushi　スシ　寿司は酢で味を付けた飯に魚介類の刺身をのせたものです。

Le sushi est fait de riz vinaigré et formé en petites bouchées que
ル　スシ　エ　フェ　ドゥ　リ　ヴィネグレ　エ　フォルメ　アン　プティット　ブシェ　ク
l'on garnit d'un morceau de poisson cru ou de fruits de mer crus.
ロン　ガルニ　ダン　モルソー　ドゥ　ポワソン　クリュ　ウ　ドゥ　フリュイ　ドゥ　メール　クリュ

てんぷら　tempura　テンプラ　野菜や魚介類などに、小麦粉を水で溶いて作ったころもをつけて、油で揚げたものです。

Le tempura est une friture de poissons, crustacés ou légumes enrobés de pâte à base de
ル　テンプラ　エテュヌ　フリテュール　ドゥ　ポワソン　クリュスタセ　ウ　レギュム　アンロベ　ドゥ　パット　ア　バーズ　ドゥ
farine de blé délayée dans de l'eau, et ensuite frits à l'huile à haute température.
ファリーヌ　ドゥ　ブレ　デライエ　ダン　ドゥ　ロー　エ　アンスイット　フリ　ア　リュイユ　ア　オート　テンペラテュール

すきやき　sukiyaki　スキヤキ　牛肉の薄切りを豆腐や野菜とともに醤油ベースのタレで煮るものです。

De fines tranches de bœuf, du Tofu(pâte de soja) et des légumes sont cuit dans un
ドゥ　フィーヌ　トランシュ　ドゥ　ブフ　デュ　トーフ（パット　ドゥ　ソジャ）　エ　デ　レギュム　ソン　キュイ　ダン　ザン
bouillon assaisonné avec de la sauce de soja.
ブイヨン　アセゾネ　アヴェック　ドゥ　ラ　ソース　ドゥ　ソジャ

おでん　oden　オデン　練り物や野菜などのさまざまな具を、だし汁で煮込んだものです。

On fait des Oden en faisant mijoter divers ingrédients comme des
オン　フェ　デ　オデン　アン　フェザン　ミジョテ　ディヴェール　アングレディヤン　コム　デ
quenelles(pâté de poisson) et des légumes dans un bouillon de poisson.
クネル（パテ　ドゥ　ポワソン）　エ　デ　レギューム　ダン　ザン　ブイヨン　ドゥ　ポワソン

焼き鳥　yakitori　ヤキトリ　鶏肉などを串に刺して、タレや塩をまぶしてあぶったものです。

De petits morceaux de poulet ou d'autre ingrédients embrochés sur des bâtonnets
ドゥ　プティ　モルソー　ドゥ　プレ　ウ　ドートル　アングレディヤン　アンブロシェ　スュール　デ　バトネ
de bambou et trempés dans la sauce ou salés, sont cuits au charbon de bois.
ドゥ　バンブー　エ　トランペ　ダン　ラ　ソース　ウ　サレ　ソン　キュイ　オ　シャルボン　ドゥ　ボワ

＿＿＿＿は日本でとても人気がある観光地です。

＿＿＿＿ est un site touristique très populaire au Japon.

＿＿＿＿ エ タン スィット トゥーリスティック トレ ポピュレール オ ジャポン

日本の地名や観光地は、ほとんど日本語と同じ発音で OK なので紹介しやすいですね。まずは、そこがどんな場所なのかをわかってもらいましょう。

富士山 mont Fuji モン フジ 日本で最も高い山で、海抜3776メートルあります。

Le mont Fuji a 3776 mètres d'altitude et c'est le plus
ル モン フジ ア トロワミルセサンソワサンセーズ メットル ダルティテュード エ セ ル プリュ
haut sommet au Japon.
オー ソメ オ ジャポン

京都 Kyoto キョウト 多くの文化遺産、伝統産業を今に伝える日本の歴史的な都市です。

Kyoto est une ville historique du Japon où l'on trouve de nombreux
キョウト エ テュヌ ヴィル イストリック デュ ジャポン ウ ロン トゥルーヴ ドゥ ノンブルー
héritages culturels et a conservé l'industrie traditionelle jusqu'à ce jour.
エリタージュ キュルテュレル エ ア コンセルベ ランデュストリー トラディショネル ジュスカ ス ジュール

秋葉原 Akihabara アキハバラ 周辺に電気製品やアニメグッズが揃い、多くの外国人観光客も訪れる東京の街です。

Akihabara est un quariter de Tokyo, où l'on trouvent de nombreuses boutiques de produits
アキハバラ エ タン カルティエ ドゥ トウキョウ ウ ロン トゥルーヴァン ドゥ ノンブルーズ ブティック (ドゥ プロディイ)
électroniques et de produits dérivés des dessins animés. Il est visité par de nombreux touristes étrangers.
エレクトロニック ドゥ プロデュイ デリヴェ デ デッサン アニメ イレ ヴィズィテ パール ドゥ ノンブルー トゥーリスト エトランジェ

大阪 Osaka オサカ 西日本の経済・文化の中心で、豊かな食文化が魅力です。

Osaka est le centre économique et culturel de la région occidentale du Japon.
オサカ エ ル サントル エコノミック エ キュルテュレル ドゥ ラ レジオン オクスィダンタル デュ ジャポン
Elle est connu pour sa gastronomie.
エレ コニュ プール サ ガストロノミー

知床 Shiretoko シレトコ 北海道の東端にある半島一帯で、2005年に世界自然遺産に登録されました。

La péninsule de Shiretoko est située au bout de l'est du Hokkaido. Elle a été
ラ ペナンスュール ドゥ シレトコ エ スィテュエ オ ブ ドゥ レスト デュ ドゥ オッカイド エラ エテ
inscrite sur la Liste du patrimoine mondial en 2005.
アンスクリット スュール ラ リスト デュ パトリモワンヌ モンディアル アン ドゥーミルサンク

日本を紹介しましょう

□ は日本の伝統文化です。

□ est la culture traditionnelle japonaise.

□ エ ラ キュルテュール トラディスィヨネル ジャポネーズ

「伝統文化」を紹介するのはちょっと苦労するかもしれません。ジェスチャーもまじえて相手に伝えてみるのもいいでしょう。

歌舞伎 kabuki カブキ 江戸時代から続く、日本の伝統芸能です。男性役も女性役も男優が演じるのが特徴です。

Le kabuki, créé à l'époque Edo, est un art de la scène traditionnel japonais. Les
ル カブキ クレエ ア レポック エド エ タン ナール ドゥ ラ セーンヌ トラディスィヨネル ジャポネ レ
rôles féminins, autant que les rôles masculins, sont joués par des hommes.
ロール フェミナン オタン ク レ ロール マスキュラン ソン ジュエ パール デ ゾム

相撲 sumo スモウ 土俵上で2人の力士が競い合う、日本の伝統的なスポーツです。

Le sumo est un sport traditionnel japonais. Deux lutteurs
ル スモウ エ タン スポール トラディスィヨネル ジャポネ ドゥー リュトゥール
combattent sur un ring appelé Dohyô.
コンバット スュール アン リング アプレ ドヒョウ

茶道 La cérémonie du thé ラ セレモニ デュ テ 伝統的な様式にのっとり、抹茶をふるまう行為のことです。

La cérémonie du thé est l'art de préparer et de servir le thé Matcha(un thé vert spécial
ラ セレモニ デュ テ エ ラール ドゥ プレパレ エ ドゥ セルヴィール ル テ マッチャ(アン テ ヴェール スペスィアル
en poudre) à un invité, selon les règles traditionnelles de la courtoisie.
アン プードル) ア アン アンヴィテ スロン レ レーグル トラディスィヨネル ドゥ ラ クルトワズィー

俳句 Haiku アイク 五・七・五の十七音から成る日本独自の詩で、季節を表す「季語」を使い心情を表現します。

Le Haiku est un poème court exprimé en 17 syllabes divisé en 3 vers, sur un rythme de 5, 7, 5. Il est
ル アイク エ タン ポエム クール エクスプリメ アン ディセット スィラブ ディヴィゼ アン トロワ ヴェール スュール アン リトム ドゥ サンク セット サンク イレ
de règle d'inclure dans la composition d'un Haiku un mot dénotant l'une des quatre saisons japonaise.
ドゥ レーグル ダンクリュール ダン ラ コンポズィスィヨン ダン アイク アン モ デノタン リュンヌ デ カトル セゾン ジャポネ

落語 Rakugo ラクゴ 寄席と呼ばれる演芸場などで行われる、日常を滑稽な話として語る伝統的な話芸です。

Le Rakugo est un spectacle narratif qui consiste à conter des histoires
ル ラクゴ エタン スペクタクル ナラティフ キ コンスィスト ア コンテ デズィストワール
drôles. Il est presenté dans le théâtre de variétés appelé Yose.
ドロール イレ プレザンテ ダン ル テアトル ドゥ ヴァリエテ アプレ ヨセ

日本の人口は約１億２千万人です。	Le Japon a une population d'approximativement 120 million. ル ジャポン ア ユヌ ポプラスィオン ダプロクシマティヴマン サン ヴァン ミリオン The population of Japan is about 120 million.
日本の首都は東京です。	La capitale du Japon est Tokyo. ラ キャピタル デュ ジャポン エ トウキョウ The capital of Japan is Tokyo.
夏になると台風が増えます。	Il y a beaucoup de typhons en été. イリ ヤ ボク ドゥ ティフォン アン エテ There are many storms in the summer.
日本は地震が多いです。	Il y a beaucoup de tremblements de terre au Japon. イリ ヤ ボク ドゥ トレンブルマン ドゥ テール オ ジャポン We have many earthquakes in Japan.
日本は少子化が進んでいます。	La baisse de la natalité est un problème au Japon. ラ ベス ドゥ ラ ナタリテ エ タン プロブレム オ ジャポン The birthrate is dropping in Japan.
渡辺謙は日本の有名な俳優です。	Watanabe Ken est un acteur japonais célèbre. ワタナベ ケン エ タン アクトゥール ジャポネ セレブル Watanabe Ken is a famous Japanese actor.
綾瀬はるかは日本の有名な女優です。	Ayase Haruka est une actrice japonaise célèbre. アヤセ ハルカ エ テュヌ アクトリス ジャポネーズ セレブル Ayase Haruka is a famous Japanese actress.
日本では女子サッカーも人気があります。	Le football féminin est populaire au Japon. ル フットボル フェミナン エ ポピュレール オ ジャポン Female soccer is popular in Japan.
日本にはたくさんの温泉があります。	Il y a beaucoup de stations thermales au Japon. イリ ヤ ボク ドゥ スタスィヨン テルマル オ ジャポン There are many hot springs in Japan.
日本の面積はフランスの約半分です。	La superficie du Japon est à peu près la moitié de celle de la France. ラ スュペルフィスィ デュ ジャポン エ ア プ プレ ラ モワティエ ドゥ セル ドゥ ラ フランス Japan is about half the size of France.
東京スカイツリー®は東京で人気のある観光地です。	Tokyo Skytree est une site touristique populaire à Tokyo. トウキョウ スカイトゥリー エ テュヌ スィット トゥーリスティック ポュピュレール ア トウキョウ Tokyo Skytree is a popular place in Tokyo.
日本の夏は蒸し暑いです。	Il fait chaud et humide en été au Japon. イル フェ ショー エ ユミッド アン ネテ オ ジャポン It is hot and humid in summer in Japan.

基本単語を使いこなしましょう

数字、月、曜日や時間は、どんなときでも必要な基本的な単語です。
事前に覚えておくと旅行先でとても便利ですよ。

数字

0	1	2	3	4
zéro	un	deux	trois	quatre
ゼロ	アン	ドゥー	トロワ	カトル
5	6	7	8	9
cinq	six	sept	huit	neuf
サンク	スィス	セット	ユイット	ヌフ
10	11	12	13	14
dix	onze	douze	treize	quatorze
ディ(ス)	オーンズ	ドゥーズ	トレーズ	カトルズ
15	16	17	18	19
quinze	seize	dix-sept	dix-huit	dix-neuf
カーンズ	セズ	ディセット	ディズユイット	ディズヌフ
20	21	22	30	40
vingt	vingt et un	vingt-deux	trente	quarante
ヴァン	ヴァンテアン	ヴァントドゥー	トラント	カラント
50	60	70	77	80
cinquante	soixante	soixante-dix	soixante-dix-sept	quatre-vingts
サンカント	スワサント	スワサントディ(ス)	スワサントディセット	カトルヴァン
88	90	100	1000	10000
quatre-vingt-huit	quatre-vingt-dix	cent	mille	dix mille
カトルヴァンユイット	カトルヴァンディス	サン	ミル	ディ　ミル
10万	100万	2倍	3倍	
cent mille	un million	double	triple	
サン　ミル	アン　ミリヨン	ドゥブル	トリプル	

1番目の	2番目の	3番目の
premier (première)	deuxième	troisième
プルミエ(プルミエール)	ドゥズィエーム	トロワズィエーム

何度も使って覚えましょう!

フランス語　数字のきほん

- ◆ 21～71までは末尾が1のときだけet(英語のand)を使用します。
- ◆ 70～99までは60進法、20進法をもとにしたフランス語特有の表し方です。
- ◆ 80のときだけvingtにsがつきます。
- ◆ 200以上の数はきっかりのときだけcentに複数のsをつけます。

月・季節

1月	2月	3月	4月
janvier	février	mars	avril
ジャンヴィエ	フェヴリエ	マルス	アヴリル
5月	**6月**	**7月**	**8月**
mai	juin	juillet	août
メ	ジュアン	ジュイエ	ウー、ウット
9月	**10月**	**11月**	**12月**
septembre	octobre	novembre	décembre
セプタンブル	オクトブル	ノヴァンブル	デサンブル
春	**夏**	**秋**	**冬**
printemps	été	automne	hiver
プランタン	エテ	オトンヌ	イヴェール

日本には2月9日に帰ります。

Je retourne au Japon le neuf février.
ジュ　ルトルヌ　オ ジャポン　ル　ヌフ　フェヴリエ
I'm going back to Japan on February 9 th.

曜日

日	月	火	水	木	金	土
dimanche	lundi	mardi	mercredi	jeudi	vendredi	samedi
ディマンシュ	ランディ	マルディ	メルクルディ	ジュディ	ヴァンドゥルディ	サムディ

平日	週末	祝日
jour de semaine	fin de semaine	jour férié
ジュール　ドゥ　スメーヌ	ファン　ドゥ　スメーヌ	ジュール　フェリエ

今日［明日／昨日］は何曜日ですか？

Quel jour de la semaine sommes-nous aujourd'hui[sera-t-il demain／était-ce hier]?
ケル　ジュール　ドゥ　ラ　スメヌ　ソム　ヌ　オジュルデュイ［スラ　ティル　ドゥマン／エテ　スイエール］
What day is today[is tomorrow／was yesterday]?

今日［明日／昨日］は月曜日です。

Aujourd'hui[Demain／Hier] est[sera／était] lundi.
オジュルデュイ［ドゥマン　／　イエール］エ［スラ／エテ］　ランディ
Today[Tomorrow／Yesterday] is Monday.

基本単語を使いこなしましょう

時

朝	昼	夕	夜	午前
matin	midi	soir	nuit	matin
マタン	ミディ	ソワール	ニュイ	マタン
午後	昨日	今日	明日	あさって
après-midi	hier	aujourd'hui	demain	après-demain
アプレミディ	イエール	オジュルデュイ	ドゥマン	アプレ ドゥマン

1日前	2日後	3番目の	1時間
un jour avant	deux jours après	troisième	une heure
アンジュール　アバン	ドゥー　ジュール　アプレ	トロワジエーム	ユヌール

時刻

時	分	時半	前[後]
heure	minute	et demie	moins[et]
ウール	ミニュト	エ　ドゥミ	モワン[エ]

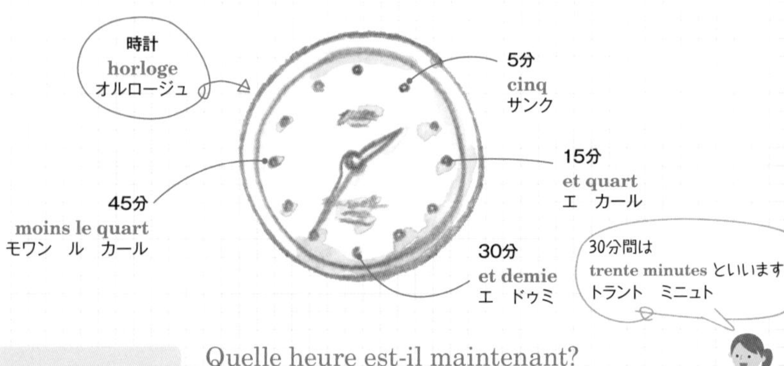

今何時ですか?

Quelle heure est-il maintenant?
ケルール　エ　ティル　メントナン
What time is it now?

何時から始まりますか?

À quelle heure est-ce que ça commence?
ア　ケルール　エスク　サ　コマンス
What time does it start?

8時20分	huit heures vingt ユイ　トゥール　ヴァン eight twenty
9時半	neuf heures et demie ヌヴール　エ　ドゥミ nine thirty
午前11時	onze heures du matin オンズール　デュ　マタン eleven a.m.

昨日の11時	hier, à onze heures イエール　ア　オンズール yesterday at eleven
10時5分前	dix heures moins cinq ディズール　モワン　サンク five to ten
15分後	dans quinze minutes ダン　カンズ　ミニュット fifteen minutes later

計量の単位のちがい

●長さ

メートル	インチ	フィート	ヤード	マイル
1	39.37	3.28	1.094	0.00062
0.025	1	0.083	0.028	0.0000158
0.305	12	1	0.333	0.000189
0.914	36	3	1	0.00057
1609.3	63360	5280	1760	1

●重さ

グラム	キログラム	オンス	ポンド
1	0.001	0.035	0.002
1000	1	35.274	2.205
28.3495	0.028	1	0.0625
453.59	0.453	16	1

●体積

cc	リットル	クオート	米ガロン
1	0.001	0.0011	0.00026
1000	1	1.056	0.264
946.36	0.946	1	0.25
3785.4	3.785	4	1

●速さ

キロ	マイル	ノット	キロ	マイル	ノット
10	6.2	5.4	60	37.3	32.4
20	12.4	10.8	70	43.5	37.8
30	18.6	16.2	80	49.7	43.2
40	24.9	21.6	90	55.9	48.6
50	31.1	27.0	100	62.1	54.0

さくっと フランス語講座

フランス語の主な特徴は、主語によって動詞の形が変わることと、すべての単語に性別があることです。これらは、フランス人でも間違えることがあるほど、完璧な習得には時間がかかります。

しかし、実際の観光旅行では細かい文法を駆使してコミュニケーションをとる必要はありません。必要なのは、カタコトでもいいので、相手に自分の意思を伝えようとする気持ちと、ちょっとした度胸なのです。

1. フランス語のアルファベット

●フランス語で用いられるアルファベットは26文字です。それぞれ大文字と小文字があります。

Aa [アー]　Bb [ベー]　Cc [セー]　Dc [デー]　Ee [ウー]　Ff [エフ]　Gg [ジェー]
Hh [アッシュ]　Ii [イー]　Jj [ジー]　Kk [カー]　Ll [エル]　Mm [エム]　Nn [エヌ]
Oo [オー]　Pp [ペー]　Qq [キュー]　Rr [エール]　Ss [エス]　Tt [テー]　Uu [ユ]
Vv [ヴェー]　Ww [ドゥブルヴェ]　Xx [イクス]　Yy [イグレック]　Zz [ゼッド]

※そのほかに、a、e、i、o、u に特殊記号(アクサン) がついた文字と、合字が使われます。

é [エ]　à [ア]　è [エ]　ù [ウ]　â [ア]　ê [エ]　î [イ]　ô [オ]　û [ユ]　ë [エ]　ï [イ]　ü [ウ]　ç [ス]　œ [ウ]

※フランス語の名詞は、男性名詞と女性名詞があります。規則性はないので、覚えていくしかありません。冠詞は、男性名詞はle、女性名詞はla、複数形はles、不定冠詞は、男性名詞はun、女性名詞はune、数えられないものにつける部分冠詞は、男性名詞は、du (de+le)、女性名詞はde laが名詞の前につきます。

2. 会話のスタートは「疑問詞」です

誰かに何かを尋ねたいときに便利な疑問詞を覚えましょう。

何か　que ク　こうやって使います →
これは何ですか？
例 Qu'est-ce que c'est?
ケ ス ク セ

だれか　qui キ →
あの人はだれですか？
例 Qui est cette personne?
キ エ セットゥ ペルソンヌ

なぜか　pourquoi プルクォワ →
それはなぜですか？
例 Pourquoi ça?
プルクォワ サ

どこか　où ウ →
トイレはどこですか？
例 Où sont les toilettes?
ウ ソン レ トワレット

どのように／どのくらい　comment ／ combien　コマン ／ コンビヤン →
いくらですか？
例 C'est combien?
セ コンビヤン

いつか　quand カン →
いつ出発ですか？
例 Quand partez-vous?
カン パルテヴ

3. 3つの基本の文を覚えましょう

肯定文、疑問文、否定文の基本の文をマスターすれば、基本的な会話をすることができます。

1. ～です

語順の基本は英語と同じです

主語(「私は」、「あなたは」など)＋動詞(「～します」)＋直接補語(「～を」)という語順が基本です。直接補語は英語の直接目的語にあたります。

例 Je suis Akira Iida.(私は飯田明です。)
ジュ スィ アキラ イイダ

Je chante une chanson.(私は歌を歌います。)
ジュ シャント ユヌ シャンソン

2. ～ですか

作り方は3つあります

①「そのまま語尾を上げて発音する」、②「文頭に Est-ce que をつける」、③「動詞を主語の前に置く」と、3通りの言い方があります。

例 ①Vous êtes français?(あなたはフランス人ですか？)
ヴ　ゼット フランセ

②Est-ce que vous êtes français?
エ　スク　ヴゼット　フランセ

③Etes-vous français?
エテ　ヴ　フランセ

3. ～ではありません

否定文は動詞を ne と pas ではさみます。

例 Je ne suis pas japonais.(私は日本人ではありません。)
ジュヌ　スィ　パ　ジャポネ

Je ne comprends pas.(わかりません。)
ジュヌ　コンプラン　パ

4. アレンジして話してみましょう

伝えたい内容のニュアンスを表現したり、意味を付け加えたりして、会話にアクセントをつけてみましょう。

Puis-je～?
ピュイ　ジュ

～してもいいですか？

例 Puis-je m'asseoir ici?(ここに座ってもいいですか？)
ピュイ　ジュ　マソワール　イスィ

Pouvez-vous～?
プヴェヴ

～していただけますか？

例 Pouvez-vous répéter?(もう一度言っていただけますか？)
プヴェ　ヴ　レペテ

ワンポイント 主語と動詞の関係のさらっとマスター

フランス語の動詞は人称によって変化します。
-erや-irなどとつく規則動詞と、形がかわる不規則動詞があります。

● **主語の人称代名詞**

主語の人称代名詞は人称と数によって区別され、表の左列の8種類があります。

● **2人称は「親密度」によって使い分け**

相手が家族や友達などの親しい間柄の場合は tu を使いますが、目上の人や見知らぬ人の場合は、vous を使います。

● 表のように、**主語によって動詞の語尾が変化します。** chanter のように語尾が -er で終わる動詞は変化が規則的なので、-er 規則動詞と呼ばれます。

主語	動詞：chanter (歌う)／シャンテ
je／ジュ（私は）	chante／シャーント
tu／テュ（君は）	chantes／シャーント
il／イル（彼は）	chante／シャーント
elle／エル（彼女は）	chante／シャーント
nous／ヌー(私たちは)	chantons／シャーントン
vous／ヴー（あなた（たち）は／君たちは）	chantez／シャンテ
ils／イル（彼らは）	chantent／シャーント
elles／エル(彼女らは)	chantent／シャーント

単語集（和仏）

Japanese → French

あ

アーケード	arcades アルカード
合鍵	double clef ドゥブル　クレ
あいさつ	salutation サリュタスィヨン
アイスホッケー	hockey sur glace オッケー　スュール　グラース
相手	partenaire パルトゥネール
空いている	libre リーブル
あいにく	malheureusement マルルズマン
相部屋	partage d'une chambre パルタージュ　デュヌ　シャンブル
合間	intervalle アンテルヴァル
アイロン	fer (à repasser) フェール　ア　ルパセ
アイロンをかける	repasser ルパセ
会う	voir／rencontrer ヴォワール ランコントレ
合う	aller bien アレ　ビヤン
アウトレット	magasin solderie マガザン　ソルドゥリ
青い	bleu ブルー
青信号	feu vert フー　ヴェール
赤い	rouge ルージュ
明かり	lumière リュミエール
明るい	clair(e) クレール
赤ん坊	bébé ベベ
空き	libre リーブル
秋	automne オトンヌ
空き部屋	chambre libre シャンブル　リーブル
握手	poignée de main ポワニェ　ドゥ マン
握手する	serrer la main セレ　ラ　マン
アクセサリー	accessoire アクセソワール
アクセル	accélérateur アクセレラトゥール
揚げた	frit(e) フリ(ット)
開ける	ouvrir ウヴリール
あご	menton マントン
朝	matin マタン
麻	lin ラン
明後日	après demain アプレ　ドゥマン
足	pied ピエ
味	goût グー
足首	cheville シュヴィル
明日	demain ドゥマン
明日の午後	demain après-midi ドゥマン アプレ　ミディ
明日の晩	demain nuit ドゥマン　ニュイ
明日の夕方	demain soir ドゥマン　ソワール
足元灯	lumière de veille リュミエール ドゥ　ヴェイユ
味をつけた	assaisonné アセゾネ
預かる	garder ガルデ
預け入れ手荷物引換証	talon de bagages タロン　ドゥ　バガージュ
預け入れ荷物	bagages à consigner バガージュ　ア コンシニエ
アスピリン	aspirine アスピリーヌ
汗	sueur スュウール
遊ぶ	jouer ジュエ

暖かい	chaud(e)	ショー(ド)
アダプター	adaptateur	アダプタトゥール
頭	tête	テット
頭金	acompte	アコント
新しい	nouveau / nouvelle	ヌーヴォー／ヌーヴェル
あちら(向こう)側	là-bas	ラ　バ
暑い／熱い	chaud(e)	ショー(ド)
扱う	traiter	トレテ
宛先	adresse	アドレス
穴	trou	トルー
アナウンス	annonce	アノンス
アニメ	dessin animé	デッサン　アニメ
アパート	appartement	アパルトマン
アヒル	canard	カナール
アフターサービス	service après-vente	セルヴィス　アプレ　ヴァント
油	huile	ユイル
油絵	peinture à l'huile	パンテュール　ア　リュイル
あぶり焼きにした	grillé(e)	グリエ
甘い	doux / douce	ドゥー／ドゥース
あまり(それほど)	tellement	テルマン
あまり高くない	pas tellement cher	パ　テルマン　シェール
網	filet	フィレ
あめ	bonbon	ボンボン
雨	pluie	プリュイ
怪しい	bizarre	ビザール
洗う	laver	ラヴェ
嵐	tempête	タンペット
歩く	marcher	マルシェ
アルコール	alcool	アルコル
アルコール類	boisson alcoolisée	ボワソン　アルコリゼ
アルバイト	job	ジョブ
アルバム	album	アルボム
アレルギー	allergie	アレルジー
アレルギーの	allergique	アレルジック
暗証番号	code	コード
安全	sécurité	セキュリテ
安全な	sûr	スュール
安全ピン	épingle de sûreté	エパングル　ドゥ　スュルテ
安全ベルト	ceinture de sécurité	サンテュール　ドゥ　セキュリテ
アンティーク	antiquité	アンティキテ
案内	guide	ギード
案内所	bureau d'information	ビューロー　ダンフォルマスィヨン
案内人	ouvreuse	ウヴルーズ

い

胃	estomac	エストマ
言い訳	excuse	エクスキュズ
家	maison	メゾン
医学	médecine	メドスィーヌ
息	respiration	レスピラスィヨン
～行き	pour ~	プール
行き先	destination	デスティナスィヨン
行き止まり	cul-de-sac	キュ ドゥ サック
生き物	être animé	エートル　アニメ
息を吸う	respirer	レスピレ
池	étang	エタン

胃けいれん	crampe d'estomac クランプ　デストマ
意見	opinion オピニヨン
囲碁	(jeu de) go (ジュ　ドゥ)　ゴ
居酒屋	taverne タヴェルヌ
意識が無い	sans connaissance サン　コネッサンス
遺失物取扱所	bureau des objets trouvés ビュロー　デ　ゾブジェ　トルヴェ
医者	médecin メドサン
衣装	costume de théâtre コステューム　ドゥ　テアトル
異常な	anormal(e) アノルマル
いす	chaise シェーズ
遺跡	ruines リュイーヌ
忙しい	occupé(e) オキュペ
急ぐ	se dépêcher ス　デペシェ
板	planche プランシュ
委託する	confier コンフィエ
痛み	douleur ドゥルゥール
痛む	avoir mal アヴォワール　マル
位置	position ポズィスィヨン
一時預かり所	consigne コンスィーニュ
一時停止	《Stop》《Arrêt》 ストップ　アレ
1日	une journée ユヌ　ジュルネ
1日券	billet d'une journée ビエ　デュヌ　ジュルネ
1日の	d'une journée デュヌ　ジュルネ
市場	marché マルシェ
1枚	un billet アン　ビエ
1ユーロ硬貨	pièce d'un euro ピエス　ダン　ユーロ
胃腸薬	médicament pour la digestion メディカマン　プール　ラ　ディジェスティヨン
いつ	quand カン
胃痛	mal d'estomac マル　デストマ
1階	rez-de-chaussée レ　ドゥ　ショセ
1階席「劇場」	orchestre オルケストル
1個	un (une) アン (ユヌ)
一式	assortiment アソルティマン
一緒に	ensemble アンサンブル
炒った	grillé(e) グリエ
一対	paire ペール
いつでも	toujours トゥジュール
1等	première classe プルミエール　クラース
1杯	un verre アン　ヴェール
一般的な	commun コマン
一品料理	à la carte ア ラ　カルト
一方通行	sens unique サンス　ユニーク
いつも	toujours トゥジュール
糸	fil フィル
いとこ	cousin(ne) クザン　クズィー(ヌ)
田舎	campagne カンパーニュ
犬	chien シヤン
命	vie ヴィ
今	maintenant マトナン
イヤホン	écouteur エクトゥール
イヤリング	boucle d'oreille ブクル　ドレイユ
入口	entrée アントレ
いり卵(スクランブルエッグ)	œuf brouillés ウフ　ブルイエ
衣料品	vêtements ヴェトマン
色	couleur クルール
岩	rocher ロシェ

インク	encre オンクル
印刷物	imprimés アンプリメ
飲酒	boisson ボワソン
印象	impression アンプレッスィヨン
飲食代	prix des consommations プリ　デ コンソマスィヨン
インスタント食品	produit alimentaire instantané プロデュイ　アリマンテール　アンスタンタネ
インターネット	internet アンテルネット

う

ウイスキー	whisky ウィスキー
ウインカー	clignotant クリニョタン
ウール	laine レーヌ
上	sur スュル
ウエイター	garçon ガルソン
ウエイトレス	serveuse セルヴーズ
ウエスト	taille タイユ
上の	supérieur(e) スュペリユール
上の階	en haut アン　オー
ウォッカ	vodka ヴォドカ
浮き袋	bouée ブウェ
受け入れる	accepter アクセプテ
受付	réception レセプスィヨン
受取人	destinataire デスティナテール
受け取る	recevoir ルスヴォワール
ウサギ	lapin ラパン
失う	perdre ペルドゥル
後ろ	derrière デリエール
薄い	mince マンス
薄い色	couleur pâle クルール　パール
薄切りにした	émincé(e) エマンセ
右折のみ	tourner à droite トゥルネ　ア　ドロワット
うそ	menteur マントゥール
うそをつく	mentir マンティール
歌	chanson シャンソン
歌う	chanter シャンテ
宇宙	univers ユニヴェール
美しい	joli(e) ジョリ
腕時計	montre モントル
馬	cheval シュヴァル
うまい（美味）	délicieux デリスィユー
海	mer メール
海側の	sur la mer スュール　ラ　メール
売り切れ	complet コンプレ
うるさい	bruyant(e) ブリュイアン(ト)
うれしい	heureux／content ウルー／コンタン
上着	veste ヴェスト
運河	canal カナル
運賃	frais フレ
運転手	chauffeur ショフゥール
運転免許証	permis de conduire ペルミ　ドゥ コンデュイール
運動	mouvement ムーヴマン
運動靴	chaussures de sport ショスュール ドゥ　スポール

え

絵	tableau／peinture タブロー／パンテュール
エアコン	climatiseur クリマティズゥール
エアコン付き	avec climatiseur アヴェック クリマティズゥール
映画	film フィルム

映画館	cinéma スィネマ
営業時間	heure d'ouverture ウール ドゥヴェルテュール
営業中	ouvert(e) ウヴェール(ト)
英語	anglais アングレ
衛星	satellite サトゥリット
映像	image イマージュ
衛兵	garde ガルド
栄養	nutrition ニュトリスィヨン
描く	peindre パーンドル
駅	gare / station de métro ガール/スタスィヨン ドゥ メトロ
駅員	employé(e) de la gare アンプロワイエ ドゥ ラ ガール
エキストラベッド	lit supplémentaire リ スュプレマンテール
駅で	à la gare ア ラ ガール
エコノミークラス	classe économique クラス エコノミック
エコノミークラスの席	place en classe économique プラス アン クラス エコノミック
エスカレーター	escalier roulant エスカリエ ルラン
エステ	salon de beauté サロン ドゥ ボーテ

絵はがき	carte postale カルト ポスタル
絵本	livre d'image リーヴル ディマージュ
選ぶ	choisir ショワズィール
えり	col コル
エレベーター	ascenseur アサンスール
炎症	inflammation アンフラマスィヨン
エンジン	moteur モトゥール
演奏会	concert コンセール
延長	prolongement プロロンジュマン
エンドースメント[乗機変更承認]	endossement アンドスマン
煙突	cheminé シュミネ
鉛筆	crayon クレイヨン

お

甥	neveu ネヴー
おいしい	délicieux デリスュー
置いていく	laisser レッセ
置いてくる	laisser レッセ
オイル	huile ユイル
応急処置	premiers soins プルミエ ソワン

横断歩道	passage clouté パサジュ クルテ
嘔吐	vomissement ヴォミスマン
嘔吐袋	sac hygiénique サック イジエニック
往復	aller-retour アレ ルトゥール
往復切符	billet aller-retour ビエ アレ ルトゥール
大型車	poids lourd ポワ ルール
大きい	grand(e) グラン(ド)
大きさ	grandeur グランドゥール
オーケストラ	orchestre オルケストル
大道具	décor デコール
大通り	boulevard / avenue ブルヴァール/アヴェニュー
オートマティック車	voiture automatique ヴォワテュール オートマティック
オートロック	verrouillage automatique ヴェルイヤージュ オートマティック
丘	colline コリーヌ
お金	argent アルジャン
お粥	bouillie de riz ブイイ ドゥ リ

置き時計	pendule パンデュル
起きる	se réveiller ス　レヴェイエ
奥	fond フォン
屋上	toit トワ
送り迎え	navette ナヴェット
贈り物	cadeau カドー
送る	envoyer エンヴォワイエ
遅れる	être en retard エートル アン　ルタール
怒った	fâché(e) ファシェ
おじいさん	grand-père グラン　ペール
おじさん	oncle オンクル
押す	pousser プセ
お宅	chez シェ
夫	mari マリ
おつり	monnaie モネ
音	son ソン
男	homme オム
男の子	garçon ガルソン
落とす	tomber トンベ
おととい	avant-hier アヴァンティエール

大人	adulte アデュルト
踊り／踊る	danse ／ danser ダンス　ダンセ
驚く	s'étonner セトネ
同じ	même メーム
おばあさん	grand-mère グランメール
おばさん	tante タント
オペラ	opéra オペラ
覚えている	se souvenir ス　スヴニール
覚える	se souvenir ス　スヴニール
おみやげ	souvenir スヴニール
おみやげ店	magasin de souvenirs マガザン　ドゥ　スヴニール
重い	lourd(e) ルール(ド)
思い出	souvenir スヴニール
重さ	poids ポワ
おもちゃ	jouet ジュエ
おもちゃ店	magasin de jouets マガザン　ドゥ　ジュエ
親	parent パラン
親指	pouce プース
泳ぐ	nager ナジェ
折り返し	par　retour パール　ルトゥール

折り返し 電話する	faire un retour d'appel フェール　アン ルトゥール　ダペル
オリジナル ギフト	cadeau original カドー　オリジナル
降りる	descendre デサンドル
オリンピック	les Jeux Olympiques レ　ジューゾランピック
オルゴール	boîte à musique ボワ　タ　ミュズィック
オレンジ	orange オランジュ
終わる	finir フィニール
音楽	musique ミュズィック
温泉	station thermale スタスィヨン　テルマル
温度	température タンペラテュール
温度計	thermomètre テルモメートル
女／女の	femme ／ féminin ファム／フェミナン
女の子	fille フィーユ

か

蚊	moustique ムスティック
ガーゼ	gaze ガーズ
カーテン	rideau リドー
カート	chariot シャリオ
カーペット	tapis タピ

貝	coquille コキーユ
会員証	carte d'adhérent カルト　ダデラン
絵画	tableau タブロー
外貨	monnaie étrangère モネ　エトランジェール
外貨交換証明書	bordereau de change ボルドロー ドゥ　シャンジュ
海岸	bord de la mer ボール　ドゥ　ラ　メール
開館時間	heure d'ouverture ウール ドゥヴェルテュール
会議	réunion レユニオン
海峡	détroit デトロワ
会計	caisse ケス
外国人	étranger(ère) エトランジェ(ール)
改札口	accès aux quais／contrôle アクセ　オ　ケ／ コントロール
会社員	employé de bureau アンプロワイエ　ドゥ ビューロー
海水浴	bain de mer バン　ドゥ　メール
回数券	carnet カルネ
階段	escalier エスカリエ
懐中電灯	lampe de poche ランプ　ドゥ　ポーシュ

快適な	agréable アグレアーブル
開店時間	heure d'ouverture ウール ドゥヴェルテュール
ガイド付きツアー	excursion avec un guide エクスクルスィヨン アヴェッカン　ギッド
ガイドブック	guide touristique ギッド トゥーリスティック
ガイド料	frais de guide フレ　ドゥ　ギッド
買い物	courses クルス
街路	rue／avenue リュ／アヴェニュ
会話	conversation コンヴェルサスィヨン
買う	acheter アシュテ
カウンター	comptoir コントワール
カエル	grenouille グルヌイーユ
帰る	retourner ルトゥルネ
変える	changer シャンジェ
顔	visage ヴィザージュ
顔のお手入れ	soin de visage ソワン　ドゥ ヴィザージュ
香り	odeur オドゥール
画家	peintre パントル
価格	prix プリ

化学	chimie シミー
科学	science スィアンス
鏡	miroir ミロワール
係員	responsable レスポンサーブル
かかる	prendre プランドル
鍵	clé／clef クレ
書留	recommandé ルコマンデ
書きとめる	prendre note プランドル　ノート
書く	écrire エクリール
家具	meuble ムーブル
学生	étudiant(e) エテュディアン(ト)
学生証	carte d'étudiant カルト　デテュディアン
拡大する	agrandir アグランディール
カクテル	cocktail コクテル
家具店	magasin de meubles マガザン ドゥ　ムーブル
確認	confirmation コンフィルマスィヨン
確認する	confirmer コンフィルメ
掛け金	mise ミーズ
賭ける	parier パリエ

かご	panier	パニエ
傘	parapluie	パラプリュイ
火山	volcan	ヴォルカン
菓子	pâtisserie	パティスリー
火事	incendie	アンサンディ
カジノ	casino	カズィノ
カシミア	cachemire	カシュミール
歌手	chanteur(se)	シャントゥール(トゥーズ)
カジュアルな	style décontracté	スティル　デコントラクテ
数	nombre	ノンブル
ガス	gaz	ガズ
ガス欠	panne d'essence	パンヌ　デサーンス
風	vent	ヴァン
風邪	rhume	リュム
課税	taxe	タックス
風が吹く	Il fait du vent.	イル　フェ　デュ　ヴァン
風邪薬	médicament pour le rhume	メディカマン　プール　ル　リュム
河川	rivière	リヴィエール
家族	famille	ファミーユ
ガソリン	essence	エサーンス
ガソリンスタンド	station-service	スタスィヨン　セルヴィス
ガソリンポンプ	pompe à essence	ポンプ　ア　エサーンス
固い	dur(e)	デュール
形	forme	フォルム
片道	aller simple	アレ　サンプル
片道切符	billet aller simple	ビエ　アレ　サンプル
カタログ	catalogue	カタログ
花壇	parterre／plate-bande	パルテール／プラット　バーンド
楽器	instrument	アンストリュマン
楽器店	magasin d'instruments de musique	マガザン ダンストリュマン ドゥ　ミュズィック
学校	école	エコール
家庭	famille	ファミーユ
角	coin	コワン
悲しい	triste	トリスト
金物店	quincaillerie	カンカイユリ
金(かね)	argent	アルジャン
可能性	possibilité	ポスィビリテ
カバーチャージ	couvert	クヴェール
かばん	sac	サック
花瓶	vase	ヴァーズ
カフェ	café	カフェ
カフェオレ	café au lait	カフェ オ レ
カフェテリア	cafétéria	カフェテリア
壁	mur	ミュール
壁紙	papier peint	パピエ　パン
カボチャ	citrouille	スィトルイユ
紙	papier	パピエ
神	dieu	デュー
髪	cheveux	シュヴー
紙おむつ	couche en papier	クーシュ　アン　パピエ
紙コップ	gobelet en carton	ゴブレ　アン カルトン
かみそり	rasoir	ラゾワール
紙タオル	serviette en papier	セルヴィエット　アン　パピエ
雷	foudre	フードル
紙袋	sac en papier	サック　アン　パピエ
亀	tortue	トルテュ

仮面	masque マスク
ガム	chewing-gum シュウイング　ゴム
カメラ	appareil photo アパレイユ　フォト
カメラ店	magasin d'appareils photos マガザン　ダパレイユ　フォト
かゆい	ça gratte サ　グラット
カラーフィルム	pellicule couleur ペリキュール　クルール
辛い	piquant(e) ピカン(ト)
カラオケ	karaoke カラオケ
ガラス	verre ヴェール
体	corps コール
空手	karaté カラテ
空の	vide ヴィッド
借りる	louer ルエ
軽い	léger(ère) レジェ(ール)
カレンダー	calendrier カランドリエ
過労	surmenage スュールメナージュ
画廊	galerie (de peinture) ガルリー ドゥ　パンテュール
革	cuir キュイール

川	rivière／fleuve リヴィエール／フルーヴ
かわいい	mignon(e) ミニヨン(ヌ)
為替レート	taux de change トー　ドゥ　シャンジュ
革のジャケット	veste en cuir ヴェスト　アン キュイール
缶	bidon ビドン
眼科医	oculiste オキュリスト
環境	environnement アンヴィロヌマン
環境破壊	destruction de l'environnement デストラクスィヨン　ドゥ ランヴィロヌマン
缶切り	ouvre-boîte ウーヴル　ボワット
玩具店	magasin de jouets マガザン　ドゥ　ジュエ
管弦楽団	orchestre オルケストル
観光	tourisme トゥーリスム
観光案内所	office de tourisme オフィス　ドゥ トゥーリスム
観光クルーズ	croisière touristique クロワズィエール トゥーリスティック
観光地	site touristique スィット トゥーリスティック
観光ツアー	excursion エクスクルスィヨン
観光バス	autocar de tourisme オートカー　ドゥ トゥーリスム

観光パンフレット	dépliant touristique デプリアン トゥーリスティック
看護師	infirmière(e) アンフィルミエ(ール)
患者	patient(e) パスィヤン(ト)
感謝する	remercier ルメルスィエ
感情	sentiment サンティマン
勘定	addition アディスィヨン
勘定書	note ノート
歓声	cris de joie クリ ドゥ ジョワ
関税	douane ドゥワンヌ
乾燥肌	peau sèche ポー　セーシュ
簡単な	facile ファスィル
缶詰食品	conserve コンセルヴ
乾電池	batterie バトリー
館内図	plan du bâtiment プラン ドゥ バティマン
館内電話	communication interne コミュニカスィヨン アンテルヌ
乾杯	À votre santé! ア　ヴォートル　サンテ
看板	enseigne アンセーニュ
漢方薬	médicament chinois メディカマン　シノワ

管理	contrôle	コントロール
管理人	gardien	ガルディアン

き

黄色	jaune	ジョーヌ
気温	température	タンペラテュール
機械	machine	マシーヌ
期間	durée	デュレ
気管支炎	bronchite	ブロンシット
貴金属	métal précieux	メタル　プレスィユー
聞く	entendre / écouter	アンタンドル／エクテ
喜劇	comédie	コメディ
危険	danger	ダンジェ
気候	climat	クリマ
記事	article	アルティクル
技師	ingénieur	アンジェニユール
技術	technique	テクニック
傷	blessure	ブレスュール
季節	saison	セゾン
規則	règle	レーグル
北	nord	ノール
ギター	guitare	ギタール
汚い	sale	サル
機長	commandant(e)	コマンダン(ト)
貴重品	objet de valeur	オブジェ　ドゥ　ヴァルール
きつい	serré(e)	セレ
喫煙	fumer	フュメ
喫煙所	coin fumeur	コワン　フュムール
喫煙席	table fumeur	ターブル　フュムール
喫茶店	café	カフェ
キッチン	cuisine	キュイジーヌ
切手	timbre	タンブル
切手代	frais d'affranchissement	フレ　ダフランシスマン
切符	billet / ticket	ビエ／ティケ
切符売場	guichet	ギシェ
切符自動販売機	distributeur automatique	ディストリビュトゥール　オートマティック
機内食	repas en vol	ルパ　アン ヴォル
機内持ち込み手荷物	bagage à main	バガージュ　ア　マン
絹／シルク	soie	ソワ
記念切手	timbre de collection	タンブル ドゥ コレクスィヨン
記念碑	monument	モニュマン
記念日	anniversaire	アニヴェルセール
昨日	hier	イエール
寄付	don	ドン
気持ちが悪い	se sentir mal	ス　サンティール　マル
客	visiteur(se)	ヴィズィトゥール(トゥーズ)
客席	salle	サル
客船	paquebot	パクボー
キャバレー	cabaret	カバレ
キャンセル	annulation	アニュラスィヨン
キャンセルする	annuler	アニュレ
キャンセル待ち	liste d'attente	リスト　ダタント
休暇	vacances	ヴァカンス
救急車	ambulance	アンビュランス
休憩室	salle de repos	サル　ドゥ　ルポ
急行料金	supplément pour train express	スュプレマン　プール　トラン　エクスプレス
休日	congé	コンジェ
旧跡	vestiges	ヴェスティージュ
宮殿	palais	パレ

牛肉	bœuf ブフ
牛乳	lait レ
救命胴衣	gillet de sauvetage ジレ　ドゥ　ソヴタージュ
給料	salaire サレール
今日	aujourd'hui オジュルデュイ
教育	éducation エデュカスィヨン
教会	église エグリーズ
教科書	manuel マニュエル
競技場	stade スタッド
教師	professeur プロフェスゥール
教室	(salle de) classe （サル　ドゥ）クラス
兄弟	frère フレール
共同シャワー	douche publique ドゥーシュ　ピュブリック
共同トイレ	toilettes publiques トワレット　ピュブリック
共同浴場	bain public バン　ピュブリック
郷土料理	cuisine régionale キュイズィーヌ　レジオナル
今日の午後	cet après-midi セッタプレミディ
今日の午前	ce matin ス　マタン
興味深い	intéressant(e) アンテレサン(ト)

許可	permission ペルミスィヨン
居住者	habitant アビタン
去年	l'année dernière ラネ　デルニエール
距離	distance ディスタンス
嫌い	détester デテステ
霧	brouillard ブリュイヤール
キリキリ痛む	douleur aiguë ドゥルゥール　エギュ
着る	mettre メットル
きれい	beau ／ belle ／ jolie ボー　ベル　ジョリ
記録	record ルコール
金(の)	or オール
銀(の)	argent アルジャン
禁煙	non-fumeur ノン　フュムール
禁煙車	voiture non-fumeur ヴォワテュール　ノン　フュムール
禁煙席	siège non-fumeur スィエージュ　ノン　フュムール
金額	somme ソム
緊急	urgence ウルジャンス
緊急の	urgent(e) ウルジャン(ト)

金庫	coffre-fort コフル　フォール
銀行	banque バンク
銀行員	employé de banque アンプロワイエ　ドゥ　バンク
筋肉	muscle ミュスクル
勤務中	au travail オ　トラヴァイユ

く

空気	air エール
空港	aéroport アエロポール
空港税	taxe d'aéroport タックス　ダエロポール
空室	chambre libre シャンブル　リーブル
空席	place libre プラス　リーブル
偶然に	par hasard パラザール
空腹である	faim ファン
クーポン	bon ／ coupon ボン／クーポン
区間	tronçon トロンソン
釘	clou クル
臭い	puer ピュエ
鎖	chaîne シェーヌ
腐る	pourrir プリール

くし	peigne ペーニュ
孔雀	paon パオン
くしゃみ	éternuement エテルニュマン
苦情	réclamation レクラマスィヨン
クジラ	baleine バレーヌ
くずかご	poubelle プベル
薬	médicament メディカマン
果物	fruit フリュイ
口当たり	palais パレ
口当たりの良い	agréable au palais アグレアブル オ パレ
口紅	rouge à lèvres ルージュ ア レーヴル
靴	chaussures ショスュール
靴下	chaussettes ショセット
靴店	magasin de chaussures マガザン ドゥ ショスュール
靴ひも	lacet ラセ
国	pays ペイ
首	cou クー
区分	catégorie カテゴリー
雲	nuage ニュアージュ
曇り	nuageux ニュアジュー
暗い	sombre ソンブル
クラシック音楽	musique classique ミュズィック クラスィック
クラス	classe クラス
グラス	verre ヴェール
クラブ	club クリュブ
グラム	gramme グラム
クリーニング	nettoyage ネトワイヤージュ
クリーニング代	frais de nettoyage フレ ドゥ ネトワイヤージュ
クリーム	crème クレム
クリスマス	Noël ノエル
クルーズ	circuit en bateau スィルキュイ アン バトー
車	voiture ヴォワテュール
車椅子	fauteuil roulant フォトイユ ルラン
車椅子用トイレ	toilettes pour handicapés トワレット プール アンディカペ
クレイムタッグ[荷物預かり証]	talon d'identification des bagages タロン ディダンディフィカスィヨン デ バガージュ
クレジットカード	carte de crédit カルト ドゥ クレディ
クレンジング	démaquillant デマキヤン
黒い	noir(e) ノワール
クローク	vestiaire ヴェスティエール
クローゼット	placard プラカール
クロワッサン	croissant クロワッサン
燻製にした	fumé(e) フュメ

け

毛	poil ポワル
計画	plan プラン
経済	économie エコノミー
警察	police ポリス
警察官	agent de police アジャン ドゥ ポリス
警察署	commissariat コミッサリア
計算する	calculer カルキュレ
掲示板	panneau d'affichage パノー ダフィシャージュ
芸術家	artiste アルティスト
軽食	collation コラスィヨン
軽食堂	snack-bar スナック バール
携帯電話	téléphone portable テレフォン ポルターブル

芸能人	artiste	アルティスト
警報	alarme	アラルム
契約	contrat	コントラ
契約書	contrat	コントラ
ケーキ	patisserie	パティセリー
ケーブルカー	funiculaire	フュニキュレール
毛織物	tissu de laine	ティシュ　ドゥ　レーヌ
ケガ	blessure	ブレスュール
外科医	chirurgien	シルルジアン
毛皮	fourrure	フリュール
ケガをした	blessé(e)	ブレッセ
劇場	théâtre	テアトル
下剤	laxatif	ラクサティフ
消印	cachet	カシェ
景色	paysage	ペイザージュ
消しゴム	gomme	ゴム
化粧水	lotion de beauté	ロスィヨン　ドゥ　ボーテ
化粧品	produit de beauté	プロデュイ　ドゥ　ボーテ
化粧品会社	entreprise de produits de beauté	エントルプリーズ　ドゥ　プロデュイ　ドゥ　ボーテ
ケチャップ	ketchup	ケチャップ
血圧	tension artérielle	タンスィヨン　アルテリエル
血液	sang	サン
血液型	groupe sanguin	グループ　サンガン
結婚	mariage	マリアージュ
解熱剤	fébrifuge	フェブリフュージュ
煙	fumé	フュメ
下痢	diarrhée	ディアレ
下痢止め	médicament contre la diarrhée	メディカマン　コントル　ラ　ディアレ
検疫	quarantaine	カランテーヌ
原価	prix de revient	プリ　ドゥ　ルヴィアン
見学	visite	ヴィズィットゥ
現金	liquide / espèces	リキッド／エスペス
言語	langue	ラング
健康	santé	サンテ
健康な	en bonne santé	アン　ボンヌ　サンテ
検査	examen	エグザマン
研修	stage	スタージュ
原住民	indigène	アンディジェーヌ
現像	développment	デヴェロップマン
建築	architecture	アルシテクテュール
建築家	architecte	アルシテクト
現地時間	heure locale	ウール　ロカル
見物	visite	ヴィズィット

こ

濃い	foncé（色） fort（味） épais（濃度）	フォンセ　フォール　エペ
コインロッカー	consigne automatique	コンスィニュ　オートマティック
更衣室	vestiaires	ヴェスティエール
幸運な	heureux(se)	ウルー（ズ）
公園	parc / jardin publique	パルク／ジャルダン　ピュブリック
公演	représentation publique	ルプレザンタスィヨン　ピュブリック
公演中の	en représentation	アン　レプレザンタスィヨン
効果	effet	エフェ
硬貨（コイン）	monnaie / pièce	モネ／ピエス
後悔	regret	ルグレ
航海	navigation / croisière	ナヴィガスィヨン／クロワズィエール

郊外	banlieue バンリュー
公害	pollution ポリュスィオン
硬貨投入口	fente d’insertion de la monnaie ファント ダンセルスィヨン ドゥ ラ モネ
硬貨返却レバー	levier de retour de la monnaie レヴィエ ドゥ ルトゥール ドゥ ラ モネ
交換	échange エシャンジュ
交換手	standardiste スタンダルディスト
講義	cours クール
高級	premier ordre プルミエ オルドル
公共料金	tarif des services publics タリフ デ セルヴィス ピュブリック
航空会社	compagnie aérienne コンパニ アエリエンヌ
航空券	billet d’avion ビエ ダヴィオン
航空便	par avion パーラヴィオン
合計	total トタル
高血圧	hypertension イペルタンスィヨン
高原	plateau プラトー
高校生	lycéen(ne) リセアン(ヌ)
広告	publicité ピュブリスィテ
口座	compte コント

考察	considération コンスィデラスィヨン
交差点	croisement クロワズマン
口座番号	numéro de compte ニュメロ ドゥ コント
講師(大学の)	maître assistant メートル アスィスタン
工事	travaux トラヴォー
公衆電話	téléphone publique テレフォン ピュブリック
公衆トイレ	toilettes publiques トワレット ピュブリック
工場	usine ユズィーヌ
交渉する	négocier ネゴスィエ
香辛料のよく効いた	épicé(e) エピセ
香水	parfum パルファン
降雪	enneigement アンネージュマン
高層ビル	gratte-ciel グラット スィエル
高速道路	autoroute オトルート
紅茶	thé (noir) テ (ノワール)
交通事故	accident de traffic アクスィダン ドゥ トラフィック
交通渋滞	embouteillage アンブテイヤージュ
強盗	cambriolage カンブリオラージュ

購入	achat アシャ
公認両替商	bureau de change agréé ビューロー ドゥ シャンジュ アグレ
交番	poste de police ポスト ドゥ ポリス
紅葉	feuilles d'automne フイユ ドートンヌ
合流	jonction ジョンクスィヨン
声	voix ヴォワ
小エビ	crevette クルヴェット
コース	itinéraire イティネレール
コート(テニスの)	court クール
コート(服)	manteau マントー
コーヒー	café カフェ
コーヒーショップ	café カフェ
コーラ	coke コク
凍らせた	glacé(e) グラセ
氷	glace グラス
凍る	geler ジェレ
コールボタン	bouton d’appel ブトン ダペル
小型車	petite cylindrée プティット スィランドレ
小切手	chèque シェック

故郷	pays ペイ
国際	international アンテルナスィヨナル
国際運転免許証	permis de conduire international ペルミ　ドゥ コンデュイール アンテルナスィヨナル
国際線	vols internationaux ヴォル アンテルナスィヨノー
国際電話	appel international アペル アンテルナスィヨナル
国産ビール	bière nationale ビエール　ナスィヨナル
国籍	nationalité ナスィヨナリテ
国道	route nationale ルート　ナスィヨナル
国内線	vols intérieurs ／ domestique ヴォル　アンテリウール／ ドメスティック
国内の	domestique ドメスティック
国立公園	parc national パルク　ナスィヨナル
国立の	national ナスィヨナル
ここ	ici イスィ
午後	après-midi アプレ　ミディ
心地よい	confortable コンフォルターブル
午後の便	vol de l'après-midi ヴォル　ドゥ ラプレ　ミディ
腰	reins ラン
個室	compartiment コンパルティマン
コショウ	poivre ポワーヴル
故障	panne パンヌ
故障する	tomber en panne トンベ　アン　パンヌ
故障中	hors service ／ en panne オール　セルヴィス／ アン　パンヌ
個人用	à usage individuel ア　ユサージュ アンディヴィデュエル
個性	personalité ペルソナリテ
小銭	petite monnaie プティット　モネ
小銭入れ	porte-monnaie ポルト　モネ
午前	matin マタン
午前の便	vol du matin ヴォル　ドゥ　マタン
答える	répondre レポンドル
国家	État エタ
国会議事堂	Assemblée Nationale アサンブレ　ナスィヨナル
国旗	drapeau national ドラポー　ナスィヨナル
国境	frontière フロンティエール
骨折	fracture フラクテュール
小包	paquet ／ colis パケ　　コリ
骨董品	antique アンティーク
骨董品店	magasin d'antiquité ／ antiquaire マガザン　ダンティキテ／ アンティケール
コットン	coton コトン
コップ	verre ヴェール
琴	koto コト
小道具	accessoires アクセソワール
言葉	mot モ
子供	enfant アンファン
子供と一緒に	avec un enfant アヴェカンナンファン
子供服	vêtement enfant ヴェトマン　アンファン
子供料金	prix enfant プリ　アンファン
小鳥	petit oiseau プティ　トゥワゾー
ことわざ	proverbe プロヴェルブ
ことわる	refuser ルフュゼ
粉	poudre プードル
粉ミルク	lait en poudre レ　アン　プードル
コネクティング・ルーム	chambres communicantes シャンブル コミュニカント

琥珀	ambre アンブル
コピー	copie コピー
胡麻油	huile de sésame ユイル　ドゥ　セザム
ごみ	ordures オルデュール
ごみ箱	poubelle プベル
ゴム	caoutchouc カウチュー
小麦	blé ブレ
小麦粉	farine ファリーヌ
米	riz リ
ゴルフ	golf ゴルフ
ゴルフコース	terrain de golf テラン　ドゥ　ゴルフ
ゴルフボール	balle de golf バル　ドゥ　ゴルフ
コレクトコール	PCV ペセーヴェー
壊れ物	fragile フラジル
今月	ce mois ス　モワ
コンサート	concert コンセール
混雑	encombrement アンコンブルマン
コンシェルジュ	concierge コンスィエルジュ
今週	cette semaine セットスメーヌ
コンセント	prise プリーズ
コンタクトレンズ	lentilles ランティーユ
コンドーム	préservatif プレゼルヴァティフ
今晩	ce soir ス　ソワール
コンビニエンスストア	supérette スュペレット
コンピューター	ordinateur オルディナトゥール

さ

サーカス	cirque スィルク
サービス	service セルヴィス
サービス料	service セルヴィス
サーフィン	surf スュルフ
災害	désastre デザストル
再確認する	reconfirmer ルコンフィルメ
最近	récemment レサマン
サイクリング	cyclisme スィクリスム
在庫	stock ストック
最後の	dernier デルニエ
サイコロ	dé デ
祭日	fête nationale フェット　ナスィヨナル
材質	matière マティエール
最終目的地	destination finale デスティナスィヨン　フィナル
最終列車	dernier train デルニエ　トラン
最小の	minimum ミニモム
菜食主義者	végétarien(ne) ヴェジェタリアン(エンヌ)
最初の	premier(ère) プルミエ(ール)
最新の	dernier(ère) デルニエ(ール)
サイズ	pointure ポワンテュール
最前列	premier rang プルミエ　ラン
最大の	maximum マキスィモム
財団	fondation フォンダスィヨン
最低料金	tarif minimum タリフ　ミニモム
再発行する	redélivrer ルデリヴレ
裁判	justice ジュスティス
財布	portefeuille ポルトフイユ
材料	matière マティエール
サイン	signature スィニャテュール
サウナ	sauna ソナ
探す・捜す	chercher シェルシェ
魚	poisson ポワソン

酒店	magasin de vin マガザン ドゥ ヴァン
詐欺	fraude フロード
先払い	pré-paiement プレ ペマン
桜	cerisier セリズィエ
サクランボ	cerise セリーズ
酒	alcool アルコル
差出人	expéditeur エクスペディトゥール
刺身	tranche de poisson cru トランシュ ドゥ ポワソン クリュ
査証	visa ヴィザ
座席	siège スィエージュ
座席番号	numéro de siège ニュメロ ドゥ スィエージュ
左折禁止	interdiction de tourner à gauche アンテルディクスィヨン ドゥ トゥルネ ア ゴーシュ
札入れ	portefeuille ポルトフイユ
撮影禁止	défense de photographier デファンス ドゥ フォトグラフィエ
作家	écrivain エクリヴァン
サッカー	football フトボール
雑貨店	droguerie ドログリー
雑誌	magazine マガズィーヌ
砂糖	sucre スュクル
茶道	cérémonie du thé セレモニー デュ テ
砂漠	désert デゼール
サマータイム	heure d'été ウール デテ
様々な	divers(e) ディヴェール(ス)
寒い	froid(e) フロワ(ド)
寒気	frissons フリソン
冷める	se refroidir ス ルフロワディール
皿	plat ／ assiette プラ/アシエット
サラダ	salade サラード
猿	singe サンジュ
ざる	corbeille コルベイユ
三角	triangle トリアングル
三脚	trépied トレピエ
サングラス	lunettes de soleil リュネット ドゥ ソレイユ
珊瑚礁	récif corail レスィフ コライル
酸素マスク	masque à oxygène マスク ア オクスィジェンヌ
産地	pays producteur ペイ プロデュクトゥール
サンドイッチ	sandwich サンドウィッチ
桟橋	quai ケ
散髪	coupe de cheveux クープ ドゥ シュヴー

し

市	ville ヴィル
痔	hémorroides エモロイド
試合	match マッチ
シーツ	drap ドラ
CD店	magasin de CDs マガザン ドゥ セーデー
シートベルト	ceinture (de sécurité) サンテュール ドゥ セキュリテ
寺院	temple タンプル
ジーンズ	jean ジーン
自営業	commerçant コメルサン
塩	sel セル
塩辛い	salé(e) サレ
歯科医	dentiste ダンティスト
市街	ville ヴィル
市街地図	plan de ville プラン ドゥ ヴィル
市外通話	interurbain アンテルウルバン

四角	carré カレ
自画像	portrait ポルトレ
時間	heure ウール
至急	urgent ウルジャン
刺激物	nourriture épicée ヌリテュール　エピセ
資源	ressources ルスルス
事件	affaire アフェール
事故	accident アクスィダン
時刻	heure ウール
時刻表	horaire オレール
事故証明書	constat d'accident コンスタ ダクスィダン
仕事	travail トラヴァイユ
時差ボケ	décalage horaire デカラージュ　オレール
磁石	aimant エマン
刺繍	broderie ブロドリ
辞書	dictionnaire ディクスィヨネール
地震	tremblement de terre トランブルマン ドゥ　テール
静か	calme カルム
静かな	tranquille トランキル
静かに	Silence! スィランス
史跡	endroit d'intéret historique アンドロワ　ダンテレ イストリック
施設	établissement エタブリスマン
自然	nature ナテュール
下	sous スー
舌	langue ラング
下着	sous-vêtements スー　ヴェトマン
親しい	intime アンティム
下の	sous スー
下の階	au-dessous オ　ドゥスー
試着室	cabine d'essayage カビーヌ デッセイヤージュ
試着する	essayer エッセイエ
市庁舎	Hôtel de ville オテル　ドゥ　ヴィル
質	qualité カリテ
歯痛	maux de dents モー　ドゥ　ダン
失業	chômage ショマージュ
実際に	effectivement エフェクティヴマン
湿度	humidité ユミディテ
湿度が高い	humide ユミッド
失敗する	échouer エシュエ
湿布	compresse コンプレス
質問	question ケスティヨン
質問する	questionner ケスティヨネ
室料	prix de la chambre プリ　ドゥ　ラ シャンブル
指定席	place réservée プラス　レゼルヴェ
自転車	bicyclette ビスィクレット
自動の	automatique オトマティック
自動車	automobile オトモビル
自動販売機	distributeur automatique ディストリビュトゥール オトマティック
市内	en ville アン　ヴィル
市内通話	communication urbaine コミュニカスィヨン ユルバンヌ
市内へ	en ville アン　ヴィル
品切れ	hors stock オール　ストック
品物	article アルティクル
市の中心部	centre ville サントル　ヴィル
芝居	pièce de théâtre ピエス　ドゥ　テアトル
支配人	gérant(e) ジェラン(ト)

始発電車	premier train プルミエ　トラン
芝生	pelouse ペルーズ
支払い	paiement ペマン
持病	maladie chronique マラディ　クロニック
紙幣	billet ビエ
脂肪	graisse グレース
島	île イル
姉妹	sœur スール
閉まる	fermer フェルメ
シミ	tache ターシュ
地味	modeste モデスト
ジム	gymnase ジムナーズ
事務所	bureau ビューロー
湿った	mouillé(e) ムイエ
閉める	fermer フェルメ
地面	terre テール
社会福祉	bien-être public ビヤン　エートル ピュブリック
ジャガイモ	pomme de terre ポム　ドゥ　テール
市役所	mairie メリー
蛇口	robinet ロビネ
車掌	contrôleur(se) コントロルール(ルーズ)
写真	photo フォト
写真店	magasin de photographie マガザン ドゥ　フォトグラフィ
ジャズ	jazz ジャズ
ジャズクラブ	boîte de jazz ボワット　ドゥ　ジャズ
社長	président-directeur général (P.D.G.) プレズィダン ディレクトゥール ジェネラル(ペーデージェー)
シャツ	chemise シュミーズ
シャッター	déclencheur デクランシュール
車道	chaussée ショセ
ジャム	confiture コンフィテュール
車両	train トラン
シャワー付き	avec douche アヴェック　ドゥーシュ
シャンプー	shampooing シャンポワン
シャンソン	chanson シャンソン
週	semaine スメーヌ
銃	fusil フュズィ
自由	liberté リベルテ
習慣	habitude アビテュード
宗教	religion ルリジョン
集合場所	lieu de rassemblement リュー　ドゥ ラサンブルマン
(~の)収集	collection de ~ コレクスィヨン　ドゥ
住所	adresse アドレス
ジュース	jus de fruit ジュ　ドゥ　フリュイ
修正する	modifier モディフィエ
自由席	place non-réservée プラス　ノン レゼルヴェ
渋滞	embouteillage アンブテイヤージュ
終電	dernier train デルニエ　トラン
充電器	chargeur シャルジゥール
週末	week-end ウィケンド
10ユーロ紙幣	billet de 10 euros ビエ　ドゥ ディズューロ
修理工場	garage ガラージュ
修理する	réparer レパレ
授業料	frais de scolarité フレ　ドゥ　スコラリテ
祝日	jour ferié ジュール　フェリエ
宿泊カード	fiche d'inscription フィーシュ ダンスクリプスィヨン

宿泊客	client クリヤン
手術	opération オペラスィヨン
首相	premier ministre プルミエ　ミニストル
出血する	saigner セニエ
出国カード	carte d'embarquement カルト　ダンバルクマン
出国税	taxe d'embarquement タックス ダンバルクマン
出身地	pays d'origine ペイ　ドリジン
出入国管理	contrôle d'immigration コントロール ディミグラスィヨン
出発	départ デパール
出発時間	heure de départ ウール　ドゥ　デパール
出発する	partir パルティール
出発ロビー	hall de départ オール　ドゥ　デパール
出版社	maison d'édition メゾン　デディスィヨン
首都の	métropolitain(e) メトロポリタン(テーヌ)
主婦	femme au foyer ファム　オ　フォワイエ
趣味	passe-temps パス　タン
主役	rôle principal ロール　プランスィパル
種類	sorte ソルト

受話器	combiné コンビネ
準備	préparation プレパラスィヨン
順路	itinéraire イティネレール
上演	représentation ルプレザンタスィヨン
ショウガ	gingembre ジャンジャンブル
紹介する	présenter プレザンテ
消火器	extincteur エクスタンクトゥール
小学校	école primaire エコール　プリメール
消化不良	indigestion アンディジェスティヨン
乗客	passager(ère) パサジェ(ール)
状況	circonstances スィルコンスタンス
条件	condition コンディスィヨン
証拠	preuve プルーヴ
正午	midi ミディ
詳細	détail デタイユ
錠剤	pilule ピリュール
正直な	honnête オネット
症状	symptôme サンプトーム
乗船券	billet de bateau ビエ　ドゥ　バトー
肖像画	portrait ポルトレ

招待(する)	inviter アンヴィテ
冗談	plaisanterie プレザントリ
使用中	occupé オキュペ
消毒液	désinfectant デザンフェクタン
衝突	collision コリズィヨン
乗馬	équitation エキタスィヨン
情報	information アンフォルマスィヨン
情報誌	revue d'informations ルヴュ ダンフォルマスィヨン
消防署	caserne des sapeurs-pompiers カゼルヌ　デ サプール　ポンピエ
照明	éclairage エクレラージュ
正面スタンド	tribune principale トリビュンヌ プランスィパル
醤油	sauce de soja ソース　ドゥ　ソジャ
常用薬	médicament usuel メディカマン ユジュエル
使用料	prix de location プリ　ドゥ ロカスィヨン
ショー	spectacle スペクタクル
食あたり	intoxication alimentaire アントキスィカスィヨン アリマンテール

職業	métier メティエ
食事	repas ルパ
食堂	salle à manger サラ マンジェ
食堂車	wagon-restaurant ワゴン レストラン
植物	végétal／plante ヴェジェタル／プラント
植物園	jardin botanique ジャルダン ボタニック
食欲	appétit アペティ
食料品店	épicerie エピスィリ
食器	vaisselle ヴェセル
食器店	magasin de vaisselles マガザン ドゥ ヴェセル
ショッピング街	quartier commerçant カルティエ コメルサン
ショッピングセンター	centre commercial サントル コメルスィアル
書店	librairie リブレリ
処方箋	ordonnance オルドナンス
署名	signature スィニャテュール
所有物	propriété プロプリエテ
書類	document ドキュマン
調べる	chercher／se renseigner シェルシェ／スランセニエ

シリアル	céréales セレアル
シルク	soie ソワ
知る	connaître コネートゥル
城	château シャトー
白い	blanc／blanche ブラン／ブランシュ
シワ	ride リッド
シングルルーム	chambre à un lit シャンブル ア アン リ
信号	feu フー
人口	population ポピュラスィヨン
人工皮革	faux cuir フォ キュイール
申告書	déclaration デクララスィヨン
申告する	déclarer デクラレ
新婚旅行	voyage de noce ヴォワイヤージュ ドゥ ノス
診察	consultation コンシュルタスィヨン
寝室	chambre (à coucher) シャンブル（ア クシェ）
真実	vérité ヴェリテ
真珠	perle ペルル
紳士用	hommes オム
親戚	parent パラン

親切	gentillesse ジョンティエス
心臓	cœur クール
寝台車	wagon-lit ワゴン リ
寝台料金	supplément de couchette スュプレマン ドゥ クシェット
診断書	certificat médical セルティフィカ メディカル
新年	nouvel an ヌヴェラン
新聞	journal ジュルナル
じんましん	urticaire ウルティケール
深夜	minuit ミニュイ
親友	ami(e) intime アミ アンティム

す

酢	vinaigre ヴィネーグル
スイートルーム	suite スュイット
水泳	natation ナタスィヨン
水彩画	aquarelle アクワレル
水晶	cristal クリスタル
推薦	récommandation レコマンダスィヨン
水族館	aquarium アクアリヨム
スイッチ	allumer アリュメ

睡眠	sommeil ソメイユ
睡眠不足	manque de sommeil マンク　ドゥ　ソメイユ
睡眠薬	somnifère ソムニフェール
数字	chiffre シフル
スーツ	costume コスチューム
スーツケース	valise ヴァリーズ
スーパーマーケット	supermarché スュペルマルシェ
スエード	peau de daim ポー　ドゥ　ダン
スカート	jupe ジューブ
スカーフ	foulard フラール
スキー	ski スキー
ズキズキ痛む	douleur lancinante ドゥルール ランスィナント
過ぎる	passer パッセ
すぐに	immédiatement イメディアットマン
スケジュール	emploi du temps アンプロワ　デュタン
スケッチ禁止	dessin interdit デッサン　アンテルディ
スコアボード	tableau d'affichage タブロー ダフィシャージュ
少し	un peu アン　プ
寿司	sushi スシ
涼しい	frais フレ
勧める	recommander ルコマンデ
スター	vedette ヴデット
スタイル	style スティル
スタンド	stade スタード
頭痛	mal de tête マル　ドゥ　テット
すっぱい	acide アスィッド
ステージ	scène セーヌ
素敵な	chouette シュエット
ストッキング	bas／collant バ／コラン
ストレート／真っ直ぐ	tout droit トゥ　ドロワ
ストロー	paille パイユ
スナック菓子	snacks soufflés スナック　スフレ
砂浜	plage プラージュ
スニーカー	sneaker スニケール
スピーカー	haut-parleur オパルルール
スプーン	cuiller キュイエール
すべての	tout(e) トゥ(ット)
すべりやすい	glissant(e) グリッサン(ト)
スポーツ	sport スポール
スポーツ用品店	magasin de sport マガザン　ドゥ スポール
ズボン	pantalon パンタロン
隅の席	table de coin ターブル　ドゥ　コワン
住む	habiter アビテ
すり	pickpocket ピックポケット
すりおろした	râpé(e) ラペ
スリッパ	pantoufles パントゥフル
座る	s'asseoir サソワール

せ

姓	nom (de famille) ノン　(ドゥ ファミーユ)
(～の)生家	maison natale de ~ メゾン　ナタル　ドゥ
生花店	boutique de fleuriste ブティック ドゥ　フルリスト
税関	douane ドゥワンヌ
税関申告書	déclaration en douane デクララスィヨン アン　ドゥワンヌ
請求	demande ドゥマンド
請求書	facture ファクテュール
税金	taxe タックス

清潔な	propre プロプル
政治	politique ポリティック
生鮮食品	produits frais プロデュイ　フレ
正装	grande tenue／habit de gala グランド　トゥニュ／アビ　ドゥ　ガラ
生年月日	date de naissance ダット　ドゥ　ネッサンス
性別	sexe セックス
姓名	nom ノン
生理痛	douleur menstruelle ドゥルール　マンストリュエル
生理日	règles レーグル
生理用品	serviette hygiénique セルヴィエット　イジェーニック
西暦	ère chrétienne エール　クレティエンヌ
税を払う	payer la taxe ペイエ　ラ　タックス
セーター	pull-over ピュル　オヴェール
セーフティ・ボックス	coffre de sécurité コフル　ドゥ　セキュリテ
セール	solde ソルド
セールスマン	représentant de commerce ルプレザンタン　ドゥ　コメルス
世界	monde モンド
世界遺産	patrimoine mondial パトリモワンヌ　モンディアル
咳	toux トゥー
席	place プラス
席を予約する	réserver une place レゼルヴェ　ユヌ　プラス
石けん	savon サヴォン
接続（交通機関の）	correspondance コレスポンダンス
接着剤	colle コル
セット（髪の）	mise en plis ミザン　プリ
セットメニュー	menu ムニュ
説明書	instruction アンストリュクスィヨン
せともの	porcelaine ポルスレーヌ
背中	dos ド
セルフサービス	libre service リーブル　セルヴィス
栓	bonde ボンド
先月	le mois dernier ル　モワ　デルニエ
洗剤	détergent デテルジャン
船室	cabine カビーヌ
船室係	personnel de cabine ペルソネル　ドゥ　カビーヌ
船室手荷物	bagage à main バガージュ　ア　マン
先週	la semaine dernière ラ　スメン　デルニエール
洗浄ボタン	bouton de chasse d'eau ブトン　ドゥ　シャス　ドー
戦争	bataille バタイユ
ぜんそく	asthme アスム
洗濯	lavage ラヴァージュ
洗濯機	machine à laver マスィーンナ　ラヴェ
洗濯する	laver ラヴェ
洗濯物	lessive レッシヴ
船長	capitaine カピテーヌ
宣伝	publicité ピュブリスィテ
栓抜き	tire-bouchon ティール　ブション
扇風機	ventilateur ヴァンティラトゥール
前方	avant アヴァン
前方の席	à l'avant ア　ラヴァン
専門医	médecin spécialisé メドサン　スペスィアリゼ
専門店	magasin spécialisé マガザン　スペスィアリゼ

そ

像	statue	スタテュ
双眼鏡	jumelles	ジュメル
走行距離	parcours	パルクール
総合検診	examen médical	エグザマン　メディカル
掃除	nettoyage	ネトワイヤージュ
掃除する	nettoyer	ネトワイエ
掃除中	nettoyage en cours	ネトワイヤージュ アン　クール
痩身	amincissement	アマンスィスマン
騒々しい	bruyant(e)	ブリュイヤン(ト)
送付先	destination	デスティナスィヨン
速達	exprès	エクスプレス
速度計	indicateur de vitesse	アンディカトゥール ドゥ　ヴィテス
底	fond	フォン
素材	matière	マティエール
率直な	franc	フラン
外	extérieur	エクステリウール
ソファ	canapé	カナペ
ソプラノ	soprano	ソプラノ
空	ciel	スィエル

た

体温	température	タンペラテュール
体温計	thermomètre	テルモメートル
大学	université	ユニヴェルスィテ
大学生	étudiant(e)	エチュディアン(ト)
滞在する	séjourner	セジュルネ
滞在予定期間	durée de séjour	デュレ　ドゥ セジュール
大寺院	basilique	バズィリック
大使館	ambassade	アンバサッド
体質	tempérament ／ nature	タンペラマン／ ナテュール
体重	poids	ポワ
大丈夫	ça va	サ　ヴァ
大聖堂	cathédrale	カテドラル
体操	gymnastique	ジムナスティック
大統領	président	プレズィダン
台所	cuisine	キュイズィーヌ
台風	typhon	ティフォン
タイヤ	pneu	プヌー
ダイヤモンド	diamant	ディアマン
太陽	soleil	ソレイユ
タオル	serviette	セルヴィエット
高い(高さ)	haut(e)	オー(ト)
高い(値段)	cher	シェール
滝	chute d'eau ／ cascade	シュート　ドー／ カスカード
たくさんの	beaucoup	ボク
タクシー	taxi	タクスィ
タクシー乗り場	station de taxi	スタスィヨン　ドゥ タクスィ
託児所	garderie	ガルドリー
助ける	aider	エデ
ただ	gratuit(e)	グラテュイ(ット)
正しい	juste	ジュースト
立ち見席	place debout	プラス　ドゥブー
脱脂綿	coton	コトン
建物	bâtiment	バティマン
建てる	construire	コンストリュイール
種	semence	スマンス
楽しい	gai(e)	ゲ

タバコ	tabac タバ
タバコを吸う	fumer フュメ
ダブルルーム	chambre à un grand lit シャンブル ア アン グラン リ
食べる	manger マンジェ
打撲	contusion コンテュズィヨン
卵	œuf ウフ
タマネギ	oignon オニオン
試す	essayer エセイエ
足りない	manquer マンケ
タワー	tour トゥール
単語	mot モ
炭酸水	eau gazeuse オー ガズーズ
炭酸なしの水	eau plate オー プラット
男女	hommes et femmes オム エ ファム
誕生日	anniversaire アニヴェルセール
男女共同	mixte ミクスト
ダンス	danse ダンス
団体	groupe グループ
団体旅行	voyage en groupe ヴォワイヤージュ アン グループ
暖房	chauffage ショファージュ
ダンボール	carton ondulé カルトン オンデュレ
暖炉	cheminée シュミネ

ち

血	sang サン
地域	région レジオン
小さい	petit(e) プティ(ット)
チェックアウト	check-out ／ départ チェック アウト／デパール
チェックアウトの時間	heure de départ ウール ドゥ デパール
チェックイン	check-in ／ enregistrement チェック イン／アンルジストルマン
地下	souterrain スーテラン
近くにある	proche プロシュ
地下鉄	métro メトロ
地下鉄駅	station de métro スタスィヨン ドゥ メトロ
地下鉄路線図	plan de métro プラン ドゥ メトロ
近道	raccourci ラクゥルスィ
近道する	prendre le plus court chemin プランドル ル プリュ クール シュマン
地球	Terre テール
チケット	billet ／ ticket ビエ／ティケ
チケットショップ	billetterie ビエットゥリー
地図	plan プラン
父	père ペール
チップ	pourboire プールボワール
チップ（カジノでのゲームコイン）	jeton ジェトン
地方	province プロヴァンス
着陸	atterrissage アテリサージュ
注意	attention アタンスィヨン
中学生	collègien(ne) コレジャン(ジエンヌ)
中型車	voiture moyenne ヴォワテュール モワイエンヌ
中学校	collège コレージュ
中くらい	moyen(ne) モワイエン(ヌ)
中国産	chinois(e) シノワ(ーズ)
中国料理	cuisine chinoise キュイジーヌ シノワーズ
中古品	article d'occasion アルティクル ドカズィヨン
注射	piqûre ピクュール

駐車禁止	stationnement interdit スタスィヨヌマン アンテルディ
駐車場	parking パルキング
駐車する	garer ガレ
駐車料金	prix du stationnement プリ　デュ スタスィヨヌマン
昼食	déjeuner デジュネ
虫垂炎	appendicite アッパンディスィット
注文	commande コマンド
注文する	commander コマンデ
長距離電話	communication interurbaine コミュニカスィヨン アンテルウルバン
彫刻	sculpture スクルプテュール
彫刻家	sculpteur スクルプトゥール
頂上	sommet ソメ
朝食	petit dèjeuner プティ　デジュネ
長方形	rectangle レクタングル
調味料	assaisonement アセゾヌマン
チョコレート	chocolat ショコラ
直行バス	bus direct ビュス　ディレクト
直行便	vol direct ヴォル　ディレクト

治療	traitement médical トレットマン メディカル
鎮痛剤	analgésique アナルジェズィック

つ

ツアー	voyage en groupe ヴォワイヤージュ アン　グループ
ツアー料金	prix du voyage プリ　デュ ヴォワイヤージュ
追加する	additionner アディスィヨネ
追加料金	frais additionnels／supplément フレ　アディスィヨネル／スュプレマン
ツインルーム	chambre à deux lits シャンブル ア　ドゥー　リ
通貨申告	déclaration des devises デクララスィヨン デ　デヴィーズ
通行止め	route barrée ルート　バレ
通訳する	traduire／interprèter トラデュイール／アンテルプレテ
通路側の席	côté couloir コテ　クロワール
疲れる	fatigué(e) ファティゲ
月	lune リュンヌ
次の	prochain(e) プロシャン(シェンヌ)
月日	date ダット

机	bureau ビューロー
続ける	continuer コンティニュエ
包んで	emballer アンバレ
つぶした	pressé プレセ
爪	ongle オングル
爪切り	coupe-ongles クープ　オングル
冷たい	froid(e) フロワ(ド)
梅雨	saison des pluies セゾン　ドゥ　プリュイ
強い	fort(e) フォール(ト)
釣り銭	monnaie モネ
連れ	compagnon コンパニオン

て

提案	proposition プロポズィスィヨン
Tシャツ	T-shirt ティーシュルト
ティーバッグ	sachet de thé サシェ　ドゥ　テ
ディーラー(カジノの)	donneur ドヌール
庭園	jardin ジャルダン
定価	prix marqué プリ　マルケ
テイクアウト(持ち帰り)	à emporter ア　アンポルテ
定刻	à l'heure ア　ルール

停車場(長距離バスの)	gare routière ガール　ルーティエール
定食	menu ムニュ
ティッシュ	Kleenex／mouchoir de papier クリネックス／ムショワール　ドゥ　パピエ
停留所(バスの)	arrêt アレ
テーブル	table ターブル
テーブルクロス	nappe ナップ
手紙	lettre レートル
できたての	frais(fraîche) フレ(フレッシュ)
(〜で)出来ている	en ~ アン
出口	sortie ソルティ
デザート	dessert デセール
デザートスプーン	cuiller à dessert キュイエール　ア　デセール
デザイナー	styliste スティリスト
デザイン	dessin デッサン
デジタルカメラ	appareil photo numérique アパレイユ　フォト　ニュメリック
手数料	commission コミスィヨン
手帳	carnet カルネ
手伝う	aider エデ
鉄道	chemin de fer シュマン　ドゥ　フェール
鉄道駅	gare ガール
テニス	tennis テニス
テニスコート	court de tennis クール　ドゥ　テニス
テニスボール	balle de tennis バル　ドゥ　テニス
手荷物	bagage à main バガージュ　ア　マン
手荷物預かり所	consigne コンスィーニュ
手荷物預かり札	un reçu アン　ルスュ
デパート	grand magasin グラン　マガザン
手袋	gants ガン
寺	temple タンプル
出る	sortir ソルティール
テレビ	(poste de) télévision／télé (ポスト　ドゥ)　テレヴィズィヨン／テレ
テロ	terrorisme テロリスム
店員	vendeur(se) ヴァンドゥール(ドゥーズ)
天気	temps タン
電気	électricité エレクトリスィテ
電気製品	appareil électrique アパレイユ　エレクトリック
天気予報	météo メテオ
伝言	message メッサージュ
展示	exposition エクスポズィスィヨン
展示する	exposer エクスポゼ
電車	train トラン
天井	plafond プラフォン
電池	pile ピル
伝統	tradition トラディスィヨン
伝統行事	cérémonie traditionnelle セレモニー　トラディスィヨネル
電報	télégramme テレグラム
展望台	belvédère ベルヴェデール
展覧会	exposition エクスポズィスィヨン
電話	téléphone テレフォン
電話代	frais de télécommunication フレ　ドゥ　テレコミュニカスィヨン
電話帳	annuaire de téléphone アニュエール　ドゥ　テレフォン
電話ボックス	cabine téléphonique カビーヌ　テレフォニック

と

ドア	porte ポルト
トイレ	toilettes トワレット
トイレット ペーパー	papier toilettes パピエ　トワレット
唐辛子	piment (rouge) ピマン　(ルージュ)
陶磁器店	magasin de poteries et de porcelaines マガザン ドゥ　ポトリー エ ドゥ　ポルスレーヌ
搭乗	embarquement アンバルクマン
搭乗ゲート	porte d'embarquement ポルト　ダンバルクマン
搭乗券	carte d'embarquement カルト　ダンバルクマン
搭乗時間	heure d'embarquement ウール　ダンバルクマン
銅像	statue スタテュ
到着	arrivée アリヴェ
到着が遅い	arriver en retard アリヴェ　アン ルタール
到着時間	heure d'arrivée ウール　ダリヴェ
到着する	arriver アリヴェ
盗難証明書	déclaration de vol デクララスィヨン ドゥ　ヴォル
糖尿病	diabète ディアベート
動物	animal アニマル
動物園	zoo ゾー
同僚	collègue コレーグ
道路	route ルート
道路地図	carte routière カルト　ルーティエール
遠い	loin ロワン
トースト	pain grillé パン　グリエ
通り	rue リュ
都会の	urbain ウルバン
特産品	produit local プロデュイ　ロカル
読書灯	lampe ラーンプ
特徴	caractéristique カラクテリスティック
特別行事	événement spécial エヴェヌマン スペスィアル
時計	montre / horloge モントル／オルロージュ
時計店	horlogerie オルロジュリー
図書館	bibliothèque ビブリオテック
土地の 名物料理	plat de pays プラ　ドゥ　ペイ
とっておく	garder ガルデ
届ける	apporter アポルテ
とどまる	rester レステ
どのくらい	combien コンビヤン
徒歩	à pied ア　ピエ
トマト	tomate トマト
停まる	s'arrêter サレテ
泊まる	séjourner / rester セジュルネ／レステ
友だち	ami(e) アミ
ドライ クリーニング	nettoyage à sec ネトワイヤージュ　ア セック
ドライヤー	séchoir セショワール
ドラッグ ストア	droguerie ドログリ
トラブル	ennuis アンニュイ
トラベラーズ・ チェック	chèque de voyage シェック　ドゥ ヴォワイヤージュ
ドラマ	drame ドラム
トランク (自動車の)	coffre コフル
トランプ	cartes カルト
鳥	oiseau オワゾー
取扱い 注意	attention fragile アタンスィヨン フラジル
取り替える	changer シャンジェ
取り消す	annuler アニュレ

鶏肉	poulet プレ
ドレス	robe ローブ
泥棒	voleur ヴォルール

な

内科医	médecin généraliste メドゥサン ジェネラリスト
内線	poste ポスト
ナイトクラブ	boîte de nuit ボワット ドゥ ニュイ
ナイトスポット	lieu de vie nocturne リュー ドゥ ヴィ ノクテュルヌ
ナイトツアー	excursion de nuit エクスクルスィヨン ドゥ ニュイ
ナイトテーブル	table de nuit ターブル ドゥ ニュイ
ナイフ	couteau クトー
ナイロン	nylon ニロン
治す	guérir ゲリール
長い	long(ue) ロン(グ)
長袖	manche longue マンシュ ロング
中身	contenu コントニュ
眺め	vue ヴュ
眺めがよい	avec vue アヴェック ヴュ
泣く	pleurer プルレ
夏	été エテ
何か	quelque chose ケルク ショーズ
ナプキン	serviette de table セルヴィエット ドゥ ターブル
名札	étiquette d'identification エティケット ディダン ティフィカスィヨン
鍋	marmite (両手鍋) casserole (片手鍋) マルミット/カセロール
名前	nom ノン
生ジュース	jus de fruits frais ジュ ドゥ フリュイ フレ
生の	cru(e) クリュ
生もの	denrées périssables ダンレ ペリサーブル
波	vague ヴァーグ
涙	larme ラルム
軟膏	pommade ポマード
何でも	n'importe quoi ナンポルト クワ

に

似合う	aller bien アレ ビヤン
匂う	puer ピュエ
2階	premier étage プルミエ エタージュ
苦い	amer(ère) アメール
2階席(劇場の)	première loges de côté プルミエール ロージュ ドゥ コテ
2階前方席(劇場の)	premierère loges de face プルミエール ロージュ ドゥ ファス
逃がす	lâcher ラシェ
ニキビ	acné アクネ
賑やかな	animé(e) アニメ
煮込んだ	ragoût ラグー
西	ouest ウエスト
24時間営業	24 heures sur 24 ヴァンカトルール スュール ヴァンカトル
偽物	imitation イミタスィヨン
日用品	objets d'usage courant オブジェ デュザージュ クラン
日記	journal ジュルナル
2等	deuxième (seconde) classe ドゥズィエーム (スゴーンド) クラス
日本	Japon ジャポン
日本語	japonais ジャポネ
日本車	voiture japonaise ヴォワテュール ジャポネーズ
日本人	les japonais レ ジャポネ

日本大使館	ambassade du Japon アンバサッド デュ ジャポン
日本の連絡先	coordonnées au Japon コオルドネ オ ジャポン
日本料理	cuisine japonaise キュイジーヌ ジャポネーズ
荷物	bagage バガージュ
荷物受取所	livraison de bagages リヴレゾン ドゥ バガージュ
荷物棚	étagère エタジェール
入院	hospitalisation オスピタリザスィオン
乳液	lait de beauté レ ドゥ ボーテ
入国	immigration イミグラスィヨン
入国カード	carte de débarquement カルト ドゥ デバルクマン
入国審査	contrôle de passeport コントロール ドゥ パスポール
入国目的	but de visite ビュ(ット) ドゥ ヴィズィット
入場料	(prix de l') entrée (プリ ドゥ) ラントレ
ニュース	nouvelles ヌヴェル
尿	urine ユリーヌ
庭	jardin ジャルダン
人気	popularité ポピュラリテ
人気の高いツアー	excursion très populaire エクスクルスィヨン トレ ポピュレール
人形	poupée プペ
人数	nombre de gens ノンブル ドゥ ジョン
ニンニク	ail アイユ
妊婦	femme enceinte ファム アンサント

ぬ

盗まれた品物	articles volés アルティクル ヴォレ
ぬるい	tiède ティエド

ね

ネクタイ	cravate クラヴァット
猫	chat シャ
ネズミ	souris スリ
値段	prix プリ
熱	fièvre / chaleur フィエーヴル/シャルール
ネックレス	collier コリエ
値引き	réduction / remise / rabais レデュクスィヨン/ルミーズ/ラベ
値札	étiquette エティケット
眠い	sommeil ソメイユ
寝る	dormir ドルミール
ねんざ	entorse アントルス
年中行事	événement annuel エヴェヌマン アニュエル
年齢	âge アージュ

の

脳	cerveau セルヴォー
農家	fermier フェルミエ
農業	agriculture アグリクルテュール
脳しんとう	commotion cérébrale コモスィヨン セレブラル
脳卒中	apoplexie cérébrale アポプレキシー セレブラル
のど	gorge ゴルジュ
のどが痛い	avoir mal à la gorge アヴォワール マル ア ラ ゴルジュ
飲み物	boisson ボワソン
飲む	boire ボワール
のり	algue séchée アルグ セシェ
乗り換え	changement シャンジュマン

乗換え券	ticket de transfert ティケ　ドゥ トランスフェール
乗り換える	changer シャンジェ
乗り込む	monter モンテ
乗りそこなう	manquer マンケ
乗り継ぎ／トランジット	transit トランズィット
乗り継ぎカウンター	comptoir de correspondance コントワール　ドゥ コレスポンダンス
乗り物酔い	mal des transports マル　デ　トランスポール
乗る	prendre プランドル

は

歯	dent ダン
バー	bar バール
バーゲン	solde ソルド
パーティ	soirée ソワレ
肺炎	pneumonie プヌモニー
バイキング	buffet ビュフェ
灰皿	cendrier サンドリエ
俳優	acteur(trice) アクトゥール(トリス)
入る	entrer アントレ
ハエ	mouche ムーシュ
ハガキ	carte postale カルト　ポスタル
はかり	balance バランス
吐き気	nausée ノゼ
吐く	vomir ヴォミール
拍手	applaudissements アプロディスマン
博物館	musée ミュゼ
博覧会	exposition エクスポズィスィヨン
箱	boîte ボワット
はさみ	ciseaux スィゾー
橋	pont ポン
はし(箸)	baguettes バゲット
始まる	commencer コマンセ
パジャマ	pyjama ピジャマ
場所	endroit アンドロワ
バス	autobus オートビュス
バスタオル	serviette de bain セルヴィエット ドゥ　バン
バスタブ	baignoire ベニョワール
バスタブ付き	avec baignoire アヴェック　ベニョワール
バス付き	avec bain アヴェック　バン
バス停	arrêt d'autobus アレ　ドートビュス
パスポート(旅券)	passeport パスポール
バス路線図	plan de bus プラン　ドゥ　ビュス
パソコン	ordinateur オルディナトゥール
旗	drapeau ドラポー
肌	peau ポー
バター	beurre ブール
蜂蜜	miel ミエル
バッグ	sac サック
バッテリー	batterie バトゥリー
派手	voyant ヴォワイヤン
花	fleur フルール
鼻	nez ネ
母	mère メール
歯ブラシ	brosse à dents ブロス　ア　ダン
葉巻	cigare スィガール
浜辺	plage プラージュ
歯磨き粉	dentifrice ダンティフリス
早く	vite ヴィット
払う	payer ペイエ

パラソル	parasol パラソル
針	aiguille エギュイユ
春	printemps プランタン
バルコニー	balcon バルコン
晴れ	beau temps ボー　タン
バレエ	ballet バレ
パン	pain パン
バン(車)	fourgonnette フルゴネット
ハンガー	cintre サントル
繁華街	quartier animé カルティエ　アニメ
ハンカチ	mouchoir ムショワール
パンク	crevaison クリヴェゾン
番号	numéro ニュメロ
番号案内	renseignements téléphoniques ランセニュマン テレフォニック
絆創膏	sparadrap スパラドラ
半袖	manche courte マンシュ　クルト
反対する	s'opposer à ソポゼ　ア
ハンドル	volant ヴォラン
半日の	d'une demi-journée デュヌ　ドゥミ ジュルネ
ハンバーガー	hamburger アンブルガー
パンフレット	brochure／dépliant ブロシュール デプリアン
半分	demi ドゥミ

ひ

火	feu フー
日	jour ジュール
ピアス	boucles d'oreilles percées ブックル　ドレイユ ペルセ
ピーチ	poire ポワール
ビール	bière ビエール
日帰り観光	excursion d'une journée エクスクルスィヨン デュヌ　ジュルネ
日帰り旅行	voyage d'une journée ヴォワイヤージュ デュヌ　ジュルネ
皮革	cuir キュイール
皮革製品	article en cuir アルティクル　アン キュイール
東	est エスト
引き出し	tiroir ティロワール
引く	tirer ティレ
悲劇	tragédie トゥラジディ
髭剃り	rasoir ラゾワール
飛行機	avion アヴィヨン
ビザ(査証)	visa ヴィザ
美術館	musée ミュゼ
非常口	sortie de secours ソルティ　ドゥ スクール
非常ボタン	bouton d'urgence ブトン　ドゥルジャンス
左	gauche ゴーシュ
左へ曲がる	tourner à gauche トゥルネ　ア　ゴーシュ
日付	date ダット
必需品	nécessités ネセスィテ
必要	nécessaire ネセセール
ビデオカメラ	caméra vidéo カメラ　ヴィデオ
ひどく痛い	avoir très mal アヴォワール　トレ マル
1人あたり	par personne パール　ペルソンヌ
皮膚	peau ポー
秘密	secret スクレ
100ユーロ紙幣	billet de 100 euros ビエ ドゥ　サン　ユーロ
日焼け	bronzage ブロンザージュ
日焼け止めクリーム	crème solaire クレーム　ソレール

ビュッフエ	buffet ビュフェ
費用	frais フレ
秒	seconde スゴンド
美容液	essence エサンス
病院	hôpital オピタル
美容院	salon de beauté サロン　ドゥ　ボーテ
病気	maladie マラディ
表紙	couverture クヴエルテュール
標識	signal スィニャル
漂白剤	decolorant デコロラン
昼の部（マチネ）	matinée マティネ
ヒロイン	héroïne エロイン
拾う	prendre プランドル
瓶	bouteille ブテイユ
便	vol ヴォル
敏感肌	peau sensible ポー　サンスィーブル
貧血	anémie アネミー
品質	qualité カリテ
便箋	papier à lettres パピエ　ア　レートル
便名	numéro de vol ニュメロ　ドゥ　ヴォル

ふ

ファストフード	fast-food／restauration rapide ファスト　フード／レストラスィヨン　ラピッド
ファンデーション	fond de teint フォン　ドゥ　タン
風景画	paysage ペイザージュ
封書	lettre cachetée レートル　カシュテ
ブーツ	boots／bottes ブツ／ボット
封筒	enveloppe アンヴェロップ
プール	piscine ピスィーヌ
フェリー	ferry フェリ
フォーク	fourchette フォルシェット
付加価値税（VAT）	TVA テーヴェーアー
服	tenue トゥニュ
服装のきまり	tenue réglementaire トゥニュ レグルマンテール
腹痛	mal au ventre マル　オ　ヴァントル
含む	inclus アンクリュ
袋	sac サック
婦人科医	gynécologue ジネコログ
婦人用	dame ダム

舞台	scène セーヌ
物価	les prix レ　プリ
船便	par bateau パール　バトー
船酔い	mal de mer マル　ドゥ　メール
船	bateau バトー
船に乗る	embarquer アンバルケ
冬	hiver イヴェール
フライト	vol ヴォル
フライパン	poêle ポワル
ブラウス	chemisier シュミズィエ
ブラジャー	soutien-gorge スティヤン　ゴルジュ
フラッシュ	flash フラッシュ
フラッシュ禁止	flash interdit フラッシュ アンテルディ
プラットホーム	quai ケ
フランス料理	cuisine française キュイジーヌ フランセーズ
ブランド	marque マルク
不良品	article défectueux アルティクル デフェクテュー
プリンター	imprimante アンプリマーント
古い	vieux（vieille） ヴュー

ブレーキ	frein フラン
風呂	bain バン
ブロー	brushing ブラッシング
ブローチ	broche ブロッシュ
プログラム	programme プログラム
ブロック（街区）	pâté de maison パテ　ドゥ　メゾン
プロレス	catch カッチ
フロント	réception レセプスィヨン
雰囲気	ambiance アンビアンス
文化	culture クルテュール
紛失物	objets perdus オブジェ ペルデュ
紛失報告書	déclaration de perte デクララスィヨン　ドゥ　ペルト
噴水	jet d'eau ジェ　ドー
文法	grammaire グラムメール
文房具店	papeterie パペトゥリー

へ

ヘアブラシ	brosse à cheveux ブロス　ア　シュヴー
閉館時間	heure de fermeture ウール　ドゥ　フェルムテュール
平均	moyenne モワイエンヌ
閉鎖	fermeture フェルムテュール
平日	jour ordinaire ジュール　オルディネール
閉店	fermeture フェルムテュール
平和	paix ペ
別室	autre chambre オートル　シャンブル
ベッド	lit リ
ヘッドフォン	casque カスク
別々に	séparément セパレマン
別々に払う	payer séparément ペイエ　セパレマン
別料金	supplément スュプレマン
ヘビ	serpent セルパン
ベビーカー	poussette プセット
部屋	chambre シャンブル
部屋代	prix de la chambre プリ　ドゥ　ラ　シャンブル
部屋の鍵	clé de la chambre クレ　ドゥ　ラ　シャンブル
部屋番号	numéro de chambre ニュメロ　ドゥ　シャンブル
ベランダ	balcon バルコン
ヘリコプター	hélicoptère エリコプテル
ベルト	ceinture サンテュール
ペン	stylo スティロ
勉強	études エテュード
弁護士	avocat アヴォカ
便座／便器	siège des toilettes／cuvette スィエージュ　デ　トワレット／キュヴェット
弁償	indemnisation アンディムニザスィヨン
弁償する	indemniser アンディムニゼ
ペンダント	pendentif パンダンティフ
ベンチ	banc バン
弁当	casse-croûte／panier-repas カス　クルート／パニエ　ルパ
扁桃腺炎	angine アンジーヌ
変な音	bruit bizzare ブリュイ　ビザール
便秘	constipation コンスティパスィオン
便秘薬	médicament contre la constipation メディカマン　コントル　ラ　コンスティパスィヨン
返品する	retourner une marchandise ルトゥルネ　ユヌ　マルシャンディーズ
便利な	commode コモードゥ

ほ

棒	bâton バトン
貿易	commerce extérieur コメルス エクステリウール
方角	direction ディレクスィヨン
帽子	chapeau シャポー
宝石	pierre précieuse ピエール プレスィユーズ
宝石店	bijouterie ビジュトゥリ
包装	emballage アンバラージュ
包帯	pansement パンスマン
包丁	couteau de cuisine クトー ドゥ キュイズイーヌ
暴動	émeute エムート
方法	façon ファッソン
法律	loi ロワ
ポーター	bagagiste バガジスト
ボート	bateau バトー
ボールペン	stylo スティロ
ボクシング	boxe ボックス
ポケット	poche ポシュ
保険	assurance アスュランス
保険会社	compagnie d'assurance コンパニー ダスュランス
歩行者優先	priorité aux piétons プリオリテ オ ピエトン
ほこり	poussière プスィエール
星	étoile エトワール
保証金(前金)	caution コスィヨン
保証書	garantie ガランティ
ポスト	boîte aux lettres ボワット オ レートル
ボストンバッグ	sac de voyage サック ドゥ ヴォワイヤージュ
ボタン	bouton ブトン
墓地	cimetière スィメティエール
ホッチキス	agrafeuse アグラフーズ
ホットケーキ	pancake パンケーク
ホットドッグ	hot-dog オット ドッグ
ホテル	hôtel オテル
ホテルリスト	liste des hôtels リスト デゾテル
歩道	trottoir トロトワール
哺乳瓶	biberon ビブロン
骨	os オス
ボランティア	volontaire ヴォロンテール
ポリエステル	polyester ポリエステール
ポロシャツ	polo ポロ
本	livre リーヴル
ほんの少し	un peu アン プ
本物	authentique オータンティック
本屋	librairie リブレリ
翻訳	traduction トラデュクスィオン

ま

マーマレード	marmelade マルムラード
迷子	enfant perdu アンファン ペルデュ
毎日	tous les jours トウ レ ジュール
前売券	billet vendu à l'avance ビエ ヴァンデュ ア ラヴァンス
前髪	cheveux de devant シュヴー ドゥ ドゥヴァン
曲がる	tourner トゥルネ
幕間	entracte エントラクト
枕	oreiller オレイエ
孫	petit-enfant プティ アンファン

まずい	mauvais(e) モヴェ(ーズ)
貧しい	pauvre ポーヴル
マスタード	moutarde ムタールド
混ぜ合わせた	mélangé(e) メランジェ
街／町	ville ヴィル
待合室	salle d'attente サルダタント
間違う	avoir tort アヴォワール トール
待つ	attendre アタンドル
マッサージ	massage マサージュ
マッシュルーム	champignon シャンピニョン
マッチ	allumette アリュメット
祭り	fête フェット
窓／ウインドー	fenêtre フネートル
窓側の席	côté fenêtre コテ フネートル
マナー	savoir-vivre サヴォワール ヴィーヴル
マニキュア	vernis à ongles ヴェルニ ア オングル
マフラー	écharpe エシャルプ
マヨネーズ	mayonnaise マヨネーズ
マラソン	marathon マラトン
丸い	rond ロン
漫画	bande dessinée バンド デシネ
満席	complet コンプレ
満足した	satisfait(e) サティスフェ(ット)
真ん中	centre サントル
万年筆	stylo スティロ

み

右	droite ドロワット
右へ曲がる	tourner à droite トゥルネ ア ドロワット
岬	cap カップ
短い	court クール
水	eau オー
湖	lac ラック
水着	maillot de bain マイヨー ドゥ バン
水を流す	tirer la chasse d'eau ティレ ラ シャス ドー
店	magasin マガザン
味噌	pâte de soja パート ドゥ ソジャ
道	chemin シュマン
道順	itinéraire イティネレール
道で	dans la rue ダン ラ リュ
道に迷う	perdu ペルデュ
緑	vert ヴェール
港	port ポール
南	sud シュッド
ミニバー	minibar ミニバール
ミネラルウォーター	eau minérale オー ミネラル
身分証明書	carte d'identité カルト ディダンティテ
脈拍	pouls プー
みやげ	souvenir スヴニール
ミュージカル	comédie musicale コメディ ミュズィカル
見る	voir ヴォワール
ミルクティ	thé au lait テ オ レ
民芸品店	magasin de produits artisanaux マガザン ドゥ プロデュイ アルティザノー

む

迎えに行く	aller chercher アレ シェルシェ
昔	autrefois オトルフォワ
無効	périmé ペリメ
虫	insecte アンセクト
無地	uni ユニ

基本会話 見どころ グルメ ショッピング エンタメ ビューティ ホテル 乗りもの 基本情報 単語集

蒸した	cuit à la vapeur キュイ　ア　ラ ヴァプール
難しい	difficile ディフィスィル
息子	fils フィス
娘	fille フィーユ
無制限	illimité イリミテ
無駄	inutilité イニュティリテ
無着色	sans colorant サン　コロラン
無添加	sans additif サン　アディティフ
村	village ヴィラージュ
無料	gratuit グラテュイ

め

明細	détail デタイユ
名所	site touristique スィット　トゥーリスティック
メイド	femme de chambre ファム ドゥ　シャンブル
眼鏡	lunettes リュネット
眼鏡店	optique オプティック
目薬	gouttes pour les yeux グット プール　レ　ズュー
目覚まし時計	réveil レヴェイユ
目印	point de repère ポワン　ドゥ　ルペール
珍しい	étrange エトランジュ
目玉焼き	œuf au plat ウフ　オ　プラ
メニュー	carte カルト
めまいがする	avoir le vertige アヴォワール　ル ヴェルティージュ
綿	coton コトン
麺	nouilles ヌイ
免税	détaxe デタックス
免税店	boutique hors taxe ブティック　オール タックス
免税品	article détaxé アルティクル　デタクセ
綿素材	en coton アン　コトン

も

もう一度	encore une fois アンコール　ユヌ フォワ
申込み	souscription ススクリプスィヨン
毛布	couverture クヴェルテュール
モーニングコール	service de réveil セルヴィス　ドゥ レヴェイユ
目的	but ビュ
目的地	destination デスティナスィヨン
文字	lettre レトゥル
もしもし	allô アロー
持ち帰り（テイクアウト）	à emporter ア　アンポルテ
持ち込み禁止品	articles interdits à l'importation アルティクル　アンテルディ ア　ランポルタスィヨン
持ち主	propriétaire プロプリエテール
もっと大きい	plus grand プリュ　グラン
もっと小さい	plus petit プリュ　プティ
もっと安い	moins cher モワン　シェール
もっと良い	mieux ミュー
戻ってくる	revenir ルヴニール
模様	dessin デッサン
森	bois／forêt ボワ／フォレ
門	porte ポルト
文句	plainte プラント

や

焼いた	cuit キュイ
やかん	bouilloire ブイヨワール
焼く	brûler ブリュレ
役者	acteur(trice) アクトゥール(トリス)
約束	promesse プロメス

夜景	vue nocturne ヴュ　ノクチュルヌ
やけど	brûlure ブリュルール
野菜	légume レギュム
やさしい	gentil ジョンティ
安い	bon marché ボン　マルシェ
安売り店	(magasin) discount (マガザン)　ディスクント
薬局	pharmacie ファルマスィ
屋根	toit トワ
山	montagne モンターニュ
山側の	côté montagne コテ　モンターニュ
	ゆ
湯	eau chaude オー　ショード
遊園地	parc d'attractions パルク ダトラクスィヨン
夕方の便	vol du soir ヴォル　デュ　ソワール
有効	valable ヴァラーブル
有効期間	période de validité ペリオド　ドゥ ヴァリディテ
有効にする	valider ヴァリデ
友情	amitié アミティエ
夕食	dîner ディネ
友人	ami アミ
ユースホステル	auberge de jeunesse オベルジュ　ドゥ ジュネス
郵便	poste ポスト
郵便局	bureau de poste ビューロー　ドゥ ポスト
郵便番号	code postal コード　ポスタル
郵便料金	tarifs postaux タリフ　ポストー
有名	célèbre セレーブル
有名な	bien connu(e) ビヤン　コニュ
ユーモア	humeur ユムール
遊覧船	bateau touristique バトー トゥーリスティック
有料トイレ	toilettes payantes トワレット　ペイヤント
有料道路	route à péage ルート　ア　ペアージュ
有料の	payant(e) ペイヤン(ト)
床	sol ソル
雪	neige ネージュ
輸血	transfusion de sang トランスフュズィヨン ドゥ　サン
ゆでた	bouilli(e) ブイイ
ゆで卵	œuf dur ウフ　デュール
輸入	importation アンポルタスィオン
指輪	bague バーグ
夢	rêve レーヴ
ゆるい	lâche ラーシュ
	よ
酔う(酒などに)	être ivre エートル　イーヴル
用具	équipements エキプマン
ようじ	cure-dent キュール　ダン
様子	situation スィテュアスィヨン
曜日	jour de la semaine ジュール ドゥ　ラ　スメーヌ
洋服タンス	armoire アルモワール
洋服店(紳士)	tailleur タイユール
洋服店(婦人)	tailleur pour dames タイユール プール　ダム
ヨーグルト	yaourt ヤウート
浴室	salle de bain サル　ドゥ　バン
浴槽	baignoire ベニョワール
横	côté コテ
横になる	s'allonger サロンジェ

汚れ	tache タシュ
予算	budget ビュジェ
予想	prévision プレヴィズィオン
予定	projet プロジェ
夜中	nuit ニュイ
呼び出しボタン	bouton d'appel ブトン　ダペル
予約	réservation レゼルヴァスィヨン
予約確認票	coupon クポン
予約する	réserver レゼルヴェ
予約席	place réservée プラス　レゼルヴェ
予約リスト	liste de réservation リスト　ドゥ レゼルヴァスィヨン
夜	nuit ニュイ

ら

来月	le mois prochain ル　モワ　プロシャン
来週	la semaine prochaine ラ　スメーヌ プロシェンヌ
ライター	briquet ブリッケ
来年	l'année prochaine ラネ　プロシェンヌ
ラケット	raquette de tennis ラケット　ドゥ　テニス
ラジオ	radio ラディオ
ラベル	étiquette エティケット
ランプ	lampe ラーンプ

り

理解する	comprendre コンプランドル
リスト	liste リスト
リムジンバス	autocar／limousine オトカール／リムズィン
理由	raison レゾン
両替	change シャンジュ
両替所	bureau de change ビュロー　ドゥ シャンジュ
料金	tarif タリフ
料金表	tarif タリフ
料金メーター	taximètre タクスィメートル
漁師	pêcheur ペシュール
領収書	reçu ルスュ
両親	parents パロン
料理	cuisine キュイズィーヌ
旅行	voyage ヴォワイヤージュ
旅行会社	agence de voyage アジャンス　ドゥ ヴォワイヤージュ
離陸	décollage デコラージュ
隣人	voisin ヴォワザン
リンス	après-shampooing アプレ　シャンポワン

る

ルームサービス	service en chambre セルヴィス　アン シャンブル
ルームサービス代	frais de service en chambre フレ　ドゥ　セルヴィス アン　シャンブル
ルームメイト	compagnon de chambre コンパニョン　ドゥ　シャンブル
ルール	règle レーグル
ルーレット	roulette ルレット
留守	absence アブサンス

れ

冷蔵庫	frigidaire／frigo フリジデール／フリゴ
冷房	climatisation クリマティザスィヨン
レイヤー	pli プリ
レイルパス	Rail Pass ライユ　パス
レーヨン	viscose ヴィスコズ
歴史	histoire イストワール

レギュラーガソリン	essence ordinaire エサンス　オルディネール
レコード店	magasin de disques マガザン　ドゥ　ディスク
レジ	caisse ケス
レシート	reçu ルシュ
レシピ	recette ルセット
レストラン	restaurant レストラン
列車	train トラン
列車内で	dans le train ダン　ル　トラン
レベル	niveau ニヴォー
レモン	citron スィトロン
連休	jours fériés consécutifs ジュール　フェリエ　コンセキュティフ
レンズ	objectif オブジェクティフ
レンタカー	voiture de location ヴォワテュール　ドゥ　ロカスィヨン
連泊する	passer plus d'une nuit パッセ　プリュ　デュヌ　ニュイ
連絡先	coordonnées コオルドネ

ろ

廊下	couloir クロワール
老人	personne âgée ペルソンヌ　アジェ
ろうそく	bougie ブジー
ローマ字	caractère romain カラクテール　ロマン
ロールパン	pain mollet パン　モレ
路線図	plan des lignes プラン　デ　リーニュ
ロッカー	vestiaire ヴェスティエール
ロビー	hall オール

わ

ワイシャツ	chemise シュミーズ
ワイナリー	chai シエ
ワイン	vin ヴァン
ワインオープナー	tire-bouchon ティールブション
ワインリスト	carte des vins カルト　デ　ヴァン
ワインを一杯	un verre de vin アン　ヴェール　ドゥ　ヴァン
若い	jeune ジュンヌ
輪ゴム	elastique エラスティク
ワッフル	gaufre ゴーフル
ワッペン	écusson エキュソン
割り勘	partager la note パルタジェ　ラ　ノット
割引き	réduction レデュクスィヨン
割増料金	supplément スュプレマン
ワルツ	valse ヴァルス
割れ物	objet fragile オブジェ　フラジル
ワンピース	robe ローブ

単語集（仏和）

French → Japanese

2

24 heures sur 24 ヴァンカトルール スュール　ヴァンカトル	24時間営業

A

accident アクスィダン	事故
accident de la route アクスィダン ドゥ　ラ　ルート	交通事故
acheter アシュテ	買う
acidulé(e) アスィデュレ	すっぱい
addition アディスィヨン	会計／合計
adresse アドレス	住所/宛先
aéroport アエロポール	空港
œuf ウフ	卵
âge アージュ	年齢
ail アイユ	ニンニク
à la carte ア　ラ　カルト	一品料理
alarme アラルム	警報
aller retour アレ　ルトゥール	往復切符
aller simple アレ　サンプル	片道
allergie アレルジー	アレルギー
à l'occidentale ア　ロクスィダンタル	洋式
alpinisme アルピニスム	登山
à manipuler avec précaution ア　マニピュレ　アヴェ ック　プレコスィヨン	取扱い注意
ambassade アンバサッド	大使館
ambassade du Japon アンバサッド デュ　ジャポン	日本大使館
ambulance アンビュランス	救急車
analgésique アナルジェズィック	鎮痛剤
anémie アネミー	貧血
anesthésie アネステズィ	麻酔
anglais アングレ	英語
anniversaire アニヴェルセール	記念日／ 誕生日
annoncer アノンセ	連絡する
annuler アニュレ	取り消す
appareil photo アパレイユ　フォト	カメラ
appartement アパルトマン	アパート
appareil photo numérique アパレイユ　フォト ニュメリック	デジタルカ メラ
appétit アペティ	食欲
après demain アプレ　ドゥマン	明後日
après- shampooing アプレ　シャンポワン	リンス
aquarium アクアリヨム	水族館
argent アルジャン	金（かね） ／銀
argent liquide／ espèce／cash アルジャン　リキッド／ エスペス／キャッシュ	現金
article détaxé アルティクル　デタクセ	免税品
arrêt de bus アレ　ドゥ　ビュス	バス停
arrivée アリヴェ	到着
aspirine アスピリーヌ	アスピリン
assaisonement アセゾヌマン	調味料
assiette アスィエット	皿
assurance アシュランス	保険
asthme アスム	ぜんそく

attention アタンスィヨン	注意
aujourd'hui オジュルデュイ	今日
autocar オトカー	観光バス／長距離バス
autrefois オートルフォワ	昔
avion アヴィオン	飛行機
avoir mal アヴォワール　マル	痛む

B

bœuf ブフ	牛肉
bagage à main バガージュ　ア　マン	手荷物
bague バーグ	指輪
baguettes バゲット	箸
balance バランス	はかり
bandage バンダージュ	包帯
banque バンク	銀行
bar バール	バー
baseball バズボル	野球
baseball professionnel バズボル　プロフェスィヨネル	プロ野球
basilique バズィリック	大聖堂
bateau バトー	船
bateau touristique バトー　ドゥ　トゥリスティック	遊覧船
bébé ベベ	赤ん坊
bibliothèque ビブリオテック	図書館
bicyclette ビスィクレット	自転車
bière ビエール	ビール
bijou ビジュー	宝石
billet ビエ	切符
billet d'avion ビエ　ダヴィオン	航空券
billet/ ticket ビエ　ティケ	切符
billetterie ビイェトリ	切符売り場
blanc ／ blanche ブラン／ブランシュ	白い
blessure ブレシュール	けが
bleu ブルー	青
boisson ボワソン	飲み物
boîte aux lettres ボワット　オ　レートル	ポスト
boîte de nuit ボワッ　ドゥ　ニュイ	ナイトクラブ
bonbon ボンボン	あめ
bon marché(e) ボン　マルシェ	安い
bon/récépissé ボン　レセピセ	引換証
boulangerie ブランジェリ	パン屋
boulevard ／ avenue ／ rue ブルヴァール／アヴェニュ／リュ	通り
boutique hors taxes ブティック　オール　タックス	免税店
bouton de chasse d'eau ブトン　ドゥ　シャス　ドー	洗浄ボタン
brochure ブロシュール	パンフレット
brosse à dent ブロス　ア　ダン	歯ブラシ
brûlure ブリュルール	やけど
bruyant(e) ブリュイアン(ト)	うるさい
buffet ビュッフェ	バイキング
bureau de change ビューロー　ドゥ　シャンジュ	両替所
bureau de change agréé ビューロー　ドゥ　シャンジュ　アグレ	公認両替商
bureau de poste ビューロー　ドゥ　ポスト	郵便局
bureau d'information ビューロー　ダンフォルマスィヨン	案内所
bus ビュス	バス
but ビュット	目的

C

cabaret キャバレ	キャバレー
cadeau カドー	贈り物
café カフェ	コーヒー／喫茶店
carnet カルネ	回数券
carotte キャロット	ニンジン
carte カルト	メニュー
carte (de visite) カルト ドゥ　ヴィズィット	名刺
carte de crédit カルト　ドゥ　クレディ	クレジットカード
carte de débarquement カルト　ドゥ デバルクマン	入国カード
carte d'embarquement カルド　ダンバルクマン	出国カード／搭乗券
carte des vins カルト　デ　ヴァン	ワインリスト
carte postale カルト　ポスタル	絵はがき
casino カズィノ	カジノ
ceinture de sécurité サンテュール　ドゥ セキュリテ	シートベルト
ce jour-là／le jour même ス　ジュール　ラ／ ラ　ジュール　メーム	当日
célébre／connu セレーブル／コニュ	有名な
cendrier サンドリエ	灰皿
centre サントル	真ん中／中心
céramique セラミック	陶器
cerise スリーズ	サクランボ
chambre シャンブル	部屋
chambre à deux lits シャンブル　ア　ドゥーリ	ツインルーム
change／monnaie シャンジュ／モネ	お釣り
changer シャンジェ	かえる
chapeau シャポー	帽子
chat シャ	猫
chaud(e) ショー(ド)	熱い
chauffage ショファージュ	暖房
chauffeur ショフール	運転手
chaussettes ショセット	靴下
chaussures ショスュール	靴
check-in／enregistrement チェック　イン／ アンルズィストルマン	チェックイン
check-out/départ チェック　アウト／ デパール	チェックアウト
chemin de fer シュマン　ドゥ フェール	鉄道
chemin シュマン	道
chèque シェック	小切手
chèque de voyage シェック　ドゥ ヴォワイヤージュ	トラベラーズチェック
cher(ère) シェール	高い(値段)
chercher シェルシェ	探す
chewing-gum シュウィング　ゴム	ガム
chien シヤン	犬
ciseaux スィゾー	はさみ
climatiseur クリマティズール	エアコン
cocktail コクテル	カクテル
code コード	暗証番号
coffre コフル	金庫／セーフティ・ボックス
colis／paquet コリ／パケ	小包
colle コル	のり
collier コリエ	ネックレス
commander コマンデ	注文する

commissariat de police コミサリア　ドゥ　ポリス	警察署
commission コミスィヨン	手数料
communication interurbaine コンミュニカスィヨン　アンテルユルバンヌ	長距離電話
communication urbaine コミュニカスィヨン　ユルバンヌ	市内通話
compagnie コンパニ	会社
concierge コンスィエルジュ	コンシェルジュ
confier コンフィエ	任せる
consigne automatique コンスィーニュ　オートマティック	コイン ロッカー
constat d'accident コンスタ　ダクスィダン	事故証明書
constipation コンスティパスィヨン	便秘
coordonnées コオルドネ	連絡先
copie コピー	コピー
corps コール	体
côté fenêtre コテ　フネートル	窓側の
coton コトン	コットン/綿
cou クー	首
coude クード	肘
couler クレ	漏れる
couleur クルール	色
couloir クロワール	廊下
coupon クポン	クーポン
courir クリール	走る
court(e) クール(ト)	短い
couverture クーヴェルテュール	毛布
cravate クラヴァット	ネクタイ
crevette クルヴェット	小エビ
cuiller キュイエール	スプーン
cuisine キュイズィーヌ	台所／料理
culture キュルチュール	文化
cuvette キュヴェット	便器

D

danger ダンジェ	危険
danse ダンス	舞踊
date de départ ダット　ドゥ　デパール	出発日
décapsuleur デキャプスュルール	栓抜き
déclaration デクララスィヨン	申告
défense de stationner デフォンス　ドゥ　スタスィヨネ	駐車禁止
dehors ドゥオール	外
délicieux デリスィユー	おいしい
demain ドゥマン	明日
dent ダン	歯
départ デパール	出発
dépôt デポ	預金
dernier train デルニエ　トラン	最終列車
dessert デセール	デザート
dessin デッサン	デザイン
destination デスティナスィヨン	行き先
développement デヴェロップマン	現像
différence ディフェランス	差額
différent(e) ディフェラン(ト)	違う
difficile ディフスィル	難しい
dîner ディネ	夕食
direction ディレクスィヨン	方角
discothèque ディスコテック	ディスコ
distributeur automatique ディストリビュトゥール　オトマティック	自動販売機

document ドキュマン	書類
doigt ドワ	指
douane ドゥワンヌ	税関
douche ドゥーシュ	シャワー
douleur ドゥルール	痛み
droite ドロワット	右
durée de validité デュレ　ドゥ ヴァリディテ	有効期間

E

eau オー	水
eau chaude オー　ショード	湯
eau gazeuse オー　ガズーズ	炭酸水
eau minérale オー　ミネラル	ミネラル ウォーター
eau plate オー　プラット	炭酸なしの 水
échantillon エシャンティヨン	見本
écharpe エシャルプ	スカーフ
école エコール	学校
écrire エクリール	書く
effet エフェ	効果
église エグリーズ	教会
emballage アンバラージュ	包装
embarquement アンバルクマン	搭乗
entrée アントレ	入り口／入 場料／入る
enveloppe アンヴェロップ	封筒
envoyer アンヴォワイエ	送る
épais(se) エペ(ス)	厚い
épaule エポール	肩
épuisé ／ complet エピュイゼ／コンプレ	売り切れ
escalier エスカリエ	階段
espèces エスペス	現金
essence エサンス	ガソリン
est エスト	東
étudiant(e) エテュディアン(ト)	学生
excel エクセル	エクセル
exposition エクスポズィスィヨン	展覧会
exprès エクスプレス	速達

F

facile ファシル	簡単な
facture ファクテュール	請求書
faire des recherches フェール　デ ルシェルシュ	調査する
fait à la main フェ　ア　ラ　マン	手製の
famille ファミーユ	家族
fatigué(e) ファティゲ	疲れる
fauteuil roulant フォトイユ　ルラン	車椅子
fax ／ télécopie ファックス／テレコピー	ファクシミ リ
fébrifuge フェブリフュージュ	解熱剤
femme ファム	女性
fer à repasser フェール　ア　ルパセ	アイロン
fermer フェルメ	閉める
fermeture フェルムテュール	閉店
fête フェット	祭り
fièvre フィエーヴル	熱
fille フィーユ	娘
film フィルム	映画
fils フィス	息子

fin(e) ファン(フィーヌ)	薄い(厚さ)
flash interdit フラッシュ アンテルディ	フラッシュ禁止
fond フォン	底
formulaire de déclaration douanière フォルミュレール　ドゥ デクララスィヨン ドゥワニエール	税関申告書
fourrure フリュール	毛皮
fragile フラジル	壊れやすい
frais フレ	運賃
frais d'hôtel フレ　ドテル	宿泊料
froid(e) フロワ(ド)	寒い
fruit フリュイ	果物

G

garçon ガルソン	給仕人
gare ガール	駅
gare routière ガール　ルーティエール	停留所(長距離バスの)
gauche ゴーシュ	左
gilet de sauvetage ジレ　ドゥ ソヴタージュ	救命胴衣
glace グラス	氷
gobelet en carton ゴブレ　アン　カルトン	紙コップ
gouttes pour les yeux グート　プール　レジュー	目薬
grand magasin グラン　マガザン	デパート
gratuit グラテュイ	無料
groupe sanguin グループ　サンガン	血液型
guichet ギシェ	切符売り場
guide ギッド	ガイドブック

H

hall de départ オール　ドゥ　デパール	出発ロビー
haut(e) オー(ト)	高い
hauteur オトゥール	高さ
heure de fermeture ウール　ドゥ フェルムテュール	閉館時間
heure d'ouverture ウール ドゥヴェルテュール	開館(営業)時間
heure locale ウール　ロカル	現地時間
hier イエール	昨日
hôpital オピタル	病院
horaires オレール	時刻表
hors taxes オール　タックス	免税
hôtel オテル	ホテル

I

il fait beau イル　フェ　ボー	晴れている
imitation イミタスィヨン	偽物
immigration イミグラスィヨン	入国審査
insecte アンセクト	虫
instantané アンスタンタネ	インスタント
instruction アンストリュクスィヨン	説明書
Internet アンテルネット	インターネット
interprète アンテルプレット	通訳する
invitation アンヴィタスィヨン	招待

J

jardin ジャルダン	庭
joli(e) ジョリ	かわいい
journal ジュルナル	新聞

K

karaté カラテ	空手
ketchup ケチャップ	ケチャップ

L

laine レーヌ	ウール／毛織物
lait レ	牛乳
lampe ランプ	ランプ／電灯
langue ラング	ことば
large ラルジュ	広い
laver ラベ	洗う
léger(ère) レジェ(ール)	軽い
lentement ラントマン	ゆっくりと
les prix レ　プリ	物価
lettre レートル	手紙
l'heure d'embarquement ルール　ダンバルクマン	搭乗時間
l'heure de départ ルール　ドゥ　デパール	出発時間
l'heure (fixée) ルール　フィクセ	定刻
librairie リブレリ	書店
libre service リーブル　セルヴィス	セルフサービス
ligne intérieure リーニュ アンテリウール	国内線
ligne internationale リーニュ アンテルナスィヨナル	国際線
lin ラン	麻
liquide リキッド	液体
liste リスト	表
lit リ	ベッド
lit supplémentaire リ　スュプレマンテール	エキストラベッド
livre リーヴル	本
local(e) ロカル	(その)地方の
loin ロワン	遠くに
long(ue) ロン(グ)	長い
lourd ルール	重い
lunettes リュネット	眼鏡

M

magasin d'alimentation マガザン ダリマンタスィヨン	食料品店
magasin de vêtements マガザン　ドゥ ヴェットマン	洋服店
magasin / boutique マガザン／ブティック	店
main マン	手
maison メゾン	家
mal de tête マル　ドゥ　テット	頭痛
mal de ventre マル　ドゥ　ヴァントル	腹痛
marché マルシェ	市場
marmelade マルムラード	マーマレード
massage マサージュ	マッサージ
matin マタン	朝
mauvais モヴェ	悪い／まずい
mayonnaise マヨネーズ	マヨネーズ
médecin メドゥサン	医者
médicament メディカマン	薬
médicament chinois メディカマン　シノワ	漢方薬
médicament contre constipation メディカマン　コントル コンスティパスィヨン	便秘薬
médicament contre le rhume メディカマン コントル　ル　リュム	風邪薬
menu ムニュ	セットメニュー
message メッサージュ	メッセージ
météo メテオ	天気予報

métier メティエ	職業
métro メトロ	地下鉄
meuble ムーブル	家具
mineur ミヌール	未成年
miroir ミロワール	鏡
mise en plis ミザン　プリ	セット (髪の)
monde モンド	世界
montagne モンターニュ	山
montre ／ horloge モントル／オルロージュ	時計
mou(molle) ムー(モル)	柔らかい
mouchoir ムショワール	ハンカチ
moustique ムスティック	蚊
mouton ムトン	羊肉
mûr(e) ミュール	熟した
musée ミュゼ	博物館
musique ミュジック	音楽

N

natation ナタスィヨン	水泳
national(e) ナスィヨナル	国立の
nationalité ナスィヨナリテ	国籍
nature ナチュール	自然
navette de l'aéroport ナヴェット　ドゥ ラエロポール	リムジン バス
neige ネージュ	雪
nettoyage ネトワイヤージュ	クリーニング
nettoyage en cours ネトワイヤージュ　アン クール	掃除中
nom ノン	名前
non fumeur ノン　フュムール	禁煙
nord ノール	北
nouilles chinoises ヌイ シノワーズ	ラーメン
nouveau(nouvelle) ヌーヴォー(ヌーヴェル)	新しい
nouvelle ヌーヴェル	ニュース
nuit ニュイ	夜間
numéro de chambre ニュメロ　ドゥ シャンブル	部屋番号
numéro de place ニュメロ　ドゥ　プラス	座席番号
numéro de porte ニュメロ　ドゥ　ポルト	ゲート番号
numéro de réservation ニュメロ　ドゥ レゼルバスィヨン	予約番号
numéro de téléphone ニュメロ　ドゥ テレフォン	電話番号
numéro de vol ニュメロ　ドゥ　ヴォル	便名

O

objet de valeur オブジェ　ドゥ ヴァルール	貴重品
objet à déclarer オブジェ　ア　デクラレ	申告品
objets perdus オブジェ　ペルデュ	紛失物
objets trouvés オブジェ　トゥルヴェ	遺失物 取扱所
occupation オキュパスィヨン	職業
occupé オキュペ	使用中／ 通話中
office de tourisme オフィス　ドゥ トゥーリスム	観光案内所
oiseau オワゾー	鳥
oncle オンクル	叔父/伯父
opération オペラスィヨン	手術
ordinateur オルディナトゥール	パソコン
ordonnance オルドナンス	処方箋
oreiller オレイエ	枕
ouest ウエスト	西
ouvert ウヴェール	営業中
ouvrage manuel ウヴラージュ マニュエル	手芸品
ouvrir ウヴリール	開ける

P

paiement différé ペマン　ディフェレ	後払い
paille パイユ	ストロー
panne d'électricité パンヌ デレクトリスィテ	停電
pantalons パンタロン	ズボン
parking パルキング	駐車場
parler パルレ	話す
passeport パスポール	パスポート（旅券）
passe-temps favori パス　タン　ファヴォリ	趣味
pâte de soja／tofu パット　ドゥ　ソジャ／トフ	豆腐
payant(e) ペイヤン(ト)	有料の
pays ペイ	国
paysage ペイザージュ	景色
P.C.V. ペーセーヴェー	コレクトコール
peau ポー	皮膚
pêche ペッシュ	釣り
pellicule ペリキュール	フィルム
permanente ペルマナント	パーマ
permis de conduire international ペルミ　ドゥ コンデュイール アンテルナスィオナル	国際運転免許証
perte ペルト	紛失
petit déjeuner プティ　デジュネ	朝食
peu profond プ　プロフォン	浅い
pharmacie ファルマスィ	薬局
photo フォト	写真
photographies interdites フォトグラフィ アンテルディット	撮影禁止
pickpocket ピックポケット	スリ
pièce ピエス	硬貨
piment ピマン	唐辛子
piqûre ピキュール	注射
place プラス	席
place fumeur プラス　フュムール	喫煙席
place libre プラス　リーブル	自由席
place non fumeur プラス　ノン フュムール	禁煙席
place réservée プラス　レゼルヴェ	指定席/予約席
plafond プラフォン	天井(画)
plan プラン	地図
plan de ville プラン　ドゥ　ヴィル	市街地図
plan des lignes プラン　デ　リーニュ	路線図
plat (d'accompagnement) プラ　ダコンパニマン	おかず
pluie プリュイ	雨
poivre ポワーブル	コショウ
police ポリス	警察
politesse ポリテス	礼儀
porc ポール	豚肉
portable ポルターブル	携帯電話
porte d'embarquement ポルト　ダンバルクマン	搭乗ゲート
portefeuille ポルトフイユ	財布
possible ポスィーブル	可能
poste ポスト	郵便
poste de police ポスト　ドゥ　ポリス	派出所
poste d'essence／station-service ポスト　デッサンス／ スタスィヨン　セルヴィス	ガソリンスタンド
poteries et porcelaines ポトリー　エ ポルスレーヌ	陶磁器
poubelle プベル	ごみ箱
poulet プレ	鶏肉

pourboire プールボワール	チップ
pour enfants プーランファン	子供用
pousser プセ	押す
premier train プルミエ　トラン	始発列車
prendre プランドル	乗る
préparation salée de poisson cru ou de seiche crue プレパラスィヨン　サレ　ドゥ　ポワソン　クリュ　ウ　ドゥ　セーシュ　クリュ	塩辛
président プレズィダン	大統領
prévision プレヴィズィヨン	予想／予報
prix プリ	値段
prix de la chambre プリ　ドゥ　ラ　シャンブル	部屋代
prix de la course プリ　ドゥ　ラ　クルス	タクシー料金
prix de voyage プリ　ドゥ　ヴォワイヤージュ	ツアー料金
prix marqué プリ　マルケ	正札価格
prix minimum プリ　ミニモム	最低料金
programme プログラム	プログラム
projet ／ plan プロジェ／プラン	予定
publicité ピュブリスィテ	広告
pur(e) ピュール	純粋な

R

radio ラディオ	ラジオ
radiographie ラディオグラフィ	レントゲン
radis ラディ	大根
ranger ランジェ	整理する
rare ラール	珍しい
rasoir ラゾワール	剃刀
réception レセプスィヨン	フロント
recevoir ルスゥヴォワール	受け取る
reconfirmer ルコンフィルメ	再確認する
reçu ルシュ	領収書
redélivrer ルデリヴレ	再発行
redevance téléphonique ルドゥヴァンス　テレフォニック	電話料金
réduction レデュクスィヨン	割引き
réfrigérateur ／ frigo レフリジェラトゥール／フリゴ	冷蔵庫
région レジオン	地域／地方
règle レーグル	規則
relevé ／ bordereau ルルヴェ／ボルドロー	明細書
religion ルリジオン	宗教
rencontrer ランコントレ	会う
renvoyer ランヴォワイエ	返送する
repas ルパ	食事
reporter レポルテ	延期する
représentation ルプレザンタスィヨン	上演
réservation レゼルヴァスィヨン	予約
réserver レゼルヴェ	予約する
restaurant レストラン	レストラン
réveil レヴェイユ	目覚し時計
rhume リュム	風邪
rivière リヴィエール	川
riz リ	米
robe ローブ	ワンピース
rouge ルージュ	赤
rouge à lèvres ルージュ　ア　レーブル	口紅
route barrée ルート　バレ	通行止め
ruines リュイーヌ	遺跡

S

sac	サック	バッグ
sac en papier	サック　アン　パピエ	紙袋
saigner	セニエ	出血する
saison	セゾン	季節
saké	サケ	酒
sale	サル	汚い
salle à manger	サラ　マンジェ	食堂
salle d'attente	サル　ダタント	待合室
salle de repos	サル　ドゥ　ルポ	休憩室
sang	サン	血
sans additif	サン　アディティフ	無添加
sans colorant	サン　コロラン	無着色
savon	サヴォン	石けん
séchoir à cheveux	セショワール　ア　シュヴー	ドライヤー
secret	セクレ	秘密
sécurité	セキュリテ	安全
se dépêcher	ス　デペシェ	急ぐ
sel	セル	塩
séparément	セパレマン	別々
service	セルヴィス	サービス料
service à l'étage	セルヴィス　ア　レタージュ	ルーム サービス
service de réveil	セルヴィス　ドゥ　レヴェイユ	モーニング コール
serviette	セルヴィエット	タオル
serviette de bain	セルヴィエット　ドゥ　バン	バスタオル
sexe	セックス	性別
shampooing	シャンポワン	シャンプー
shopping	ショッピング	買い物
siège	スィエージュ	座席／席
signature	スィニヤチュール	サイン／署名
simple	サンプル	簡単な／質素な
soie	スワ	絹
solde	ソルド	バーゲン
sombre	ソンブル	暗い
sortie	ソルティ	出口
sortie de secours	ソルティ　ドゥ　スクール	非常口
soupe	ソープ	汁
sourcil	スールスィル	眉毛
sous	スー	下
souvenir	スヴニール	思い出
spécial(e)	スペスィアル	特別な
spécialité	スペスィアリテ	特産品
spectateur	スペクタトゥール	観客
station de métro	スタスィヨン　ドゥ　メトロ	地下鉄駅
station de taxi	スタスィヨン　ドゥ　タクスィ	タクシー乗り場
sucre	スュクル	砂糖
supérette	スュペレット	コンビニ
supermarché	スューペルマルシェ	スーパーマーケット
supplément	スュプレマン	別料金
sur	スュール	上

T

tabac	タバ	たばこ
table	ターブル	テーブル
tache	ターシュ	しみ
taille	タイユ	サイズ
tante	タント	叔母/伯母
tarif	タリフ	料金表

tarifs postaux タリフ　ポストー	郵便料金
taux de change トー　ドゥ　シャンジュ	為替レート
taxe タックス	税金
taxe d'aéroport タックス　ダエロポール	空港税
taxi タクスィ	タクシー
télégramme テレグラム	電報
téléphone テレフォン	電話
téléphoner テレフォネ	電話をかける
télévision ／ télé テレヴィズィヨン／テレ	テレビ
température タンペラテュール	気温／体温
temple タンプル	寺
temps タン	天気
temps libre タン　リーブル	自由時間
tennis テニス	テニス
tension artérielle タンスィヨン アルテリエル	血圧
terre テール	土
thé (noir) テ　ノワール	紅茶
théâtre テアトル	劇場
thermomètre テルモメートル	体温計
ticket ／ billet ティケ／ビエ	チケット
timbre タンブル	切手
tirer ティレ	引く
toilettes トワレット	トイレ
toit トワ	屋根
tôt トー	早く
tourisme トゥーリスム	観光
tout droit トゥ　ドロワ	まっすぐ
train トラン	列車
train rapide トラン　ラピッド	特急
traitement トレットマン	治療
travail トラヴァイユ	仕事
TVA テーヴェーアー	付加価値税(VAT)

V

vacances ヴァカンス	休暇／バカンス
venir ヴニール	来る
vent ヴァン	風
vernis à ongles ヴェルニ　ア　オングル	マニキュア
verre ヴェール	ガラス／コップ
vieux ヴュー	古い
ville ヴィル	市街
vinaigre ヴィネーグル	酢
visiteur ヴィズィトゥール	客
vitraux ヴィトロー	ステンドグラス
voiture ヴォワテュール	自動車
voiture de location ヴォワテュール ドゥ　ロカスィヨン	レンタカー
vol ヴォル	盗難／便
vol d'agrément ヴォル　ダグレマン	遊覧飛行
voleur ヴォルール	泥棒
vomir ヴォミール	吐く
voyage ヴォワイヤージュ	旅行

Z

zoo ゾー	動物園

ことりっぷ co-Trip 会話帖

フランス語

STAFF
●編集
ことりっぷ編集部
カルチャー・プロ
星野佐奈絵
川島雅代
●執筆
ことりっぷ編集部
カルチャー・プロ
●写真
ことりっぷ編集部
●表紙
GRiD
●フォーマットデザイン
GRiD
●キャラクターイラスト
スズキトモコ
●本文イラスト
ずんだちるこ
●DTP制作
明昌堂
●校正
山下さをり
アークコミュニケーションズ

2024年2月1日 2版1刷発行

発行人　川村哲也
発行所　昭文社
本社：〒102-8238 東京都千代田区麹町3-1
☎0570-002060（ナビダイヤル）
IP電話などをご利用の場合は☎03-3556-8132
※平日9:00～17:00(年末年始、弊社休業日を除く)
ホームページ：https://www.mapple.co.jp/

※本書で掲載された内容により生じたトラブルや損害等については、弊社では補償いたしかねますのであらかじめご了承のうえ、ご利用ください。
※乱丁・落丁本はお取替えいたします。

ISBN978-4-398-21585-7
定価は表紙に表示してあります。